Rechtskunde

in Rechtsfällen ohne Entscheidungen.

Zum Gebrauche
bei akademischen Uebungen und beim Selbststudium für Juristen,
Forstbeflissene und Regierungsreferendare.

Von

Dr. Karl Dickel,
Amtsrichter in Berlin und Lehrer an der Forstakademie in Eberswalde.

Mit einer Karte der Privatrechtsgebiete Deutschlands.

Berlin.
Verlag von Julius Springer.
1895.

ISBN 978-3-642-50464-8 ISBN 978-3-642-50773-1 (eBook)
DOI 10.1007/978-3-642-50773-1
Softcover reprint of the hardcover 1st edition 1895

Vorwort.

Das vorliegende Büchlein soll das Studium des in Preußen geltenden Rechtes durch praktische Fälle fördern. Es ist nicht blos für Juristen berechnet, es ist namentlich auch bestimmt, die Studien der Verwaltungsbeamten und Forstbeflissenen zu erleichtern.

Je weiter der Verkehr sich entwickelt, je größer die Zahl der Gesetze wird, und je mehr diese Gesetze in den täglichen Verkehr eingreifen, desto mehr wird die Kenntnis der Gesetze wünschenswert, ja notwendig. Man erwartet heute von den Fachjuristen berechtigter Weise nicht blos eine umfassende wissenschaftliche Bildung, man erwartet von ihnen auch eine gründliche Kenntnis des geltenden Rechts und eine entwickelte Gewandtheit in der unmittelbaren Anwendung. Wer unsere jungen Juristen näher kennen gelernt hat, wird mir zugeben, daß die Kenntnis des geltenden positiven Rechts und die praktische Gewandtheit in der Anwendung auf den einzelnen Fall noch sehr der Förderung bedarf, auch bei denen, welche regelmäßig und fleißig wissenschaftlich gearbeitet haben. In der großen Staatsprüfung wird in sehr zutreffender Weise auf Rechtskunde und Gewandtheit in Anwendung des Gesetzes auf den gegebenen Fall das größte Gewicht gelegt.

Die Beamten der allgemeinen Staatsverwaltung gehen aus den Juristen hervor, und man prüft sie in der Staatsprüfung auch in Rechtskunde und stellt, wie bekannt ist, in dieser Prüfung sehr hohe Anforderungen an die Kandidaten.

Den preußischen Forstbeflissenen ist das Studium des Rechts schon vor einigen Menschenaltern zur Pflicht gemacht, und vor ungefähr 60 Jahren hat man einen großen Teil des Rechtsstudiums für die Jünger des Forstfachs an die Forstakademie in Eberswalde verwiesen, um dort Gewähr dafür zu schaffen, daß die Studierenden schon vor der ersten Prüfung die für ihren zukünftigen Beruf nötige Gesetzeskenntnis gewinnen und in Anwendung der Gesetze sich üben.

Auch in andern Kreisen tritt das Bedürfnis, sich mit dem entsprechenden Teile der Rechtskunde zu befassen, immer mehr hervor. Es werden heute auch Vorträge über Landwirtschaftsrecht für Landwirte, über Handelsrecht und Gewerberecht für Geschäftsleute u. s. w. gehalten.

In meinen Rechtsfällen habe ich mich auf die Bedürfnisse der Juristen, Regierungsreferendare und Forstleute beschränkt; ich bin von der Ansicht ausgegangen, daß es gewisse Rechtsstoffe gibt, welche für alle diese drei Arten von Rechtsbeflissenen wichtig sind. Wenn die Juristen und Regierungsreferendare in einigen Teilen etwas viel von Jagd und Wald hören, so hoffe ich, wird sie dies nicht abschrecken: Zunächst kann es in vielen Fällen für die Übung nicht sehr erheblich sein, ob sie mehr in dem einen oder mehr in dem andern Gebiete stattfindet. Bei näherer Betrachtung aber wird man auch finden, daß viele von diesen kleinen Fällen, welche beim ersten Blicke nur mit einer unbedeutenden Sonderfrage sich zu beschäftigen scheinen, zu allgemeineren Erörterungen Anlaß geben. Auch handelt es sich ja bei Forst- und Jagdrecht um Gebiete, welche wegen ihrer hervorragenden praktischen Bedeutung den Juristen wie Verwaltungsbeamten zu gründlichem Studium sehr empfohlen werden müssen.

Es kann keinem Zweifel unterliegen, daß die Übung in konkreten Fällen des täglichen Lebens für jeden, der Gesetzeskenntnis sich verschaffen will, von hohem Werte ist. Dies gilt für diejenigen, welche Fachjuristen werden wollen, wie für die andern. Es kommt nur darauf an, geeignete Beispiele auszusuchen. Für Fachjuristen mögen erfundene Fälle hier und da von Wert sein; für die andern, welche Rechtskunde studieren, kommen offenbar nur solche Fälle in Betracht, welche dem wirklichen Leben angehören. Letztere sind aber auch für die Fachjuristen von der größten Bedeutung; durch solche Fälle aus den praktischen Lebensverhältnissen erlangen sie die für ihren künftigen praktischen Beruf erforderliche Übung.

Was nun die Art der Benutzung dieses Büchleins anbetrifft, so brauche ich hier für Forstbeflissene nichts zu sagen, weil die Übungen unter Leitung eines Dozenten stattfinden. Diesem wird es nicht schwer sein zu entscheiden, welcher Fall durch Vortrag des Lehrers erörtert, welcher zuerst von den Studierenden bearbeitet und in den Übungen — etwa im Anschlusse an schriftliche Arbeiten oder im Anschlusse an den Vortrag eines Berichterstatters — besprochen werden soll. Die meisten Fälle dürften zu dieser zweiten Art gehören, sie sind leicht zu entscheiden; einige sind schwer und eignen sich weniger zur häuslichen Arbeit der Forstbeflissenen.

Für Juristen und Regierungsreferendare eignen sich sämtliche Fälle auch zur Benutzung beim Selbststudium und ich hoffe, daß hier mein Büchlein sich besonders bewährt. Ein derartiges Hilfsmittel für Studium der Rechtskunde fehlt bisher. Die früher erschienenen Sammlungen sind nur für Juristen brauchbar; sie sind meist nur berechnet auf theoretisches Studium und Behandlung rein wissenschaftlicher Fragen. Andere Sammlungen berücksichtigen nur ein beschränktes Gebiet, etwa Prozeß. Mir kommt es darauf an, Fälle zu geben, welche für den praktischen Dienst vorbereiten. Daß diese Fälle zum größten Teile auch zu wissenschaftlichen Erörterungen und Studien reichliche Veranlassung geben, wird jeder Fachmann mir zugeben.

Ich empfehle den Juristen und Regierungsreferendaren, welche mein Buch benutzen, folgenden Weg: sie studieren zunächst ein Gebiet an der Hand ihres Lehrbuches und lesen die zugehörigen Gesetze im Text, alsdann nehmen sie die auf das betreffende Gebiet bezüglichen Fälle und entscheiden sie; bei dieser Arbeit werden sie auf andere — zum Teil ferner liegende, aber doch oft recht wichtige — Stoffe geführt, sie benutzen die Gelegenheit, um sich mit den betreffenden Teilen dieser Gesetze bekannt zu machen. Z. B. sie studieren die Lehre von den Polizeiverordnungen, sie lesen das Gesetz über die Polizeiverwaltung vom 11. März 1850, die betreffenden Vorschriften des Gesetzes über die allgemeine Landesverwaltung vom 30. Juli 1883, besonders §§ 136 bis 145 u. s. w.; alsdann bearbeiten sie meine Rechtsfälle Nr. 1 bis 8; bei dieser Arbeit studieren sie die angezogenen und sonst in Betracht kommenden gesetzlichen Bestimmungen, sie achten dabei ganz besonders auf die Stellen, welche ich habe abdrucken lassen.

Wer diesen Weg einschlägt, wird seine Gewandtheit in Anwendung des Gesetzes fördern, wird seine Kenntnisse erweitern und eine sehr geeignete Kontrole über seine Studien und Leistungen erlangen.

Ich empfehle sehr, an die Bearbeitung der Rechtsfälle erst heranzutreten, wenn ein größeres Gebiet systematisch durchgearbeitet ist, z. B. das ganze Strafrecht. Manchem Beteiligten aber möchte es gegebenen Falls wünschenswert sein, seine praktische Gewandtheit bei einem kleineren Gebiete, z. B. Diebstahl, oder insonderheit Forst-Diebstahl, zu erproben. Um es ihm für solchen Fall leicht zu machen, die betreffenden Fälle zu finden, ist ein Inhaltsverzeichnis und ein Sachregister beigefügt.

Bei Zusammenstellung der Rechtsfälle habe ich ein gewisses System beobachtet, aber ich habe mich an dieses System aus verschiedenen Gründen nicht streng gehalten: bei einigen Fällen kommen mehrere Rechtsgebiete in Betracht, z. B. materielles Recht und Prozeß; Besitzerwerb, Eigentumserwerb und Jagdvergehen; auch sonst bürgerliches Recht und öffentliches Recht; bei anderen wiederum erschien es empfehlenswert, ihnen einen anderen Platz zu geben, weil sonst der Leser durch den Ort, an dem er den Rechtsfall findet, sofort befangen gemacht würde.

In dem „Anhange" habe ich einige Stellen aus älteren Rechtsdenkmälern und mehrere Gesetzesstellen abdrucken lassen, welche bei Besprechung der Rechtsfälle von besonderer Bedeutung sind. Einige dieser Quellen werden namentlich von Juristen nicht genügend gewürdigt; ich empfehle den Gerichtsreferendaren dringend, diese Gesetze ihren Studien zu unterwerfen, z. B. Entwickelung der Ablösungsgesetze. Ich hoffe, durch den Anhang in einigen Punkten auch die Kenntnis der preußischen Rechtsgeschichte dieses Jahrhunderts zu fördern. — Einige Stellen, bei denen es wünschenswert ist, sie unmittelbar zur Stelle zu haben, habe ich in den Text mit aufgenommen. Ich nehme an, daß die beigefügte Karte den Meisten sehr willkommen ist.

Berlin, im Mai 1895.

Karl Dickel.

Inhaltsverzeichnis.

I. Rechtsquellen.

1.

Am 10. März 1879 erließ der Polizeipräsident von Berlin folgende Polizeiverordnung zum Schutze des auf dem Kreuzberge bei Berlin zur Erinnerung an die Siege der Freiheitskriege errichteten, im Jahre 1878 erhöhten Nationaldenkmals:

„Auf Grund der §§ 5, 6 und 11 des Gesetzes über die Polizeiverwaltung vom 11. März 1850 verordnet das Polizeipräsidium nach Anhörung des Gemeindevorstandes für den Stadtkreis Berlin, was folgt:

§ 1. In dem das Siegesdenkmal auf dem Kreuzberge umgebenden Bauviertel, welches im Norden von der Kreuzbergstraße, im Westen von der Verlängerung der Möckernstraße, im Süden von der Straße D. Abteilung III des Bebauungsplanes von den Umgebungen Berlins, und im Osten von der Belle-Alliancestraße eingeschlossen wird, dürfen Gebäude fortan nur in solcher Höhe errichtet werden, daß dadurch die Aussicht von dem Fuße des Denkmals auf die Stadt und deren Umgebung nicht behindert und die Ansicht des Denkmals nicht beeinträchtigt wird.

§ 2. Den Grundbesitzern wird auf Ersuchen die in jedem einzelnen Baufalle statthafte Art und Höhe der Bebauung von dem Polizeipräsidium örtlich vorgeschrieben werden.

§ 3. Zuwiderhandlungen werden nach § 367 Nr. 15 des R.-St.-G.-B. bestraft. Außerdem wird wegen Wiederherstellung des früheren Zustandes im polizeilichen Zwangsverfahren das Erforderliche nach Maßgabe der §§ 33 flg. des Zuständigkeitsgesetzes vom 26. Juli 1876 angeordnet werden."

Der Eigentümer E. suchte im Mai 1881 die baupolizeiliche Genehmigung nach, auf seinem Grundstücke ein Haus erbauen zu dürfen. Das Polizeipräsidium versagte die Genehmigung unter Hinweis auf die vorerwähnte Polizeiverordnung und die §§ 66, 78 I, 8 und § 10 II, 17 des Allgemeinen Landrechts, weil das geplante, einschließlich des Erdgeschosses vierstöckige Wohngebäude die Aussicht vom Fuße des auf dem Kreuzberge befindlichen Nationaldenkmals auf die Stadt und deren Umgebung wie andererseits die Ansicht des Denkmals selbst erheblich beeinträchtigen, auch dem das Denkmal umgebenden Stadtteile zur Verunstaltung gereichen würde.

Gegen diese Verfügung erhebt E. Klage; er ist der Meinung, daß von Verunstaltung der Gegend im Sinne des Gesetzes keine Rede sein könne; er hält die Polizeiverordnung, weil sie die Grenzen der polizeilichen Befugnisse überschreite, für unverbindlich.

Der Vertreter des Polizeipräsidiums bemerkt: Wollte man etwa der Polizeibehörde nur die Befugnis zugestehen, das Publikum vor Gefährdungen des Lebens, der Gesundheit und des Eigentums zu schützen, so würde damit die Vorschrift des § 10 II, 17 viel zu eng aufgefaßt werden; denn ein Gemeinwesen besitze noch viele andere und namentlich ideale Güter, welche eines behördlichen Schutzes gegen die Handlungen einzelner Mitglieder des Staats bedürften; hier handle es sich darum, den Patriotismus — eines der höchsten idealen Güter, welches eine Nation besitzen könne — zu hüten; denn das auf dem Kreuzberge stehende Nationaldenkmal — dazu bestimmt, den gegenwärtigen und kommenden Geschlechtern das Andenken an die glorreiche Zeit der Befreiungskriege wach zu erhalten — habe der Staat erst vor kurzem mit großen Geldopfern auf einen würdigen Standpunkt und zu einer wirksamen Höhe emporheben lassen; der bei seiner Errichtung verfolgte Zweck, dasselbe als ein wichtiges Förderungsmittel des Patriotismus dienen zu lassen, würde verloren gehen, wenn die Ansicht des Denkmals beziehungsweise die Aussicht von dem Fuße desselben nach der Stadt durch hohe kasernenartige Bauten behindert würde. Die Bebauung des Kreuzbergviertels sei vom Polizeipräsidium in der Weise vorgesehen und eingeleitet worden, daß die Umgebung des Denkmals einen villenartigen Charakter behalten und das Denkmal selbst unter Wahrung einer beherschenden Stellung den Schmuck eines von Villen und Villengärten eingeschlossenen geräumigen öffentlichen Platzes bilden solle; wenn jetzt in der Nähe des Denkmals hohe nüchterne Miethäuser zugelassen würden, so müsse die architektonische Harmonie in dem fraglichen Bauviertel sehr erheblich leiden; die hohen Bauten würden auf das Denkmal und auf die benachbarten Villen erdrückend und auf den das Denkmal umgebenden freien Raum einschnürend wirken; das ganze Kreuzbergviertel würde hierdurch eine grobe Verunstaltung erfahren.

Kläger bestreitet letztere entschieden und beruft sich namentlich darauf, daß in der Nähe seines Grundstücks bereits Miethäuser aus der Zeit vor 1879 sich befänden. Kläger bestreitet auch der Ortspolizeibehörde das Recht, durch Verordnungen den Patriotismus zu heben.

Kläger wünscht zu erfahren, ob seine Klage Aussicht auf Erfolg haben möchte und ob er im Verneinungsfalle gegen das Polizeipräsidium auf Entschädigung klagen könne. Wenn der geplante Bau nicht zulässig ist, so glaubt E., daß sein Grundstück um 100000 Mark weniger wert sei.

Vgl. Allgemeines Landrecht I, 8 vom Eigentume:

§ 65. In der Regel ist jeder Eigentümer seinen Grund und Boden mit Gebäuden zu besetzen oder sein Gebäude zu verändern wol befugt.

§ 66. Doch soll zum Schaden oder Unsicherheit des gemeinen Wesens oder zur Verunstaltung der Städte und öffentlichen Plätze kein Bau und keine Veränderung vorgenommen werden.

§ 78. Die Straßen und öffentlichen Plätze dürfen nicht verengt, verunreinigt oder sonst verunstaltet werden.

Vgl. Gesetz vom 11. März 1850 und § 10 A.-L.-R. II, 17 im Anhange.

2.

Der Oberpräsident von Sachsen hat unter dem 17. Oktober 1892 folgende Polizeiverordnung betreffend den Kaninchenfang erlassen:

§ 1. Das Fangen wilder Kaninchen mit Schlingen ist verboten.

§ 2. Wer fremde Grundstücke zum Zwecke des Fangens von wilden Kaninchen betritt, bedarf außer der Zustimmung des Jagdberechtigten (§ 17 des Jagdpolizeigesetzes vom 7. März 1850) einer schriftlich auf bestimmte Zeit zu erteilenden Erlaubnis des Eigentümers oder Nutznießers der betreffenden Grundstücke.

Der Jagdberechtigte bedarf dieser Erlaubnis nicht.

§ 3. Wer von der ihm erteilten Erlaubnis (§ 2) Gebrauch macht, hat den Erlaubnisschein bei sich zu führen.

§ 4. Zuwiderhandlungen gegen die Vorschriften dieser Polizeiverordnung werden mit Geldstrafe bis zu 60 Mark event. Haft bestraft.

Ist diese Verordnung giltig?

W. hat am 31. Oktober 1892 unbefugt Kaninchen mit Schlingen zu fangen versucht. Kann er bestraft werden?

3.

„Auf Grund der §§ 5 und 6 des Gesetzes über die Polizeiverwaltung .... verordnet das Polizeipräsidium

über Einrichtung und Benutzung von Bierdruckvorrichtungen

für den Stadtkreis X. unter Zustimmung des Gemeindevorstandes, was folgt:

§ 7. Die Bierdruckvorrichtungen und insbesondere die zur vorübergehenden Aufnahme des Bieres bestimmten Leitungsröhren und sonstigen Behälter derselben sind stets in reinem Zustande zu erhalten.

Beträgt die Länge der Bierreinigungsröhren mehr als ein Meter, so hat die Reinigung dieser Bierleitungsröhren, vorbehaltlich der im § 9 vorgesehenen Ausnahmen, allmonatlich zweimal, und zwar in Zwischenzeiten von höchstens je drei Wochen, mittelst Durchleitens von gespanntem heißen Dampf unter Nachspülen von heißem und demnächst kaltem Wasser zu erfolgen, und ist dieselbe jedesmal so lange fortzusetzen, bis das durchgespülte Wasser vollkommen klar erscheint.

Nach dem Reinigen ist jedesmal der Stocher herauszunehmen und auszuwaschen.

Die Reinigung mittelst Durchleitens von gespanntem heißen Dampf darf nur mittelst solcher Apparate ausgeführt werden, welche das Polizeipräsidium als geeignet bezeichnet.

§ 9. Von der Verpflichtung zur Reinigung der Bierleitungsröhren mittelst Durchleitens von gespanntem heißen Dampf nach Vorschrift des § 7 Abs. 2 können die Inhaber von Bierdruckvorrichtungen auf Antrag vom Polizeipräsidium entbunden werden, wenn an den Bierleitungsröhren derselben Vorrichtungen angebracht sind, welche vom Polizeipräsidium als zu jederzeitiger Ermöglichung zuverlässiger Feststellung des Zustandes im Innern dieser Röhren ausreichend anerkannt werden.

§ 10. Mit Geldstrafe bis zu 30 Mark, an deren Stelle im Unvermögensfalle verhältnismäßige Haft tritt, wird bestraft: wer den Bestimmungen dieser Verordnung zuwiderhandelt 2c.

X., den 20. Januar 1883.

Königliches Polizeipräsidium."

Der Polizeipräsident hat demnächst bekannt gemacht, daß er nur diejenigen Apparate für geeignet halte, welche von der Firma „K. & M." hergestellt sind.

Die Wirte A. und B. haben die Verordnung nicht befolgt, A. hat sie vollständig außer acht gelassen, B. hat die Reinigung seiner Bierdruckvorrichtungen einem Unternehmer Z. übertragen. Dieser reinigt zwar mit Dampf und genau in der Art, wie die Verordnung es vorschreibt, aber unter Anwendung von Apparaten, die der Polizeipräsident nicht genehmigt hat. B. will durch Sach-

verständige beweisen, daß die Apparate des Z. mindestens ebenso gut sind, wie die Apparate von „K. & M.“

4.

Die Regierung zu F. hat in einer Polizeiverordnung unter anderem „behufs Heilighaltung der Sonn- und Festtage“ folgendes bestimmt:

„3. An Sonn- und Festtagen sind alle öffentlich bemerkbaren Arbeiten und geräuschvollen Beschäftigungen in den Wohnungen und auf den Straßen untersagt, insbesondere:

a) die Arbeit der Feldbestellung, Saat, Ernte, des Dreschens und des Düngerfahrens,

b) das Auf- und Abladen der Frachtfuhrwerke auf öffentlichen Straßen und Plätzen, ...

g) das Ablohnen von Arbeitern.

4. Nur in dringenden Notfällen, besonders bei anhaltend ungünstiger Witterung, dürfen nach beendigtem Gottesdienst mit jedesmal einzuholender Erlaubnis der Orts-Polizeibehörde . . . . Feldarbeiten auch an Sonn- und Festtagen vorgenommen werden.

10. Die Stunde des Gottesdienstes an Sonn- und Festtagen haben die Lokal-Polizeibehörden nach Anhörung des Geistlichen näher zu bestimmen.

12. Die Abhaltung von Hetz- und Treibjagden ist an Sonn- und Festtagen unbedingt untersagt. Auch in anderer Weise darf die Jagd erst nach beendigtem Nachmittags-Gottesdienst ausgeübt werden.“

Sind diese Bestimmungen giltig?

5.

Eine Polizeiverordnung des Landrats von G. in Pommern vom 22. August 1882 bestimmt:

§ 1. „Das Hüten und Durchtreiben von Vieh auf allen in dem Kreise G. vorhandenen und neu entstehenden S a n d - und M ü l l - w e h e n, s o w i e j e d e a n d e r e B e n u t z u n g d e r s e l b e n, w e l c h e g e - e i g n e t i s t, e i n e V e r f l ü c h t i g u n g d e r B o d e n f l ä c h e h e r b e i z u - f ü h r e n, i s t u n t e r s a g t.“

Gleichwol haben die Kolonisten K. und S. ihre Ackerflächen, welche innerhalb der durch die Königliche Regierung zu St. festgesetzten Grenzen der Woltiner S a n d w e h e n liegen, im Sommer 18 . ., auch nach der im Juli vergangenen Jahres auf Anordnung derselben Behörde durch Hügel und Grenzsteine erfolgten Grenzfeststellung beackert und somit die erwähnte Polizeiverordnung nicht beobachtet.

Die beiden genannten Kolonisten sind wegen Übertretung der Verordnung angeklagt.

Die Beschuldigten sind der Meinung, daß die Verordnung nicht zu Recht bestehe, da sie in das Bereich des Gesetzes vom 6. Juli 1875, betreffend Schutzwaldungen und Waldgenossenschaften übergreife und sich mit diesem Gesetze in Widerspruch setze.

Die Staatsanwaltschaft entgegnet: Das erwähnte Gesetz sei nur maßgebend für die Benutzung und Bewirtschaftung von Waldgrundstücken, nicht aber für andere ländliche Grundstücke, wie schon aus der Bezeichnung „betreffend Schutzwaldungen und Waldgenossenschaften" ersichtlich sei. Diese Auffassung sei auch in den Motiven des Gesetzes zum Ausdrucke gekommen und werde in einem Reskript des Ministers für Landwirtschaft u. s. w. vom 3. April 1882 vertreten. Unter „Sandländereien" (§ 2 des Gesetzes) verstehe das Gesetz nur die mit Flugsand bedeckten Waldgrundstücke.

Demgegenüber bemerkt der Verteidiger der Beschuldigten: Unter „Schutzwaldungen" verstehe das Gesetz nicht blos bereits bestehende und in ihrem Bestande zu schützende Waldgrundstücke, vielmehr auch solche Grundstücke, welche erst aufgeforstet und zwar eigens zu dem Zwecke aufgeforstet würden, um andern angrenzenden Ländereien zum Schutze zu dienen. Das erwähnte Reskript des Ministers stehe durchaus nicht auf dem Standpunkte der Anklagebehörde, und die Motive sagten ausdrücklich das Gegenteil. Die Motive (Drucksachen des Hauses der Abgeordneten 1875, Bd. 1, Nr. 15, S. 21 flg.) schilderten, so bemerkt der Verteidiger weiter, zunächst die Gefahren, welche den landwirtschaftlich benutzten Grundstücken durch den flüchtigen Sand drohten; im Regierungsbezirk Bromberg hätte sich z. B. in den Jahren 1837 bis 1857 die Fläche der vollständig versandeten Grundstücke um das $2\,^1/_2$ fache vergrößert, die Einwirkung des Staates auf die Bewirtschaftung solcher Grundstücke sei deshalb notwendig; diese Einwirkung werde aber, „wenn sie von Erfolg begleitet sein solle, sich nicht auf die Grundstücke beschränken dürfen, welche einen Waldbestand noch hätten, sondern sie werde sich auch auf die öden Grundstücke erstrecken müssen, welche ihrer Beschaffenheit nach derartige Gefahren bei unvorsichtiger Benutzung verursachen könnten."

Wie ist der Fall zu beurteilen? Vergl. §§ 1 und 2 des Gesetzes vom 6. Juli 1875 (Anhang).

6.

Eine Polizeiverordnung der Regierung zu M. verbietet dem Pächter der Jagd eines gemeinschaftlichen Jagdbezirks, ohne Genehmigung der Gemeindebehörde eine weitere Verpachtung (Afterverpachtung) der Jagd vorzunehmen, oder Jagderlaubnisscheine gegen Entgelt auszustellen.

Ist diese Verordnung giltig?

Ein der Übertretung der Verordnung beschuldigter Pächter macht geltend: Die Verordnung habe keinen Boden im § 6 des Gesetzes über die Polizeiverwaltung vom 11. März 1850; sie stehe im Widerspruche mit § 4 des Gesetzes vom 31. Oktober 1848; das Jagdpolizeigesetz vom 7. März 1850 enthalte eine vollständige Kodifikation des Jagdpolizeirechts.

7.

In der Stadt B. befindet sich die sogenannte Kieferstraße im unbezweifelten Eigentume des X. Mehrere Jahre hindurch hat X. diese Straße dem öffentlichen Verkehre freigegeben. Jetzt ist eine Straßenpolizeiverordnung in Kraft getreten, welche den Verkehr auf öffentlichen Straßen regelt. Die Verordnung bestimmt:

„Unter der Bezeichnung öffentliche Straße sind hier wie überall in den vor- und nachstehenden Bestimmungen auch solche im Privateigentume stehenden Straßen, Wege u. s. w. begriffen, in welchen tatsächlich ein öffentlicher Verkehr stattfindet."

X. hat nunmehr die ganze Straße gesperrt und unterwirft sich nicht bezüglich dieser Straße der Polizeiverordnung. Er glaubt dieser Verordnung nicht unterworfen zu sein, da seine Privatstraße keine öffentliche Straße sei, er habe die Straße nur eine Zeit lang freiwillig dem öffentlichen Verkehr geöffnet, dadurch sei sie einer Servitut zum öffentlichen Gebrauche in keiner Weise unterworfen worden. Zum öffentlichen Gebrauche habe weder die Stadt, noch das Publikum, weder gesetzlich, noch vertragsmäßig, noch durch Verjährung ein Recht der Benutzung erworben. Die Polizei sei nicht berechtigt, eine Privatstraße zu einer öffentlichen Straße einseitig zu erklären.

8.

Das Reichsgesetz, betreffend die Abzahlungsgeschäfte vom 16. Mai 1894 ist in dem am 21. Mai 1894 in Berlin ausgegebenen Reichs-Gesetzblatte Nr. 23 verkündet. Das Gesetz bestimmt nichts über den Tag, an welchem es in Kraft treten soll.

Wann ist das Gesetz in Kraft getreten? Kommt das Gesetz zur Anwendung bei einem zwischen A. und B. am 3. Juni 1894 geschlossenen Abzahlungsgeschäfte?

II. Bürgerliches Recht.

9.

Ein Kloster hatte gegenüber dem benachbarten Grundstücke des Militärfiskus eine Grundgerechtigkeit; es stand ihm das Recht zu, das aus dem Kloster fließende Wasser durch eine Rinne über das fiskalische Grundstück zu leiten. — Das Kloster wurde sekularisiert und dem Domänenfiskus zugewiesen. Letzterer hat es dann verkauft.

Ist die Wasserleitungsgerechtigkeit beseitigt? Der Fiskus macht geltend: er sei nur eine einzige juristische Person; die verschiedenen „stationes fisci" seien nicht selbständige juristische Personen; hiernach sei die Grundgerechtigkeit durch sogenannte confusio (Vereinigung) erloschen; nach allgemeinen Grundsätzen müsse eine Grundgerechtigkeit erlöschen, wenn das Eigentum des herschenden und das Eigentum des dienenden Grundstücks in einer Hand vereinigt würde; die einmal erloschene Gerechtigkeit könne nicht ohne weiteres wieder aufleben.

10.

Die Königliche Regierung zu A. hat mit Zustimmung des Ministeriums zu Gunsten der Königlichen und der im Privatdienste angestellten Forstbeamten ein Schußgeld von 1—15 Mark im Winter und 3—22½ Mark im Sommer für die Erlegung eines Stückes Schwarzwild ausgesetzt. Sie hat bisher regelmäßig ohne jede Ausnahme die höchste Prämie, 15 Mark bezw. 22½ Mark, an den betreffenden Schützen ausgezahlt. In einem jetzt vorliegenden Falle, in welchem 10 Frischlinge, darunter 6 ohne

Anwendung des Schießgewehrs, getötet worden sind, will sie nur für 4 Stück die Prämie von je 3 Mark zahlen.

Ist dies berechtigt? Kann der Fiskus auf Zahlung der Prämie verklagt werden?

11.

Der Revierförster Jäger hat von dem ihm bisher völlig unbekannten Fabrikanten F. einen Brief mit einem „Nachtvisier" erhalten. In dem Briefe heißt es: „Da annehme, daß Sie gleich anderen Jagdfreunden die Vorteile meines neuerfundenen Nachtvisiers sich nicht wollen entgehen lassen, so gebe mir die Ehre, Ihnen ein Exemplar zu übersenden. Rechnung über 3 Mark füge ergebenst bei u. s. w."

Jäger will das nach seiner Meinung wertlose Visier nicht kaufen, was muß er tun? Es sind schon 8 Tage verstrichen und er hat dem Absender noch nicht geantwortet.

12.

Ich habe den Lotteriekollekteur L. in Berlin unter dem 10. Mai brieflich ersucht, mir ein Los der . . .-Lotterie, deren Ziehung am 11. Mai beginnen sollte, unter Nachnahme des Betrages zuzusenden. Mein Brief ist bei L. am 11. Mai 9 Uhr früh angekommen. Um 2 Uhr hat L. einen Brief an mich mit Los Nr. 7777 zur Post gegeben. Am Abend hat er sich den Brief von der Post zurückgeben lassen, weil er aus der um 5 Uhr in seinen Besitz gelangten Gewinnliste ersehen hatte, daß die Nr. 7777 mit 50000 Mark gezogen war. Er hat mir dann brieflich mitgeteilt, daß er meinem Wunsche, mir ein Los zu übersenden, leider nicht mehr entsprechen könne, weil er ein solches nicht mehr besitze. Das Schreiben ist am 12. Mai in meinen Besitz gelangt. — Erst jetzt habe ich den wahren Sachverhalt durch Zufall erfahren.

Kann ich Herausgabe des Loses, eventuell Auszahlung von 50000 Mark von L. verlangen? Kann L. bestraft werden?

13.

Die achtzehnjährige Anna D. aus dem Dorfe Z. ist vor etwa 1½ Jahren nach Berlin gekommen, um daselbst als Dienstmädchen in Stellung zu treten. Bei zwei Herrschaften hat sie je 6 Monate gedient. Mit der dritten Herschaft, bei welcher sie am 2. Oktober eingetreten war, ist sie am 10. Februar in Streit geraten und sofort ohne vorhergegangene Kündigung entlassen worden. Sie klagt jetzt beim Amtsgericht I in Berlin gegen ihren Dienstherrn und dessen Ehefrau auf Zahlung des Lohnes und auf Gewährung von Verpflegungsgeldern für die Zeit vom 11. Februar bis 16. März. Am 17. März ist Klägerin erkrankt und in einem Krankenhause auf Kosten des Ortsarmenverbandes bis 1. April verpflegt worden.

Die Beklagten wenden ein:

1. der Dienstvertrag sei überhaupt ungiltig, da die Anna noch minderjährig ist;
2. in keinem Falle sei sie ohne ihren Vater oder Vormund prozeßfähig; nur der gesetzliche Vertreter würde die Klage erheben können;
3. die Klägerin sei mit Recht entlassen worden, weil sie am 10. Februar ohne Erlaubnis abends das Haus verlassen habe und erst nach 2 Stunden wiedergekommen sei;
4. die Beklagten widerrufen eventuell das der Klägerin gemachte Weihnachtsgeschenk im Werte von 12 Mark und stellen diesen Betrag zur Kompensation.

Wie ist zu entscheiden?

Für welche Zeit wäre die Herschaft verpflichtet, Lohn und Verpflegung zu gewähren, wenn die Klage für begründet erachtet werden sollte?

14.

X. hat dem Gutsbesitzer A. 10 000 Mark zu 4 ½ Prozent geliehen. A. hat zur Sicherheit der Gläubigers auf dessen Verlangen das Darlehn hypothekarisch (unter Nr. 10 der 3. Abt.) eintragen lassen. — Demnächst hat A. das Gut an B. verkauft; wenige Wochen nachher ist A. völlig vermögenslos gestorben.

Kann X. sein Recht gegen B. in vollem Umfange geltend machen?

15.

A. hat vor 8 Tagen von B. ein Reitpferd für 1000 Mark gekauft. Innerhalb der nächsten zehn Tage sollte A. das Pferd abholen lassen und den Preis bei der Übergabe zahlen.

A. will jetzt das Pferd nicht abnehmen. Er führt aus: er habe bei Abschluß des Kaufvertrages vorausgesetzt, daß er von seinem bisherigen Wohnsitze versetzt würde; die vorgesetzte Dienstbehörde habe ihm mitgeteilt, daß seine Versetzung auf das Land bestimmt in Aussicht gestellt sei und in den nächsten 14 Tagen erfolgen würde; bisher habe er, da er in der Stadt wohnte, es vorgezogen, sich mit einem gemieteten Pferde zu begnügen; er habe das Pferd gekauft, weil ihm auf dem Lande ein Mietpferd nicht zur Verfügung stehen würde. Dies alles habe er bei Gelegenheit des Kaufabschlusses auch dem Verkäufer mitgeteilt.

Kann A. das Geschäft anfechten? Kann A. sich darauf berufen, daß der Kaufvertrag nur mündlich geschlossen ist?

16.

Der Jagdpächter P. hat in einem Bücherverzeichnisse zufällig gelesen, daß der Buchhändler B. in S. eine Schrift „Heusler, Die Gewere" für 5 M. anbietet. Er bittet unter Übersendung von 5 M. den Buchhändler, ihm das Buch zuzusenden. Dies geschieht. P. entdeckt sofort zu seinem nicht geringen Erstaunen, daß es sich in der Schrift nicht um Jagdgewehre, wie er erwartet hatte, sondern um eine mit großer Gelehrsamkeit erörterte Frage der deutschen Rechtsgeschichte handelt.

Kann P. das Geschäft anfechten? Er bemerkt noch, daß das erwähnte Buch, wie aus der Ankündigung des Buchhändlers ersichtlich gewesen sei, aus der Bücherei des kürzlich verstorbenen Amtsrichters R. herrührt, der ihm als eifriger Jäger bekannt war.

17.

A. hat in dem Laden des Trödlers B. einen eichenen Tisch für 8 Mark gekauft. Er hat den Tisch vor Abschluß des Kaufes, so gut es ging, besichtigt. Der Tisch stand am Ende des Ladens oben und unten mit andern Sachen bepackt. Der Tisch wird nun herausgenommen und da stellt sich heraus, daß er nur drei Beine hat und deshalb nicht stehen kann.

Muß A. den Tisch nehmen?

18.

X. ist in einen zwischen A. und B. verkehrenden Omnibus gestiegen, um nach B. zu fahren. Er hat einen Fahrschein erhalten und 20 Pfg. Fahrgeld entrichtet.

Nach 10 Minuten bemerkt X., daß er in der Richtung nach A. fährt. Kann er Rückzahlung der 20 Pfg. verlangen?

19.

A. hat einen im Nachbarhause befindlichen Pferdestall auf zwei Jahre für jährlich 100 Mark gemietet. Der Vertrag ist nur mündlich geschlossen. Ist er gleichwol klagbar?

Kann A. die Erfüllung des Vertrages auch von dem neuen Eigentümer verlangen, welcher das Grundstück von dem Vermieter gekauft hat?

20.

Der Gutsbesitzer G. hat eine Köchin gemietet. Der Vertrag ist durch Briefwechsel zustande gekommen. Ist der Vertrag in dieser Form rechtswirksam? Ein Mietgeld ist nicht gegeben. Kommt es auf die Höhe des Lohnes an?

21.

A. ist Eigentümer des Grundstücks Nr. 1, B. ist Eigentümer des benachbarten Platzes. Auf Wunsch des A. hat B. eine Grundgerechtigkeit zu Gunsten des benachbarten Grundstücks gegen einmalige Zahlung von 600 Mark bewilligt. A. hat einen schriftlichen Vertrag aufgesetzt und unterzeichnet. B. hat statt seiner Unterschrift 3 Kreuze gemacht, da er nicht schreiben kann.

Die Söhne des B. haben jetzt beim Vormundschaftsrichter beantragt, dem Vater einen Vormund zu bestellen, weil er fast völlig schwachsinnig und taub und hierdurch verhindert sei, seine Rechtsangelegenheiten zu besorgen.

Ist der Vormundschaftsrichter zur Bestellung eines Vormundes berechtigt? Würde der Vormund die Einräumung der Grundgerechtigkeit, weil sie vor der Bestellung einer Vormundschaft geschehen ist, gelten lassen müssen oder würde er sie anfechten können? Die Grundgerechtigkeit ist im Grundbuche nicht eingetragen.

22.

G. hat dem S. auf dessen Ersuchen 1200 Mark geliehen. S. hat hierauf dem G. einen Schein folgenden Inhalts ausgestellt: „Hiermit quittiere ich über den Empfang von 1200 Mark, welche mir Herr G. heute als Darlehn baar und richtig gezahlt hat. X.,... S.“

Ist dieses Schriftstück ein Schuldschein oder eine einfache Quittung? Als Schuldverschreibung müßte es gestempelt werden.

23.

Der Gutsbesitzer G. hat einem Berliner Häusermakler mündlich erklärt: „wenn Sie mir für mein Gut einen Käufer verschaffen, der 300 000 Mark zahlt, erhalten Sie 15 000 Mark Provision". Durch Vermittlung des Maklers hat G. das Gut an H. für die angeführte Summe verkauft.

Muß G. die mündlich versprochene Provision zahlen? Er möchte nur die angemessene und übliche Provision von 3000 Mark zahlen. Wann ist die Provision fällig?

24.

A. hat von B. ein Grundstück für 120 Mark gekauft. Der Vertrag ist durch Briefwechsel zustande gekommen. Später sind A. und B. durch ein nur mündlich getroffenes Abkommen in Aufhebung des Kaufvertrages übereingekommen.

B. ist einige Monate nachher gestorben. Seine Erben verlangen Erfüllung des Vertrages; sie sind der Meinung, daß der schriftliche Vertrag nur durch eine schriftliche Vereinbarung hätte aufgehoben werden können.

25.

Der Gutsbesitzer G. wird von einer Versicherungsgesellschaft „auf Gegenseitigkeit" auf Zahlung einer „Nachschußprämie" aus einem vor 2 Jahren geschlossenen Versicherungsvertrage belangt. Der Vertrag ist in folgender Weise geschlossen worden. Der Agent der Gesellschaft hat den G. besucht und aufgefordert, seine Feldfrüchte gegen Hagelschaden zu versichern. Der Gutsbesitzer hat den Agenten darauf gefragt: wie hoch ist die Prämie, welche ich bei Ihrer Gesellschaft zahlen muß? Der Agent hat hierauf einen bestimmten Prozentsatz genannt. Die Frage, ob die Gesellschaft Nachschüsse fordere, hat der Agent verneint. Darauf hat G. einen „Antrag", welchen der Agent ihm in Gestalt eines Formulars zur Unterschrift vorlegte, unterzeichnet. Der Agent hat den Antrag der Direktion seiner Gesellschaft eingesandt. Diese hat einen Versicherungsschein auf den Namen des G. ausgefertigt und diesen Schein gegen Zahlung der „Prämie" an G. ausgehändigt. In dem Antrage, wie in dem Versicherungsscheine ist die Gesellschaft ausdrücklich als eine Versicherungsgesellschaft auf Gegenseitigkeit bezeichnet. Die Satzungen sind dem G. ausgehändigt worden.

G. versichert, er habe weder den Versicherungsantrag, noch auch die Police, noch die Satzungen gelesen.

Ist G. zur Zahlung der Nachschußprämie, welche genau den Bestimmungen der Satzungen der Gesellschaft gemäß festgesetzt ist, verpflichtet?

26.

Der Studiosus R. hat am 25. Oktober ein möbliertes Zimmer für die Zeit vom 1. November ab für monatlich 30 Mark gemietet und der Vermieterin auf deren Wunsch 10 Mark angezahlt. R. möchte das Vertragsverhältnis so bald als möglich lösen.

Kann R. gegen Preisgabe der 10 Mark vom Vertrage zurücktreten? oder muß er den Vertrag erfüllen? Wann würde der Vertrag im letzteren Falle sein Ende erreichen?

27.

Die Gemeinde G. will auf 6 Jahre die Jagd verpachten, sie beabsichtigt, in dem Pachtvertrage Ricken vom Abschusse auszuschließen. Sie wünscht zu erfahren:

1. ob eine solche Abrede gesetzlich zulässig ist,
2. welche Strafbestimmung gegen den Pächter zur Anwendung kommt, wenn er trotz der Vertragsbestimmung Ricken schießen würde,
3. was sie etwa noch zur Durchführung ihrer Absicht tun kann.

28.

Der Rittergutsbesitzer R. hat die auf seinem Gute stehenden sog. „großen Kiefern“ auf Abholzung verkauft. Er hat sich verpflichtet, auf seine Kosten von den Kiefern bis zur Landstraße einen geeigneten Fahrweg herstellen zu lassen. Demnächst hat er mit U. einen Vertrag geschlossen, in welchem U. den Bau des Weges bis zum 1. Mai übernahm. U. hat sich verpflichtet, falls der Weg nicht bis zum gesetzten Termin fertig sein sollte, eine Konventionalstrafe von 100 Mark für jeden Tag der Verzögerung zu zahlen. Der Weg ist erst am 11. Mai fertig geworden. Die Zögerung ist auf einen Streik der Arbeiter des U. zurückzuführen.

U. glaubt infolge dessen zur Leistung der Vertragstrafe nicht verpflichtet zu sein; eventuell wünscht er dieselbe als viel zu hoch bemessen auf 20 Mark für den Tag herabgesetzt zu sehen.

29.

Der Landrat L. hat für seine Frau von dem Pferdehändler P. in Berlin ein Reitpferd für 2400 Mark gekauft. P. hat das Pferd als Wallach und Damen-Schulpferd bezeichnet. L. behauptet nun, das Pferd sei, wie sich alsbald nach der Übergabe herausgestellt habe, kein Schulpferd, es gehe „keine Spur von hoher Schule"; ein Sachverständiger hat sein Gutachten dahin abgegeben: „da das Pferd steigt und überschlägt, so ist es als Damenpferd nicht zu gebrauchen, der Käufer selbst kann es nicht reiten, weil es für ihn zu schwach ist". Ein Tierarzt hat das Pferd genau untersucht und sein Gutachten dahin abgegeben: „das Pferd ist ein sogenannter Klopphengst, im tierärztlichen Sinne Spitzhengst". L. will das Pferd nicht behalten. Er beansprucht vom Verkäufer: Rücknahme des Pferdes, Rückzahlung der 2400 Mark nebst 5% Zinsen seit Zahlung der Summe, 10 Mark für verauslagtes Zaumgeld, 12 Mark für Gutachten der Sachverständigen und 2 Mark tägliche Futter- und Verpflegungskosten seit Übergabe des Pferdes bis zum Tage der Rücknahme.

Ist dieser Anspruch begründet?

Der Verkäufer will das Pferd nicht zurücknehmen: Er habe den Käufer darauf aufmerksam gemacht, daß das Pferd Hengstmanieren habe und in mancher Hinsicht schlimmer als ein Hengst sei. Außerdem habe er dem Käufer das Pferd auf einen Tag zur Probe gegeben; er habe dem Käufer bei der Übergabe zu dieser Probe ausdrücklich gesagt: „machen Sie mit dem Pferde, was Sie wollen, reiten Sie es, lassen Sie es von einem Tierarzt untersuchen, lassen Sie es, wenn Sie wollen, in der Tierarzneischule untersuchen". Hiernach sei es Sache des Käufers gewesen, das Pferd genau untersuchen zu lassen, und wenn er das nicht getan habe, so sei dies auf seine Gefahr geschehen. Hier gelte das deutsche Sprichwort: „Augen auf, Kauf ist Kauf!"

30.

Der Mühlenbesitzer M. hat von der Forstverwaltung einen Eichstamm gekauft, will ihn aber jetzt nicht abnehmen. Der Sachverhalt ist folgender: M. hat den Oberförster O. ersucht, ihm einen Stamm zu einer Welle zu verkaufen. O. hat ihm gesagt, er möge sich einen Stamm aussuchen, dies ist geschehen und M. hat diesen Stamm gehauen. Jetzt stellt sich heraus, daß der Stamm nicht gerade gewachsen ist.

Der Rechtsanwalt des M. ist der Meinung, daß beim Kaufe einer Welle stets selbstverständlich vorausgesetzt werde, daß der Stamm völlig gerade gewachsen sei.

31.

Der Regierungsrat R. hat ein Reitpferd für 1000 Mark gekauft. Alsbald nach der Übergabe stellt sich heraus, daß das Pferd eine Hornspalte hat und infolge dieses Fehlers nicht so leistungsfähig ist, wie R. bei Abschluß des Vertrages angenommen hat. — Der Käufer macht geltend, er habe den Fehler bei der Übergabe nicht entdeckt, weil die Hornspalte zugeklebt gewesen sei. Der Verkäufer erklärt, dies wolle er jetzt nach nochmaliger Besichtigung des Pferdes nicht bestreiten; er selbst sei aber völlig außer Schuld, er habe das Pferd nur 2 Tage in seinem Stalle gehabt und habe selbst den Fehler nicht entdecken können.

Kann der Käufer den Vertrag anfechten? und unter Rückgabe des Pferdes den Kaufpreis zurückverlangen?

Kann der Käufer auch auf Preisminderung klagen? und welchen Betrag kann er dann fordern? Ein Sachverständiger hat sein Gutachten dahin abgegeben, daß das Pferd ohne den angeführten Fehler einen Wert von 1200 Mark habe, mit dem Fehler aber nur halb soviel wert sei.

Wann verjährt der Anspruch?

§ 343 A.-L.-R. I, 5:

Die Rechte, welche dem Übernehmer einer Sache wegen natürlicher, die Sache selbst betreffender Fehler zukommen, muß derselbe bei Landgütern innerhalb dreier Jahre, bei städtischen Grundstücken innerhalb eines Jahres, bei beweglichen Sachen aber innerhalb sechs Monaten nach dem Empfang der Sache ausüben.

32.

K. hat von dem Maurermeister M. ein neuerbautes Haus gekauft. Bei den Vertragsverhandlungen hat K. dem Maurermeister ausdrücklich erklärt, es komme ihm sehr darauf an, ein gut und solide gebautes Haus zu bekommen, er habe wegen eines früher besessenen Grundstücks viel Ärger und schließlich Prozesse gehabt, die er noch dazu verloren habe. M. habe hierauf bemerkt: das sei bei ihm ausgeschlossen, das Haus sei unter seiner ununterbrochenen Obhut und Fürsorge in der solidesten Weise gebaut.

Nach 3 Jahren stellen sich Schwammbildungen in dem Hause heraus. Ein Sachverständiger gibt sein Gutachten dahin ab: die Schwammbildung sei eine sehr natürliche Folge der überaus liederlichen Art, in der das Haus gebaut sei; er habe in seiner 30jährigen praktischen Tätigkeit kein Haus gesehen, das so liederlich gebaut gewesen sei.

Auf einen von K. an M. gerichteten Brief hat der Rechtsanwalt des M. geantwortet, er sehe der Klage ruhig entgegen, er werde den Einwand der Verjährung erheben.

33.

A. hat von der Stadt D. eine Jagd gepachtet. Durch Handlungen einzelner der beteiligten Grundbesitzer ist eine außergewöhnliche, beim Abschlusse des Vertrages nicht vorauszusehende Veränderung der Benutzungsart herbeigeführt. Der Ertrag der Jagd ist deshalb auf $^2/_5$ vermindert.

Kann A. aus dieser Veränderung ein Recht herleiten? Im Bejahungsfalle welches Recht? und gegen wen? Muß er bis zum gerichtlichen Austrage der Sache den vollen Pachtzins entrichten?

34.

Der Rittergutsbesitzer R. hat mit dem Kommissionär K. mehrere Jahre in Geschäftsverbindung gestanden. Am 15. vorigen Monats haben beide abgerechnet und R. hat auf Grund dieser Abrechnung anerkannt, dem K. noch 4200 Mark schuldig zu sein.

R. findet jetzt, daß die Rechnung nicht richtig ist und glaubt, nur 2800 Mark schuldig zu sein. Er hat diese Summe dem K. angeboten. K. aber hat die Annahme verweigert, weil er Teilzahlungen anzunehmen nicht verpflichtet sei.

Es entstehen folgende Fragen:

1. Kann K. auf Grund des stattgehabten Anerkenntnisses den R. verklagen, ohne eine vollständige Rechnung legen zu müssen?

2. Kann eventuell R. seine Einwendungen gegen die stattgefundene Abrechnung noch geltend machen?

3. Kann R. die 2800 Mark, welche er unstreitig schuldig ist, mit rechtlicher Wirkung hinterlegen?

4. Würde der Fall ebenso zu behandeln sein, wenn K. seinen Anspruch aus dem Anerkenntnisse des R. an P. cedierte?

35.

Der Forstaufseher W. hat im „Buchwald" Giftbrocken gelegt, um Füchse zu vergiften. In diesem Walde hat der Schäfer S., welcher dort zu hüten berechtigt war, seine Schafe gehütet. Einer seiner Hunde ist alsbald nachher gestorben; es ist festgestellt worden, daß der Hund an Gift zu Grunde gegangen ist und es kann keinem Zweifel unterliegen, daß das Tier einen der von W. gelegten Giftbrocken gefressen hat. — W. ist auf Schadensersatz verklagt.

36.

Der Förster F. hat den Wilderer W. erschossen. Das eingeleitete Strafverfahren hat ergeben, daß der Förster in Notwehr gehandelt hat. Die Staatsanwaltschaft hat aber angenommen, daß F. keine genügende Veranlassung hatte, den Wilderer tödlich zu verletzen, sie hat Anklage wegen fahrlässiger Tödtung erhoben. Die Strafkammer indes hat den Förster freigesprochen, weil ihm § 53 Abs. 3 St.-G.-B. zur Seite stehe.

Die Witwe des W. klagt jetzt für sich und ihre Kinder auf Schadensersatz beim Landgerichte. Die Civilkammer hat der Klägerin das Armenrecht bewilligt. F. ist von dem Rechtsanwalte der Klägerin vor die Civilkammer geladen. Was soll F. tun? Ist die Verurteilung zu irgend einer Entschädigung zu erwarten?

Vergl. §§ 76—78 der Einleitung zum A.-L.-R. und §§ 36 bis 38 I, 6 im Anhange, sowie § 14, Abs. 2 des Einführungsgesetzes zur Civilprozeßordnung, welcher lautet:

Außer Kraft treten: die Vorschriften über die bindende Kraft des strafgerichtlichen Urteils für den Civilrichter.

37.

Von dem Hofe des Grundstücks Jägerstraße 1 führt eine Treppe in den Keller. Über der Öffnung lag früher eine mit

Eisen beschlagene hölzerne Falltür. Vor einigen Wochen ist die Tür zerbrochen worden, der Eigentümer hat bisher eine neue Tür nicht einsetzen lassen. Ein Betrunkener ist auf den Hof gekommen, in die Öffnung gefallen und hat einen Arm gebrochen.

Ist der Eigentümer des Hauses zum Schadensersatze verpflichtet? Wie ist die Sache zu beurteilen, wenn das Grundstück dem Fiskus gehört?

38.

In dem Orte P. bestimmt eine Polizeiverordnung, daß Sachen nicht auf den Bürgersteig gestellt werden dürfen. Gleichwol haben die Eigentümer eines in P. belegenen Hauses während einer baulichen Veränderung, die sie in ihrem Hause bewirkten, Sachen auf den Bürgersteig gestellt. Das Pferd des Kutschers K. ist infolge des ungewohnten Anblicks scheu geworden und durchgegangen, der Wagen ist bei dieser Gelegenheit erheblich beschädigt, K. vom Wagen heruntergeworfen und verletzt worden.

K. verlangt vollen Schadensersatz; für die Ausbesserung des Wagens hat er 25 Mark bezahlt, er ist zehn Tage krank gewesen und will beweisen, daß er täglich 6 Mark mit seinem Wagen verdiene.

Die Eigentümer des erwähnten Hauses, A. und B., wenden ein, K. habe bei Führung des Wagens nicht die nötige Sorgfalt angewendet.

Der Rechtsanwalt des K. ist der Meinung, daß ein Versehen des K. bei Beurteilung der Sache keine Rolle spiele. Er beruft sich auf §§ 26 und 18 A.-L.-R. I, 6.

39.

Das Dienstmädchen der Frau A. hat wiederholt Sachen aus dem Küchenfenster hinausgeworfen. Dadurch sind die Blumen der Handelsgärtnerin B., welche im Erdgeschosse des Hauses ein Geschäftslokal hat und mit Bewilligung des Hauseigentümers ihre Blumen auf den Hof stellt, beschädigt worden. Die B. verlangt Schadensersatz von Frau A., weil diese das Mädchen hätte verhindern müssen, Sachen aus dem Fenster hinauszuwerfen. B. behauptet, Frau A. habe, als sie von dem durch die Magd angerichteten Schaden gehört habe, gesagt: „das geschieht der Alten ganz recht“. Vergl. §§ 60 flg. A.-L.-R. I, 6.

40.

F. hat eine der alten Witwe W. gehörige Katze erschossen. Da F. den Schuß in der Nähe einer Scheune abgefeuert hat, so ist er wegen Übertretung des § 368, Nr. 7 St.-G.-B. angezeigt. Die W. verlangt Schadensersatz, bittet um Berücksichtigung des Wertes der besonderen Vorliebe und Verurteilung zur Zahlung von 50 Mark.

F. versichert, daß er die Katze schon wiederholt auf freiem Felde auf der Hasenjagd getroffen habe, daß es ihm aber bisher nicht gelungen sei, die Katze zu erschießen. Da er glaubt, daß er in Wahrnehmung berechtigter Interessen gehandelt hat, so will er es in der Strafsache, wie in der Civilsache auf gerichtliche Entscheidung ankommen lassen.

41.

Ein Wilderer hat im Oktober in meinem Jagdrevier einen Edelhirsch geschossen, wie erst jetzt, nach einem halben Jahre, ermittelt wird. Der Wilderer ist noch im Besitze des Geweihes. Kann ich ihn auf Herausgabe verklagen? Ein Rechtskundiger hat in einem mir erteilten Gutachten die Frage verneint, weil ich nicht Eigentümer sei.

42.

Durch den Betrieb eines Bergwerkschachtes ist auf dem benachbarten Gute eine Quelle trocken gelegt worden. Hieraus erwächst dem Grundbesitzer in seiner Wirtschaft ein jährlich sich erneuernder Schade.

Ist der Eigentümer des Bergwerks dem Grundeigentümer zum Schadensersatz verpflichtet?

Eine solche Klage wird 7 Jahre nach eingetretenem Schaden erhoben. Ist der Anspruch verjährt? Könnte nicht wenigstens Ersatz für die letzten 3 Jahre und die Zukunft beansprucht werden?

Zu vergleichen sind namentlich auch folgende Bestimmungen über Verjährung: §§ 54, 55 A.-L.-R. I, 6 und Deklaration vom 31. März 1838.

43.

Der Unternehmer A. hat ein altes Haus zum Abbruche gekauft. In einem früheren Laden dieses Hauses befand sich eine Spiegelscheibe mit Zubehör. A. hat dann an B. die sogenannten „Vorbauten“ dieser Ladeneinrichtung verkauft.

Einige Tage nach Abschluß dieses Vertrages hat B. den Tischler T. beauftragt, die „Vorbauten“ herauszunehmen. Die Arbeiter des T. haben die Arbeit verrichtet, dabei aber die Scheibe zerbrochen. Den Arbeitern ist zum Vorwurfe zu machen, daß sie die „Vorbauten“ herausnahmen, ohne zuvor die Scheibe herausgenommen zu haben.

A. verlangt Schadensersatz. An wen muß er sich halten? An B., an T. oder an die Arbeiter des letzteren? Am liebsten möchte er gegen B. klagen, da dieser unzweifelhaft zahlungsfähig ist. B. aber entgegnet, ihn treffe kein Versehen, wenngleich er, ohne den A. zu fragen, die Scheibe hätte herausnehmen lassen; A. hätte sie ihm ja schon vorher zur Verfügung stellen können; B. würde nur dann haften, wenn er bei der Auswahl der Tischler fahrlässig gehandelt hätte; T. aber sei anerkannt tüchtiger Meister.

Welchen Betrag kann A. fordern?

Die Scheibe hatte neu einen Wert von 88 Mark, in dem Zustande, als sie zerbrochen wurde, war sie 44 Mark wert. Das jetzt noch brauchbare Stück der alten Scheibe ist noch 25 Mark wert.

44.

W. hat am 9. November 1890 von dem Kaufmann K. Waren für 30 Mark gekauft und übergeben erhalten. Der Käufer hat sofort bei Übergabe der Ware einen Betrag, nach seiner Behauptung 20 Mark, nach Angabe des Verkäufers nur 15 Mark gezahlt; der Rest ist gestundet.

K. klagt 1893 auf Zahlung des Restkaufgeldes von 15 Mark. W. gibt zu, daß 10 Mark nicht bezahlt sind, setzt aber der ganzen Klage den Einwand der Verjährung entgegen.

45.

Vor einigen Jahren habe ich in dem Laden des X. einen Hut gekauft. X. hat den Preis des Hutes auf 10 Mark angegeben. Ich habe den Hut sofort mitgenommen und einige Tage später mittels Postanweisung an X. 10 Mark gesandt.

X. verlangt jetzt noch 3,50 Mark für den Hut mit der Behauptung, ein solcher Hut, wie ich ihn kaufte, habe einen Wert von 13,50 Mark und werde in seinem Geschäfte nur zu diesem Preise verkauft.

X. bestreitet, daß eine Preisabrede getroffen sei und erbietet sich, zu beschwören, daß bei dem Handel vom Preise gar nicht gesprochen sei; X. behauptet, in seinen Büchern sei der Preis mit 13,50 Mark vermerkt.

Bin ich der Gefahr ausgesetzt, zur Zahlung von noch 3,50 Mark verurteilt zu werden? ich würde beschwören können, daß X. den Preis auf 10 Mark angegeben hat und daß ich den Hut nicht gekauft hätte, wenn ein höherer Preis von mir verlangt worden wäre.

X. verlangt ferner von mir noch 5 Pfg., da die Postanweisung über 10 M. nur mit 20 Pfg. freigemacht war. X. hat dem Geldbriefträger 5 Pfg. Bestellgeld gezahlt und in seinen Büchern mir nur 9,95 Mark gutgeschrieben. Muß ich die verlangten 5 Pfg. zahlen?

46.

A. hat dem B. das Grundstück Flur VII Nr. 11 verkauft und aufgelassen. Der Richter hat aus Versehen bei VII, 111 den Eigentumsübergang eingetragen.

Ist B. Eigentümer des Grundstücks 11 oder des Grundstücks 111 geworden?

47.

Im Laden des Kaufmanns K. habe ich eine Sache für 100 Mark gekauft; ich habe dem Verkäufer gesagt: er möge mir die Ware am Abend in meine Wohnung senden und dem Überbringer eine Quittung mitgeben, ich würde dem Überbringer die 100 Mark zahlen. — K. hat abends durch seinen Hausdiener H. die Ware gesandt; H. hat eine mit Quittungsvermerk versehene Rechnung mir vorgelegt und ich habe ihm 100 Mark eingehändigt.

K. verlangt jetzt Zahlung des Preises mit der Behauptung, er habe das Geld nicht erhalten. Die angestellten Ermittlungen haben ergeben, daß H. keinen Auftrag zur Erhebung des Geldes erhalten, daß er ein Quittungsformular aus dem Bureau des K. mitgenommen und unterwegs eine Quittung gefälscht hat. H. hat die 100 Mark in seinem Nutzen verwendet.

Muß ich den Kaufpreis noch einmal an K. zahlen? Welche Strafgesetze kommen gegen H. zur Anwendung? H. ist, wie sich jetzt herausstellt, schon zweimal wegen Diebstahls vorbestraft.

48.

Frau F. hat ihrer Köchin 20 Mark gegeben und ihr gesagt, sie möge für diesen Betrag beim Kaufmann Kolonialwaren für den Haushalt einkaufen. Frau F. hat die von ihr gewünschten Waren auf einem Zettel vermerkt und der Köchin gesagt, worauf sie beim Aussuchen achten soll.

Die Köchin hat dem erteilten Auftrage gemäß eingekauft, sie hat aber dem Kaufmann gesagt, Frau F. lasse ihn um Stundung des Preises bitten. Der Kaufmann hat sich hiermit einverstanden erklärt. Die Köchin hat die 20 Mark behalten und sich für das Geld einen neuen Hut gekauft. Nach einigen Wochen hat die Köchin für weitere 10 Mark Waren von dem Kaufmann auf Rechnung der Frau F. gekauft, obwol sie hierzu überhaupt keinen Auftrag erhalten hatte. Sie hat diese Waren zum Teil selbst verbraucht, zum Teil verschenkt.

Nach 3 Monaten verlangt der Kaufmann Zahlung von 20 und 10 = 30 Mark von Frau F. Da diese sich weigert, klagt er gegen den Ehemann F. auf Zahlung und stellt diesem anheim, seinerseits Regreß gegen die Köchin zu nehmen.

Ist diese Klage begründet?

49.

Der Kaufmann K. in Berlin hat in der . . . Zeitung angezeigt, daß er fertige Uniformen zur Verfügung hält. Gegen Übersendung bestimmter Maße will er die Uniform zu einem bestimmten Preise „untadelhaft“ liefern. Bezüglich der Zahlung des Preises ist bemerkt: „Ziel 3 Monate oder per Cassa mit 2% Sconto“.

F. hat diese Anzeige gelesen und bestellt brieflich unter Angabe der verlangten Maße eine Uniform. Eine solche wird ihm auch mittels der Post nach einigen Tagen zugeschickt. Der Anzug paßt aber nicht: das Beinkleid ist viel zu lang, im Rock sind die Ärmel verkehrt eingesetzt. — Sofort hat F. dem K. geschrieben, der Anzug sei nicht brauchbar; K. möge erklären, ob er einen andern Anzug versprochener Maßen „untadelhaft“ liefern wolle, oder ob F. von einem Schneider seines Wohnorts auf Kosten des K. den übersandten Anzug verändern lassen solle. — Hierauf hat F. keine Antwort erhalten. Als er nach 2 Wochen noch einmal an K. schreibt, erhält er die Antwort: „Auf Ihr Geehrtes vom . . . erwidere Ihnen, daß Sie wol im Irrtum sind. Einen Brief vom . . . habe nicht erhalten. Da ich nach Artikel 347, 349 des Handelsgesetzbuchs nicht verpflichtet bin, den Anzug, der übrigens völlig untadelhaft ist, zurückzunehmen, so verlange Zahlung des vollen Preises u. s. w."

F. hat inzwischen festgestellt, daß der Anzug auch von mangelhaftem Stoffe angefertigt ist und möchte ihn unter Rücktritt vom Vertrage zurücksenden.

Ist er hierzu berechtigt? Was soll F. tun? Sein Dienstmädchen könnte bezeugen, daß es den Brief an K. in den Briefkasten geworfen habe.

Nachträglich liest F. auf der mit dem Anzuge übersandten Rechnung den kleingedruckten Vermerk: „Erfüllungsort Berlin."

Ist dies von rechtlicher Bedeutung? Kann K. die Klage gegen F. beim Amtsgericht I in Berlin erheben?

Art. 347 flg. H.-G.-B. lauten:

Art. 347: Ist die Ware von einem andern Orte entsendet, so hat der Käufer ohne Verzug nach der Ablieferung, soweit dies nach dem ordnungsmäßigen Geschäftsgange tunlich ist, die Ware zu untersuchen, und wenn sich dieselbe nicht als vertragsmäßig oder gesetzmäßig ergibt, dem Verkäufer sofort davon Anzeige zu machen.

Versäumt er dies, so gilt die Ware als genehmigt, soweit es sich nicht um Mängel handelt, welche bei der sofortigen Untersuchung nach ordnungsmäßigem Geschäftsgange nicht erkennbar waren.

Ergeben sich später solche Mängel, so muß die Anzeige ohne Verzug nach der Entdeckung gemacht werden, widrigenfalls die Ware auch rücksichtlich dieser Mängel als genehmigt gilt u. s. w.

Art. 348: Wenn der Käufer die von einem andern Orte übersendete Ware beanstandet, so ist er verpflichtet, für die einstweilige Aufbewahrung derselben zu sorgen.

Er kann, wenn sich bei der Ablieferung oder später Mängel er geben, den Zustand der Ware durch Sachverständige feststellen lassen. . . .

Die Sachverständigen ernennt auf Antrag des Beteiligten das . . . Gericht u. s. w.

Art. 349: Der Mangel der vertragsmäßigen oder gesetzmäßigen Beschaffenheit der Ware kann von dem Käufer nicht geltend gemacht werden, wenn derselbe erst nach Ablauf von sechs Monaten seit der Ablieferung an den Käufer entdeckt worden ist.

Die Klagen gegen den Verkäufer wegen Mängel verjähren in sechs Monaten nach der Ablieferung an den Käufer.

Die Einreden sind erloschen, wenn die im Art. 347 vorgeschriebene sofortige Absendung der Anzeige des Mangels nicht innerhalb sechs

Monaten nach der Ablieferung an den Käufer geschehen ist. Ist die Anzeige in dieser Weise erfolgt, so bleiben die Einreden bestehen.

An den besonderen Gesetzen oder Handelsgebräuchen, durch welche für einzelne Arten von Gegenständen eine kürzere Frist bestimmt ist, wird hierdurch nichts geändert.

Ist die Haftbarkeit des Verkäufers auf eine kürzere oder längere Frist vertragsmäßig festgesetzt, so hat es hierbei sein Bewenden.

Art. 350: Die Bestimmungen des Art. 347 und 349 können von dem Verkäufer im Falle eines Betruges nicht geltend gemacht werden.

50.

F. hat an K. ein Pferd für 300 Mark verkauft und der Abrede gemäß das Pferd mit der Eisenbahn abgeschickt. Das Pferd ist bei K. krank angekommen. Wahrscheinlich ist die Krankheit während des Transportes entstanden. Der Wagen, in dem das Tier befördert wurde, hat unterwegs wegen eines Achsenbruches außer Dienst gestellt werden müssen. Bei der Umladung hat das Pferd längere Zeit bei großer Kälte ohne Decke im Freien gestanden.

Wer muß den Schaden tragen, der Absender? der Empfänger? oder die Eisenbahnverwaltung?

Folgende Gesetzesstellen sind vornehmlich zu berücksichtigen:

§ 95 A.-L.-R. I, 11: So lange der Verkäufer dem Käufer die Sache noch nicht übergeben hat, bleibt bei allen freiwilligen Verkäufen, wenn sie nicht in Pausch und Bogen geschlossen, oder sonst ein Anderes ausdrücklich verabredet worden, Gefahr und Schade dem Verkäufer zur Last.

§ 128, 129 das.: Unter Abwesenden ist die Übergabe beweglicher Sachen vollzogen, sobald die Sache dem Bevollmächtigten des Käufers ausgehändigt oder auf die Post gegeben, oder dem Fuhrmanne oder Schiffer ausgeliefert worden.

Doch muß die Übermachung entweder nach der Anweisung des Käufers geschehen, oder von diesem die Art derselben dem Gutbefinden des Verkäufers, ausdrücklich oder stillschweigend, überlassen worden sein.

Art. 345 H.-G.-B. Nach Übergabe der Ware an den Spediteur oder Frachtführer oder die sonst zum Transport der Ware bestimmte Person trägt der Käufer die Gefahr, von welcher die Ware betroffen wird. Hat jedoch der Käufer eine besondere Anweisung über die Art der Übersendung erteilt und ist der Verkäufer ohne dringende Veranlassung davon abgewichen, so ist dieser für den daraus entstandenen Schaden verantwortlich.

Der Verkäufer hat die Gefahr, von welcher die Ware auf dem Transporte betroffen wird, in dem Falle zu tragen, wenn er gemäß dem Vertrage die Ware an dem Orte, wohin der Transport geschieht, zu liefern hat, so daß dieser Ort für ihn als der Ort der Erfüllung gilt. Daraus, daß der Verkäufer die Zahlung von Kosten oder Auslagen der Versendung übernommen hat, folgt für sich allein noch nicht, daß der Ort, wohin der Transport geschieht, für den Verkäufer als der Ort der Erfüllung gilt.

Durch die Bestimmungen dieses Artikels ist nicht ausgeschlossen, daß die Gefahr schon seit einem früheren Zeitpunkte von dem Käufer getragen wird, sofern dies nach dem bürgerlichen Recht der Fall sein würde.

Art. 395 das.: Der Frachtführer haftet für den Schaden, welcher durch Verlust oder Beschädigung des Frachtgutes seit der Empfangnahme bis zur Ablieferung entstanden ist, sofern er nicht beweist, daß der Verlust oder die Beschädigung durch höhere Gewalt (vis major) oder durch die natürliche Beschaffenheit des Guts, namentlich durch inneren Verderb, Schwinden, gewöhnliche Leckage u. dgl., oder durch äußerlich nicht erkennbare Mängel der Verpackung entstanden ist.

Für Kostbarkeiten, Gelder und Wertpapiere haftet der Frachtführer nur dann, wenn ihm diese Beschaffenheit oder der Wert des Gutes angegeben ist.

51.

Von X. habe ich ein Grundstück für 1200 Mark gekauft; die Auflassung soll binnen zehn Tagen, die Übergabe soll am Tage nach der Auflassung erfolgen, der Preis soll bei der Übergabe bezahlt werden.

X. zögert mit der Erfüllung, er sucht mit allerlei Vorwänden sich seiner Pflicht zu entziehen und beabsichtigt anscheinend das Grundstück einem andern Kauflustigen, der einen höheren Preis zahlen will, zu überlassen.

Kann ich auf Auflassung und Übergabe klagen? Kann ich mein Recht auf Auflassung durch eine Eintragung im Grundbuche sichern? Welchen Weg soll ich einschlagen? Muß ich einen Rechtsanwalt mit Wahrnehmung meiner Rechte beauftragen?

52.

G. hat vor einigen Wochen dem N. 100 Mark geliehen. G. hat das Darlehn am 1. dieses Monats gekündigt und verlangt Rückzahlung nach vier Wochen, d. i. am 29. dieses Monats.

N. behauptet: er habe bei Empfang des Geldes mit G. mündlich vereinbart, N. solle das Darlehn mit 5% verzinsen und nach einem Jahre zurückzahlen; Zeugen seien nicht zugegen gewesen.

G. bestreitet diese Abrede und beruft sich auf die gesetzliche Kündigungsmöglichkeit.

53.

A. hat von L. für 180 Mark Waren entnommen. Da er den Preis nicht zahlen konnte, hat er dem L. auf dessen Verlangen einen Schuldschein über 250 Mark gegeben und sich verpflichtet, diesen Betrag mit 6% Zinsen nach vier Wochen „zurückzuzahlen". L. hat seine Rechte aus dem Schuldscheine an W. abgetreten.

Kann W. auf Zahlung von 250 Mark und 6% Zinsen klagen? Könnte A. den Einwand des Wuchers erheben?

54.

Wetter klagt gegen Abendroth aus folgendem Wechsel:

Berlin, den 10. März 1894. Für 3000 Mark.

Angenommen Abendroth.

Drei Monat à dato zahlen Sie gegen diesen Wechsel drei Tausend Mark an Herrn Reinhold Roßmann hier, Wert in Rechnung.

Herrn Abendroth. Lippold.
Hier, Jägerstr. 240.

Rückseite des Wechsels:
(Stempelmarke)

Für mich an Herrn Schreiber & Cie.
Roßmann.

Für mich an Herrn W. Keller.
Schreiber & Cie.

Für mich an Herrn A. Wetter ohne Obligo.
W. Keller.

Abendroth wendet ein, er habe den Wechsel zu Gunsten des Lippold angenommen, weil dieser ihm ein Darlehn von 2500 Mark versprochen habe. Lippold habe 500 Mark als Zinsen verlangt. Nach Hingabe des Wechsels habe Lippold nur 1800 Mark als Darlehn gegeben.

Kann Abendroth die Wechselverbindlichkeit anfechten oder muß er volle 3000 Mark an Wetter bezahlen? Abendroth war zur Zeit der Ausstellung des Wechsels und ist noch jetzt in großer Notlage. An Lippold wird er sich voraussichtlich nicht halten können, da dieser flüchtig geworden ist und wegen Wuchers steckbrieflich verfolgt wird.

55.

F. hatte für 1873 seine Feldfrüchte bei einer Versicherungsgesellschaft auf Gegenseitigkeit versichert. Die Gesellschaft ist seit einigen Jahren in „Liquidation"; der Liquidator verlangt jetzt Zahlung einer Nachschußprämie für 1873 und außerdem Zahlung der Prämie für 1874: für dieses letztere Jahr sei allerdings ein Versicherungsvertrag nicht ausdrücklich geschlossen, die Satzungen der Gesellschaft aber enthielten die Bestimmung, daß der Vertrag sich von selbst auf ein Jahr verlängere, wenn nicht Kündigung spätestens drei Monate vor Ablauf des Jahres erfolge.

F. behauptet die Nachschußprämie bezahlt zu haben, er hat aber keine Quittung mehr. Kann er sich gegenüber dem ganzen Anspruche der Klägerin auf Verjährung berufen?

56.

F. hat beim Schneidermeister S. einen Rock bestellt. Er hat bei der Bestellung genau bestimmt, wie der Rock beschaffen sein solle. Der Schneider hat jetzt den Rock geliefert. F. will ihn nicht annehmen, weil der Rock nicht so gemacht ist, wie er bestellt wurde. S. entgegnet: der Rock sei nach allen Regeln der Kunst gemacht und im vollsten Sinne der jetzigen Mode geschmackvoll; genau so wie F. ihn bestellt, habe er ihn nicht machen lassen können, so würde er dem Besteller selbst nicht gefallen haben; ein solcher Rock, wie F. ihn bestellt habe, sei vielleicht vor 100 Jahren modern gewesen, heute könne kein verständiger Mensch ihn tragen; F. handele arglistig, wenn er den Rock nicht annehme.

57.

Der Landrat L. hat sein Pferd zum Schmiedemeister geschickt, um es neu beschlagen zu lassen. Der Meister hat die Arbeit seinem Gesellen überlassen. Dieser hat das Pferd vernagelt.

Kann L. Schadensersatz verlangen? und im Bejahungsfalle: von dem Meister? oder muß er sich an den Gesellen halten?

Der Meister lehnt seine Haftung ab, weil der Geselle mit guten Zeugnissen zu ihm gekommen sei und auch bei ihm bis dahin tadellos gearbeitet habe.

Das Pferd hatte einen Wert von 1000 Mark, jetzt ist es wertlos. Welches Gericht ist zuständig?

58.

Die Witwe A. hat ihre Köchin wegen ihres schlechten Betragens und wegen Untreue nach stattgehabter Kündigung entlassen. Um ihr Gelegenheit zu geben, bald wieder eine Stellung zu erlangen und um sie in ihrem Fortkommen nicht zu behindern, hat die A. ihr ins Zeugnis geschrieben „treu und ehrlich“. Bei der neuen Herschaft hat die Köchin gestohlen und unterschlagen.

Ist Frau A. dieser Herschaft zum Schadensersatze verpflichtet?

59.

Sch. schuldet dem A. aus einem Kaufvertrage 150 Mark. A. hat dem Sch. angezeigt, er habe die Forderung an B. abgetreten; nach einigen Tagen aber hat A. dem Sch. mitgeteilt, daß er von B. betrogen und daß deshalb die Cession ungiltig sei. B. bestreitet dies und droht dem Sch. mit der Klage auf Zahlung.

Was soll Sch. tun?

60.

Die beiden Nachbarn X. und Y. haben längere Zeit um die Grenze ihrer Grundstücke gestritten. Jetzt haben sie sich geeinigt und einen schriftlichen Vergleich abgeschlossen. Hiernach wird die Grenze durch eine gerade Linie von Punkt A. nach Punkt B. gebildet; diese Grenze soll durch einen Graben sichtbar gemacht werden.

Als man beginnt, den Graben zu ziehen, findet man in der Erde alte Grenzpfähle, mit deren Hilfe die alte Grenze zuverlässig festgestellt werden kann.

Da die alte Grenze für X. vorteilhafter ist als die neue, so wünscht er zu erfahren, ob er den Vergleich, etwa wegen Irrtums, anfechten kann.

61.

A. hat als Mieter eines Zimmers bei Frau B. gewohnt. Er ist am 15. Oktober eingezogen, hat am 30. November zum 15. Dezember gekündigt, am letztgenannten Tage will er ausziehen.

Frau B. widerspricht dem. Sie sagt: die Kündigung sei nicht giltig, A. könne nur am 15. des Monats zum 1. des folgenden Monats kündigen. B. erklärt, sie mache von dem ihr zustehenden Zurückbehaltungsrechte Gebrauch und werde den A. nur ziehen lassen, wenn er den Mietzins noch bis 1. Januar mit 15 Mark zahle.

Wer hat Recht? Was soll A. tun? Kann die Anrufung der Polizei Erfolg haben?

Zu berücksichtigen sind namentlich folgende Gesetzesstellen des A.-L.-R.

§ 395 I, 21: Der Vermieter oder Verpächter hat wegen seines Zinses, oder anderer Forderungen auf die von dem Mieter oder Pächter eingebrachten und zur Zeit der Endigung des Kontrakts in dem Hause oder Gute noch vorhandenen Sachen und Effekten die Rechte eines Pfandgläubigers.

§ 160—162 I, 16: Wird eine Zahlung mit Vorbehalt geleistet, so bleibt dem Zahlenden das Recht, seine Einwendungen gegen die Zahlungsverbindlichkeit auch nachher noch geltend zu machen.

Ein solcher Vorbehalt muß schriftlich erklärt oder in der von dem Zahlungsnehmer ausgestellten Quittung anerkannt sein.

Diese Vorschrift gilt auch bei Posten von 50 Tlrn. und weniger, sobald darüber eine schriftliche Quittung erteilt worden.

62.

Der Oberregierungsrat O. hat am 1. August 1893 von dem Eigentümer E. eine Wohnung zu einem jährlichen Mietzinse von 1500 Mark durch schriftlichen Vertrag auf zwei Jahre, vom 1. Oktober 1893 bis dahin 1895, gemietet. Der Vertrag bestimmt, daß eine Verlängerung auf ein Jahr ohne weiteres eintritt, wenn nicht bis 1. Juli gekündigt ist.

Ist der Vertrag stempelpflichtig? Muß der Vertrag auch 1895, wenn wegen Nichtkündigung die Verlängerung eintritt, und in den folgenden Jahren, wenn derselbe Fall eintritt, immer wieder gestempelt werden? Bis zu welchem Tage muß der Stempel beigebracht sein? Haftet für Stempel und Stempelstrafe jeder der beiden vertragschließenden Teile?

63.

Der Oberförster O. in A. hatte vom Hauseigentümer H. eine Wohnung für die Zeit vom 1. Oktober 1890 ab auf ein Jahr gemietet. Der Vertrag verlängerte sich immer auf ein Jahr, wenn Kündigung nicht spätestens am 31. März erfolgte. Im Oktober 1894 ist O. auf seinen Antrag nach B. versetzt, wo er am 1. Dezember 1894 sein Amt antreten soll.

O. wünscht zu erfahren:

1. ob er noch für die Zeit nach dem 1. Dezember und für welche Zeit den Mietzins entrichten muß,
2. ob der Wirt von seinem Zurückbehaltungsrechte Gebrauch machen kann, wenn O. nicht für die ganze Vertragsdauer bis 30. September 1895 den Zins entrichtet,
3. ob O. die Erstattung des Zinses, welchen er noch an H. zahlt, vom Fiskus verlangen kann.

Besonders zu berücksichtigen sind folgende Gesetzesstellen:

§ 367 A.-L.-R. I, 21: Wird der Mieter durch eine nicht freiwillige Veränderung in seiner Person oder Umständen außer Stand gesetzt, von der gemieteten unbeweglichen Sache ferner Gebrauch zu machen, so kann er gegen Vergütung einer halbjährigen Miete von dem Ablaufe des Quartals, in welchem die Aufkündigung erfolgt ist, von dem Kontrakte abgehen.

§ 377 das.: Aber auch von dieser Vergütung kann er sich befreien, wenn er dem Vermieter einen Untermieter stellt, gegen welchen derselbe keine erhebliche Einwendungen nachweisen kann.

§ 4 des preußischen Gesetzes vom 24. Februar 1877 betr. die Umzugskosten der Staatsbeamten: Die zu Umzugskosten berechtigten Staatsbeamten erhalten außer denselben für ihre Person Tagegelder und Reisekosten.

Auch ist diesen Beamten der Mietzins zu vergüten, welchen dieselben für die Wohnung an ihrem bisherigen Aufenthaltsorte auf die Zeit von dem Verlassen des letzteren bis zu dem Zeitpunkte haben aufwenden müssen, mit welchem die Auflösung des Mietverhältnisses möglich war. Diese Vergütung darf längstens für einen neunmonatigen Zeitraum gewährt werden. Hat der Beamte im eigenen Hause gewohnt, so kann demselben eine Entschädigung bis höchstens zum halbjährigen Betrage des ortsüblichen Mietwerts der innegehabten Wohnung gewährt werden.

§ 1 des Gesetzes vom 24. Mai 1861 betr. die Erweiterung des Rechtsweges: Über vermögensrechtliche Ansprüche der Staatsbeamten aus ihrem Dienstverhältnis, insbesondere über Ansprüche auf Besoldung, Pension oder Wartegeld, findet . . . der Rechtsweg statt.

64.

Der Schneidermeister S. legt seinem früheren Kunden F. folgende Rechnung vor:

1888, 10. April	1 Anzug	85,00	ℳ
„ 20. Oktober	1 „	100,00	„
„ „ „	1 Überzieher	100,00	„
6 % Zinsen für 1888 =		4,97	„
	Zusammen	289,97	ℳ
Zahlung 3. Januar 1889 =		100,00	„
	Rest	189,97	ℳ
1889, 3. Januar	1 Anzug	80,00	„
6 % Zinsen für 1889 =		15,80	„
	Zusammen	285,77	ℳ
Zahlung 5. Januar 1889 = 100,00 ℳ			
„ 1. Februar 1889 = 85,77 „			
	Zusammen	185,77	ℳ
	Rest	100,00	ℳ
6 % Zinsen für 1889 =		5,50	„
	Zusammen	105,50	ℳ

S. verlangt jetzt 105,50 Mark und 6 % Zinsen seit 1. Januar 1890.

F. versichert, am 1. Februar 1889 nicht 85,77 Mark, sondern 185,77 Mark gezahlt zu haben; er hat aber keine Quittung. Wie kann er sich verteidigen?

65.

Dem A. ist ein auf seinen Namen ausgestelltes, über 150 Mark lautendes Sparkassenbuch der städtischen Sparkasse seines Wohnortes gestohlen worden. Das Buch hat sich jetzt im Besitze des C. gefunden, welcher es, wie die Untersuchung ergeben hat, von B. für 100 Mark gekauft hat.

A. verlangt Herausgabe des Buches von C. Letzterer weigert sich und will schlimmstenfalls das Buch nur gegen Ersatz seiner Auslage von 100 Mark herausgeben. A. bittet um Belehrung.

66.

A. ist Eigentümer einer bei Z. gelegenen Villa. Der Nachbar B. hat jetzt eine Fabrik auf seinem Grundstück gebaut. Das laute Getöse, welches bei dem Betriebe der Fabrik entsteht, und der bei Westwind auf das Grundstück des A. eindringende Rauch machen dem A. den Aufenthalt in der Villa unmöglich; das Grundstück des A. ist bei fortdauerndem Betriebe der Fabrik dauernd entwertet.

Kann A. die Einstellung des Gewerbebetriebes verlangen? Kann er auf Schadensersatz klagen?

67.

Der Rittergutsbesitzer von G. hat auf seinem Gute Karpfenteiche angelegt; den durch das Gut fließenden Krebsbach hat er zur Bewässerung der Teiche abgeleitet. Es fließt jetzt nicht alles Wasser in den Krebsbach zurück. Infolge dessen geht die unterhalb belegene Mühle des A. nicht mehr regelmäßig.

Kann A. die Beseitigung der Karpfenteiche verlangen? Kann er auf Schadensersatz klagen?

von G. ist weder zu dem einen noch zu dem andern bereit. Er stützt sich auf den Satz: „qui jure suo utitur, neminem laedit“.

68.

Unterhalb eines dem Fiskus gehörigen Pflanzgartens hat der Grundbesitzer G. einen Damm aufgeworfen, infolge dessen sammelt sich Grundwasser und wird bisweilen der ganze Garten unter Wasser gesetzt. Die Pflanzen fangen an zu verderben.

Kann G. angehalten werden, den Damm wieder wegzuräumen? oder ist er zum Schadensersatz verpflichtet?

69.

Auf dem ... flusse geriet am ... auf einem Kahne Heu in Brand. Es ist festgestellt, daß der Brand veranlaßt ist durch die Funken einer in der Nähe auf fiskalischem Grundstücke zur Fortschaffung von Erdmassen in Betrieb gestellten Lokomotive. Der durch den Brand geschädigte Eigentümer des Heues verlangt Schadensersatz vom Fiskus.

Ist der Anspruch begründet?

70.

Der Gutshof des G. ist im März vergangenen Jahres durch das Hochwasser des Radebachs überschwemmt worden; dadurch ist dem G. ein Verlust an den in den Gutsgebäuden lagernden Vorräten von künstlichem Dünger entstanden. G. nimmt den Eisenbahnfiskus auf Schadensersatz in Anspruch, weil dieser durch den auf der andern Seite des Radebachs errichteten Eisenbahndamm das Flußprofil verengert hat, ohne für genügenden Abfluß des Wassers zu sorgen und dadurch einen Aufstau des Wassers nach der Seite des Klägers hin veranlaßt hat. G. hat den Eisenbahnfiskus vor Beginn des Bahnbaues auf die Gefährlichkeit des geplanten und dann ausgeführten Baues aufmerksam gemacht und ersucht, Vorkehrungen zur Verhütung einer derartigen Überschwemmung zu treffen, etwa durch Anlegung eines dritten Brückenjochs.

Der Eisenbahnfiskus entgegnet: er sehe nicht ein, wie er verpflichtet sein könne, Vorkehrungen zu treffen, welche den Schutz des Klägers gegen Überschwemmungen bezweckten, der Damm sei auf dem Grundstücke des Fiskus errichtet, um eine Überflutung der Bahnanlagen zu verhüten. Der Fiskus habe sich nur seines Rechtes bedient; er habe nichts getan, was in den Rechtskreis des G. hinübergriffe, er habe insbesondere weder fremde Stoffe dem Grundstück des G. direkt oder indirekt durch das Medium des Wassers oder der Luft zugeführt, noch b e z w e c k e die Anlage eine H i n ü b e r l e i t u n g des Wassers auf das Grundstück des G. oder eine A n s t a u u n g; der Rückstau auf das Grundstück des G. sei nur die unwillkürliche Folge der Abhaltung des Wassers auf dem Grundstücke des Fiskus.

71.

Der Jagdpächter J. aus Berlin hat die Jagdhäuser Gemeindejagd gepachtet. In den letzten Monaten, namentlich im Juli und August, hat J. durch seinen Jagdhüter und andere Personen abends und in der Nacht durch Rufen, Schießen, Hornblasen und Schlagen an Bäume das Wild verscheucht.

Hierüber beschwert sich der benachbarte Königliche Oberförster. Er behauptet, die Anstandsjagd werde ihm fast vollständig unmöglich gemacht, auch sei er überzeugt, daß J. schikanös handle und mit seinen Scheuchungsmitteln nur den Zweck verfolge, den Königlichen Beamten die Jagd zu verderben und sie zu ärgern.

J. behauptet: er beabsichtige durchaus nicht, den Nachbar zu stören, der Zweck des Scheuchens sei nur der, das Einwechseln des Wildes in das benachbarte Jagdrevier zu verhindern und namentlich den Austritt des Wildes auf gewisse Ländereien zu verhüten, bezüglich deren J. zum Ersatze des Wildschadens verpflichtet sei.

Der Oberförster wünscht zu erfahren, ob eine Klage gegen J. auf Unterlassung jeder Störung der Königlichen Jagd und Unterlassung jeder misbräuchlichen Ausübung seines Jagdrechts Erfolg haben möchte.

72.

A. besitzt eine bedeutende Wiesenfläche, welche wegen des sumpfigen Bodens nur geringen Ertrag liefert. Er möchte durch Anlegung von Entwässerungsgräben den Übelstand beseitigen, kann aber die Einwilligung des unterliegenden Eigentümers nicht erlangen.

Kann er ihn zwingen? Welchen Weg hat er einzuschlagen? Welches Verfahren findet statt?

73.

A. war Erbpächter des Fürsten zu S. Die Erbpacht war 1781 durch Vertrag auf 99 Jahre errichtet. A. hat bis 1880 den Pachtzins entrichtet. Ist er nun freier Eigentümer des Grundstücks? Die Fürstliche Verwaltung hat 1881 ausdrücklich erklärt, sie erkenne den A. als Eigentümer nicht an, sie wolle ihn zwar vorläufig nicht aus dem Grundstück vertreiben, sie behalte sich aber alle Rechte vor.

Vor einigen Wochen hat der Kammerdirektor des Fürsten dem A. mitteilen lassen, daß A. in Zukunft einen Pachtzins zahlen oder das Grundstück bis zum 1. April nächsten Jahres räumen müsse.

74.

Von dem Rittergutsbesitzer von R. habe ich mehrere auf dem Gute stehende Eichstämme gekauft; ich habe den Preis bezahlt; der Förster hat die Stämme mit dem Forsthammer angeschlagen; mir ist erlaubt worden, jederzeit die Stämme fällen und abfahren zu lassen. von R. hat das Gut jetzt an S. verkauft, übergeben und aufgelassen.

S. hat meinen Arbeitern den Zutritt zum Gute versagt und will mir nicht erlauben, die Stämme zu hauen, weil von R. ihm von diesem Geschäfte bei Abschluß des Kaufvertrages nichts gesagt habe; er beruft sich auf den mit von R. geschlossenen Vertrag, inhalts dessen er das Gut mit allem Zubehör gekauft hat, und § 45 des A.-L.-R. I, 2:

Bewegliche natürliche Zuwüchse einer Sache sind nur so lange, als sie davon noch nicht, vermöge des gewöhnlichen Nutzungsrechtes, abgesondert worden, für ein Zubehör derselben anzusehen.

Kann ich mich demgegenüber auf § 108 das. berufen?

Was sonst seiner Natur nach ein Pertinenzstück ist, hat diese Eigenschaft nicht, sobald es einem andern, als dem Eigentümer der Hauptsache gehört.

Was soll ich tun?

75.

A. hat dem Bankier B. geschrieben: „Kaufen Sie für mich für 2000 Mark preußische Konsols zu 3 Prozent". Nach 3 Tagen hat B. geantwortet: „Kaufte Ihrem geschätzten Auftrage vom . . . gemäß für 2000 Mark preußische Konsols zu 3 Prozent und nahm die Papiere für Sie in beste Verwahrung". Rechnung war beigefügt, A. hat den Betrag mittels Postanweisung eingesandt.

Ist A. nunmehr Eigentümer der Papiere geworden und würde B., wenn er die Papiere bei seinen Spekulationen verbringen würde, sich einer strafbaren Handlung schuldig machen?

76.

Im Grundbuche von Buchhain Bd. I, Art. 1 stehen der Landwirt Heinrich Schmidt zu Buchhain und dessen Ehefrau Anna Christiane geb. Kraut als Eigentümer verschiedener Besitzungen eingetragen. In Abt. I Nr. 7 des Verzeichnisses der Grundstücke ist eine Wiese mit folgender Bezeichnung aufgeführt:

Flur: Eckstedt,
Flurbuch: Fol. 91 Nr. 40,
Lage: Aue,
Flächeninhalt: 8,37 Ar,
Reinertrag: 3,77 Mark.

Der Landwirt **Koch** behauptet nun, die Eintragung beruhe auf einem Versehen, welches der frühere Gerichtssekretär S. näher darlegen und bekunden könne; die im Jahre 1870 bewirkte Eintragung sei infolge einer Verwechslung geschehen.

Koch behauptet, er sei Eigentümer der Wiese, er habe sie am 15. September 1862 von dem Landwirt Widersprecher gekauft und am 20. desselben Monats übergeben erhalten, er besitze und nutze die Wiese seitdem ununterbrochen. Die Eheleute Schmidt hätten niemals eine Besitzhandlung vorgenommen.

Kann Koch, wenn er seine Behauptungen beweist, Auflassung der Wiese und Eintragung seines Namens als Eigentümers verlangen?

77.

Der Köhler K. hat das Recht, auf einem bestimmten Wege über das Grundstück des Fuhrmanns F. zu gehen, zu fahren und Vieh zu treiben, durch Ersitzung erworben. Er verlangt jetzt, gestützt auf §§ 78, 79 A.-L.-R. I, 22, daß F. den Weg überall in einer Breite von 16 Fuß liegen lasse und mit der Beackerung verschone. — F. wendet ein, der Weg sei früher höchstens 10 Fuß breit, nur die letzten 8 Jahre sei er breiter gewesen. K. hält dies für unerheblich.

Vergl. §§. 77—79 A.-L.-R. I, 22:

§ 77. Die Breite der Fußsteige, Wege und Viehtriebe wird hauptsächlich durch die bei Einräumung des Rechts getroffenen Verabredungen bestimmt.

§ 78. In Ermangelung solcher verabredeten oder in Provinzialgesetzen enthaltenen Bestimmungen ist die Breite des Fußsteiges auf 3 Fuß, und wenn darauf geritten oder mit Karren gefahren werden soll, auf 4 Fuß zu bestimmen.

§ 79. Auf Wege zum Fahren ist eine Breite von 8 Fuß in der geraden Linie und von 12 Fuß in der Biegung, auf Viehtriebe hingegen die doppelte Breite eines Weges zu rechnen .

Kommen auch folgende Bestimmungen des A.-L.-R. hier zur Anwendung?

§ 665 I, 9: Durch die vollendete Verjährung erwirbt der Besitzer das Eigentum der Sache oder des Rechts.

§ 666 das.: Doch erstreckt sich dieses Eigentum niemals weiter, als der Besitz selbst gegangen ist.

§ 28 I, 22: Grundgerechtigkeiten, die durch Verjährung erworben worden, erstrecken sich nur so weit, als der Besitz während des Laufes der Verjährung gegangen ist.

78.

Die Gemeinde A. beansprucht ein Hütungsrecht in bestimmten Waldungen des Fürsten zu W. Sie behauptet, durch Zeugnis der ältesten Bewohner des Dorfes nachweisen zu können, daß die Hütung regelmäßig mindestens seit 1820 stattgefunden hat.

Kann im Falle eines solchen Beweises die Gerechtigkeit als bestehend angenommen werden? Könnte im Bejahungsfalle Ablösung verlangt werden? und wie würde dieselbe zu bewirken sein?

79.

Eine kleine Parzelle eines fiskalischen Grundstücks befindet sich seit 40 Jahren im Besitze des B. Letzterer nimmt die Parzelle als sein Eigentum in Anspruch. Er behauptet, vor 40 Jahren, als er das Gut Renne kaufte, habe der Verkäufer ihm ausdrücklich versichert, diese Parzelle gehöre zu Renne. Kann der Fiskus die Herausgabe verlangen?

80.

Die Einwohner des Fleckens Aue haben seit Menschengedenken, wenn sie nach dem benachbarten Orte Birkelbach gingen, einen Fußweg benutzt, welcher zwischen dem Gute Kasimirstal und einem fiskalischen Walde nach Angabe Einiger hart an der Grenze auf jener Seite, nach Angabe Anderer genau auf der Grenze sich befindet. Vor kurzem hat der Fiskus das Gut Kasimirstal gekauft.

Der Fiskus will jetzt das ganze Gebiet einheitlich benutzen und hat das Betreten des erwähnten Fußweges durch Aufstellung einer Warnungstafel verboten.

Mehrere Bewohner von Aue haben trotzdem den Weg benutzt. Der Fiskus hat Strafantrag gestellt.

81.

Auf dem Angermünder Stadtsee hatten sich 4 zahme Schwäne (cygnus olor mansuetus) eingefunden, welche, wie festgestellt worden ist, von dem Uckersee bei Prenzlau nach Angermünde geflogen waren und dem Prenzlauer Verschönerungsverein gehört hatten. X., welchem angeblich das Jagdrecht auf dem genannten Stadtsee zustand, hat die Schwäne erlegt und sich zugeeignet.

Die Staatsanwaltschaft hat Anklage erhoben. Der Angeklagte bittet um Freisprechung, weil nach §§ 107 ff. A.-L.-R. I, 9

Tiere, welche frei umherschweifen, sobald sie die Gewohnheit zurückzukehren, abgelegt haben, dem freien Tierfange unterliegen, der Schwan überdies in der Mark Brandenburg nicht jagdbar sei.

Vergl. §§ 107 ff. A.-L.-R. I, 9 im Anhange.

82.

In einem Dorfe Ostpreußens hatte sich ein Täuberich aus dem Taubenschlage seines Eigentümers in den Taubenschlag eines dritten verflogen. Dieser letztere eignete sich das Tier zu, indem er den Verschlag schloß, und verkaufte es.

Es ist Anklage erhoben gegen den Verkäufer wegen Unterschlagung, gegen den Käufer wegen Hehlerei.

Die Beschuldigten berufen sich auf §§ 111—113 A.-L.-R. I, 9. (Vergl. Anhang.)

83.

Ein Bienenschwarm hat sich im Kottenforste niedergelassen. A. hat ihn von dort eigenmächtig fortgenommen; er behauptet, dazu berechtigt gewesen zu sein, weil der Schwarm ihm entflogen sei.

Nach Lage der Sache ist aber sehr wahrscheinlich, daß der Schwarm nicht dem A., sondern dem B. entflogen ist.

Wer hat das bessere Recht auf den Schwarm?

84.

Ganz nahe an der Grenze stehen auf dem benachbarten Grundstücke Bäume. Die Äste ragen in den Luftraum meines Grundstücks.

Muß ich die Äste hier dulden oder darf ich sie abhauen lassen?

Einer der Bäume ist bei einem Sturme entwurzelt und auf mein Grundstück geworfen worden; darf ich das Holz für mich beanspruchen oder muß ich es dem Nachbar überlassen? Muß letzterer mir den durch den Sturz des Baumes verursachten Schaden ersetzen?

85.

Von meiner Buchenwaldung ragen Äste über die Grenze des dem Nachbar gehörigen Ackers hinüber. Der Nachbar verlangt von mir, daß ich die Äste wegschaffe; er droht mit Klage.

Was soll ich tun? ich war bisher der Meinung, daß es

Sache des Nachbars sei, die Äste, wenn er sie nicht dulden wolle, abzuhauen.

86.

A. hat eine Parzelle seines Gutes, den sogenannten Wildacker, mit Fichten bepflanzen lassen. Wie sich bald nachher herausstellt, hat man an einer Stelle die Grenze überschritten und eine Fläche von etwa einem halben Hektar, welche dem Nachbar B. gehört, mitbepflanzt.

Welche Rechte hat B.? Welche Rechte hat A.?

87.

Ein Bauer in Hannover ist Besitzer eines kleinen Gutes. Er wünscht, daß nach seinem Tode das Gut nicht geteilt werde, vielmehr in der Hand eines seiner 5 Söhne vereinigt bleibe. Er hat mit seinen Söhnen diese Angelegenheit besprochen. Der älteste unter ihnen hat sich bereit erklärt, das Gut zu übernehmen und seine Brüder abzufinden.

Der Bauer wünscht zu erfahren, ob diese Abmachung für seine Söhne verbindlich sei? Muß der Gutsbesitzer eventuell ein Testament machen? Was kann er überhaupt zur Durchführung seines Willens tun?

88.

R. ist Eigentümer eines Rittergutes. Er beabsichtigt, das Gut in Parzellen von 40 bis 50 Hektar und kleineren Stücken zu veräußern.

Ist dies gesetzlich gestattet? (Geschichtliche Entwicklung der Parzellierung der Grundstücke in Preußen!) In welcher Form müssen die Veräußerungsverträge geschlossen werden, wenn sie klagbar sein sollen?

Der Mäkler M. hat die Vermittlung der Parzellierung übernommen, R. hat ihm eine Provision von 20% des Kaufpreises mündlich versprochen. Ist dies Versprechen für R. verbindlich?

89.

Der Eigentümer der sog. Kühhude hat sich verpflichtet, dem Eigentümer des benachbarten Gutes Homrighausen jährlich von seinen Wiesen die Hälfte des Heues für einen bestimmten Preis abzulassen. Der Verpflichtete hat jetzt sein Gut verkauft. Kann der Berechtigte sein Recht gegen den Käufer geltend machen?

90.

Der Bauerngutsbesitzer B. hat mit Rücksicht auf sein hohes Alter das Gut seinem ältesten Sohne durch gerichtlichen Vertrag und Auflassung übertragen. Der Vater hat sich zwei Stuben in dem Wohnhause vorbehalten; der Sohn hat sich verpflichtet, dem Vater gewisse Naturalien (Brot, Früchte, Holz u. s. w.) und als Taschengeld eine bestimmte Summe zu entrichten.

Der Sohn ist ein leichtsinniger Mensch geworden; er hat schließlich das Gut verkauft und ist nach Amerika ausgewandert. Kann der Vater seine Rechte gegen den Käufer des Gutes geltend machen?

91.

Der Eigentümer des Gutes Westerze wünscht Feststellung der Grenze gegenüber dem benachbarten Gute Östérze. Die Grenze ist seit vielen Jahren dunkel und streitig. Alle Versuche, auf gütlichem Wege mit dem Nachbar eine Einigung zu erzielen, sind erfolglos gewesen; insbesondere ist eine Ladung des Nachbars vor den Schiedsmann ohne Ergebnis geblieben. Der Eigentümer der Österze behauptet, die Grenze sei klar, das ganze fragliche Grenzstück gehöre ihm.

Welchen Weg muß der Eigentümer der Westerze einschlagen?

92.

R. hat ein Landgut „mit allem Zubehör“ gekauft. Was gehört zu letzterem? Darf der Verkäufer die Gutserzeugnisse der letzten Ernte mitnehmen? Zu dem Gute gehört ein Wald. Wem kommt das in dem Walde befindliche geschlagene Holz zu?

93.

Z. ist Eigentümer des Gutes Albrechtshof. An der Stelle, wo dieses Gut an die benachbarten Ländereien des X. und des Y. stößt, liegt ein kleines Stück Land, welches „Dreieck“ genannt wird. Die Beteiligten nahmen bisher an, daß dieses „Dreieck“ zu dem Gute des Y. gehöre. Vor einigen Jahren hat X. das „Dreieck“ von Y. für 600 Mark gekauft. X. hat auf dem Dreieck einen Obstgarten angelegt. Es stellt sich jetzt heraus, daß das Dreieck unzweifelhaft zu Albrechtshof gehört.

Kann Z. das „Dreieck" herausverlangen? Muß eventuell Z. dem X. die 600 Mark ersetzen? Behält X. die Früchte, welche er in dem Obstgarten gezogen hat? — Muß Z. den Wert der Anpflanzung ersetzen? oder kann Z. die Fortschaffung der Bäume und Wiederherstellung des früheren Zustandes verlangen?

94.

Dem A. ist einer seiner jungen Hunde entlaufen. Er hört jetzt, daß der Hund sich im Besitze des B. befindet. B. behauptet, er habe den Hund von einem ihm unbekannten Manne für 6 Mark gekauft.

Ist B. verpflichtet, den Hund an A. herauszugeben? Kann B. eventuell Ersatz der 6 Mark verlangen?

95.

Der Bauer B. hat von dem Rentner R. ein baares Darlehn von 100 Mark erhalten. Zur Sicherheit für R. hat B. eine Kuh verpfändet. B. hat jetzt die Kuh an den Handelsmann H. für 200 Mark verkauft und übergeben.

Kann R. das ihm zugesicherte Pfandrecht gegen H. geltend machen? Kann B. wegen Pfandverbringung bestraft werden?

96.

R. braucht in der nächsten Zeit zum Ankaufe verschiedener Bauergüter und zu baulichen Veränderungen auf seinem Rittergute 100 000 Mark. R. weiß noch nicht bestimmt, wann er das Geld haben muß, auch steht noch nicht fest, ob er es von seinem Bankier oder vom Pfandbriefamte erhalten wird. Da er nun hört, daß die Bildung eines Hypothekenbriefes längere Zeit beanspruche, hierdurch aber das Kreditgeschäft in unangenehmer Weise verzögert werden könnte, so möchte er wissen, ob er nicht schon jetzt die Eintragung eines Pfandrechts von 100 000 Mark an der nächstfreien Stelle (etwa ohne Nennung eines bestimmten Gläubigers) veranlassen und den Brief sich selbst vorläufig ausantworten lassen und demnächst alles Weitere außergerichtlich abmachen könnte.

97.

Der Rentner G. hat vor mehreren Jahren seinem Freunde, dem Gutsbesitzer S., ein Darlehn von 2000 Mark gegeben. S. hat sich verpflichtet, 4% Zinsen zu zahlen.

Bei Hingabe des Darlehns hat G. nicht den geringsten Zweifel an der Zahlungsfähigkeit seines Freundes gehegt, er hat sich deshalb weder eine Sicherheit noch ein Schriftstück über die Schuld von S. geben lassen.

G. hat am 1. Juni das Darlehn gekündigt, S. ist dann am 1. Juli gestorben; es ist zu befürchten, daß der Nachlaß sich als überschuldet erweist. Kann G. verlangen, daß die Erben ihm wegen seiner Forderung von 2000 Mark und 240 Mark Zinsen eine Sicherheit geben, etwa eine Hypothek an dem Gute einräumen? Muß G. den Erben noch einmal kündigen? Wann wird das Darlehn fällig?

98.

H. hat dem R. die Hingabe eines Darlehns von 10000 Mark zu 5% versprochen. Er hat dem R. gesagt, er möge zunächst für H. eine entsprechende Hypothek im Grundbuche eintragen lassen. R. hat dem entsprochen, die Bildung eines Hypothekenbriefs beim Grundbuchrichter beantragt und in dem gerichtlichen Protokoll direkte Ausantwortung dieses Briefes an den H. bewilligt. Jetzt hat H. dem R. nur 7000 Mark gezahlt und vertröstet den R. hinsichtlich der fehlenden 3000 Mark auf den nächsten Monat.

Ist R. der Gefahr ausgesetzt, um 3000 Mark geschädigt zu werden? Gesetzt den Fall, H. würde die 3000 Mark nicht zahlen können, gleichwol das Hypothekenrecht in voller Höhe des Nominalbetrages von 10000 Mark einem Dritten, D., abtreten; könnte R. dem Cessionar D. gegenüber geltend machen, daß die 3000 Mark nicht gezahlt sind?

99.

H. ist Darlehnsgläubiger des R. Letzterer hat zur Sicherheit des H. eine Hypothek in Höhe von 10000 Mark zu 5% unter Nr. 7 eintragen lassen. H. ist im Besitze eines Hypothekenbriefs.

H. bittet mich jetzt um 10000 Mark Darlehn gegen Cession des Hypothekenrechtes. Ich bin geneigt, dem Wunsche des H. zu entsprechen. Unter welchen Voraussetzungen kann ich dies ohne

Gefährdung meines Kapitals tun? In welcher Form muß die Cession erfolgen?

100.

Auf dem Gute des R. stehen unter Nr. 1 in Abt. III 100 000 Mark als Hypothek für A. eingetragen. Dies Kapital ist durch Kündigung des Gläubigers fällig geworden.

Was wird aus diesem Hypothekenrecht, wenn R. das Kapital an den Gläubiger G. zahlt? Erlischt die Hypothek, so daß die unter Nr. 2 und den folgenden Nummern eingetragenen Gläubiger nachrücken, oder bleibt das Hypothekenrecht nach Auszahlung des Kapitals zur Verfügung des R.?

R., dem das an G. auszuzahlende Kapital nicht zur Verfügung steht, hat sich nach einem anderen Geldgeber umgesehen. Der Bankier B. ist bereit, 100 000 Mark zu geben, wenn ihm die Hypothek Nr. 1 übertragen wird.

Könnten die 3 Beteiligten R., G. und B. folgende Vereinbarung treffen: sie kommen bei einem Notar zusammen, B. zahlt 100 000 Mark an G., letzterer tritt sein Hypothekenrecht an B. ab? In diesem Falle würde den Interessen aller drei Beteiligten gedient sein und würden nur die Kosten einer Cession entstehen. Können die nachstehenden Hypothekengläubiger einem solchen Verfahren widersprechen, weil sie sich hierdurch geschädigt glauben?

101.

E. ist Eigentümer des sogenannten Jagdhauses, eines Gutes im Werte von etwa 200 000 Mark. Auf diesem Gute ruhen folgende Hypotheken:

Nr. 1:	30 000 M.,	eingetragen	für	A.,
= 2:	80 000 =	=	=	B.,
= 3:	85 000 =	=	=	C.,
= 4:	30 000 =	=	=	D.,
= 5:	12 000 =	=	=	E.,

Die Hypothek Nr. 3 ist zur Zeit fällig. E. bittet den Z., ihm das Geld zur Bezahlung der Schuld gegen Überlieferung des Hypothekenrechts Nr. 3 zu geben. Z. ist geneigt, dem zu entsprechen; er wünscht aber zunächst Auskunft darüber, ob bei einer demnächst etwa eintretenden Zwangsversteigerung die Hypothek fällig wird und er genötigt werden könnte, die 85 000 Mark vom Ersteher des Grundstücks wieder anzunehmen; dies würde ihm sehr unangenehm sein, da er dann von Neuem das Geld anlegen müßte. E. ist überschuldet, der Antrag auf Zwangsversteigerung ist jeden Tag möglich.

Bezüglich der unter Nr. 1 und Nr. 2 eingetragenen Posten ist der Antrag allerdings ausgeschlossen, da diese Hypotheken inzwischen auf die Ehefrau des Eigentümers übergegangen sind.

Z. wünscht auch zu erfahren, ob ein Gläubiger, dessen Forderung gar nicht im Grundbuch eingetragen steht, die Subhastation des Grundstücks beantragen dürfte und durchsetzen könnte.

102.

Der Pächter des Gutes Petersgrund hat mit Erlaubnis des Verpächters einen Schuppen für 3000 Mark auf dem Gutshofe errichten lassen. Er wünscht zu erfahren, ob er diesen Schuppen verpfänden kann und ob dazu eine Eintragung im Grundbuche erforderlich ist.

103.

R. bestellt den V. zum Verwalter seines Vermögens und erteilt ihm Generalvollmacht. V. soll dem R. Sicherheit bestellen. V. besitzt kein Baarvermögen, auch keine Wertpapiere; er ist nur Eigentümer eines kleinen schuldenfreien Gutes im Werte von 6—8000 Mark.

Kann V. mit diesem Gute Sicherheit bestellen? Muß das Recht des R., um gegen jeden Dritten wirksam zu werden, im Grundbuche eingetragen werden? Welche Erklärung muß V. abgeben und in welcher Form?

104.

R. ist Eigentümer eines Gutes. Er will jetzt zum Zwecke landwirtschaftlicher Studien eine längere Reise ins Ausland machen. G. will ihm ein bestimmtes Kapital gegen Verpfändung des Gutes leihen. G. soll während der Abwesenheit des R. das Gut verwalten.

Kann der Vertrag so geschlossen werden, daß G. die Pfandnutzung des Gutes erhält, um sich für Kapital und Zinsen allmählich zu befriedigen, so daß die Einkünfte des Gutes zunächst auf die Zinsen und der Überschuß auf das Kapital verrechnet wird?

Kann der Vertrag auch so geschlossen werden, daß der Ertrag des Gutes auf eine bestimmte Summe angenommen und dem Gläubiger das Recht eingeräumt wird, das Gut eine bestimmte Zeit hindurch zu nutzen, so daß er mit Ablauf der Zeit hinsichtlich der Zinsen wie auch des Kapitales selbst als befriedigt anzusehen ist?

Würde in derartigen Fällen der Pfandgläubiger zu einer Rechnungslegung verpflichtet sein?

105.

Der Baumschulenbesitzer und Grundeigentümer B. hat vor längeren Jahren mit dem Besitzer des benachbarten Fideikommißgutes einen Vertrag geschlossen, inhalts dessen er das Recht erlangt hat, auf einer Parzelle des Fideikommißgutes eine Baumschule anzulegen und verschiedene größere und kleinere Baulichkeiten zu errichten. B. hat von diesem Rechte Gebrauch gemacht und zahlt als Entgelt alle zehn Jahre eine bestimmte Summe.

B. ersucht den Grundbuchrichter für seine Gerechtigkeit ein Grundbuchblatt anzulegen.

106.

Der Ackerer A. hat sich dem Wiesenbauer W. gegenüber verpflichtet, sein in der Trufte belegenes Grundstück da, wo es mit dem Grundstücke des W. zusammenstößt, einzufriedigen und die Einfriedigung in wehrhaftem Zustande zu erhalten. Er hat sich ausdrücklich verpflichtet, als Eigentümer seines Grundstücks zu Gunsten des Eigentümers des benachbarten Grundstücks. A. hat eine Einfriedigung hergestellt, demnächst aber sein Grundstück an den Bauer B. verkauft und aufgelassen. W. verlangt jetzt Ausbesserung der Einfriedigung gegen B.

Ist er hierzu berechtigt?

107.

Der Eigentümer des „Rainacker“ hat eine Fahrgerechtigkeit an dem benachbarten Grundstücke. Wie diese Gerechtigkeit ursprünglich entstanden ist, steht nicht fest. Vor einem Jahre hat der Berechtigte die Fahrgerechtigkeit, gestützt auf Ersitzung, erstritten. Jetzt verlangt der Eigentümer der Grundgerechtigkeit, daß der Nachbar den unfahrbar gewordenen Weg ausbessere. Ist der Nachbar hierzu verpflichtet?

108.

Der Eigentümer der bei Schlebach liegenden Otterwiese hat bisher, um mit Fuhrwerk zu seiner Wiese zu gelangen, einen alten Hohlweg benutzt. Dieser Weg hat sich im Laufe der Jahre so erheblich verschlechtert, daß er nach Meinung des Besitzers der Otterwiese schlechterdings nicht mehr befahren werden kann. Eine Wiederherstellung des Weges würde nur unter sehr erheblichen Kosten möglich sein, da bedeutende Sprengungen erforderlich wären. Ein Sachverständiger hat sein Gutachten dahin abgegeben, daß die Wiederherstellung des Weges etwa $^{3}/_{4}$ des Wertes der Wiese kosten würde.

Der Eigentümer der Otterwiese verlangt vom Rittergutsbesitzer von Schlebach Einräumung einer Fahrgerechtigkeit. Ist der Rittergutsbesitzer hierzu verpflichtet? Welches Verfahren findet hier statt? Kommt das Gesetz vom 11. Juni 1874 über die Enteignung von Grundeigentum zur Anwendung?

109.

X. aus Berlin hat auf längere Zeit auf Anraten des Arztes in dem in den Bergen von W. belegenen Dorfe A. Aufenthalt genommen, er hat ein Bauernhaus gemietet und hält seit Kurzem auch eine Kuh. Diese Kuh geht mit dem übrigen Vieh der Gemeindemitglieder unter Aufsicht des Gemeindehirten auf die Weide. Der Gemeinde A. steht unzweifelhaft ein Hütungsrecht auf den Grundstücken des Gutsbesitzers G. zu.

G. verbittet sich den Zutritt der Kuh des X., mit dem er in Feindschaft lebt.

X. beruft sich auf den Pächter P., welchem ein gleiches Recht, wie er es beansprucht, im Prozesse zuerkannt worden ist. Der Rechtsanwalt des W. hält dies Urteil schon deshalb für verfehlt, weil es sich bei der Hütungsgerechtigkeit lediglich um eine Grundgerechtigkeit handle, eine solche aber nicht einer individuell bestimmten

Person, sondern allein dem jeweiligen Eigentümer eines herschenden Grundstücks begriffsmäßig zustehen könne.

110.

Der Gastwirt Schneider hat gegenüber dem Fürstlichen Walde Loh das Recht auf Bauholz für seine Wohn- und Wirtschaftsgebäude ersessen. Er will mit Rücksicht auf die größeren Bedürfnisse der neuen Zeit und die höheren Ansprüche des Publikums ein neues Gebäude mit Tanzsaal bauen und verlangt von der Fürstlichen Verwaltung die unentgeltliche Hergabe des notwendigen Bauholzes.

Er stützt sich auf §§ 208—210 A.-L.-R. I, 22.

111.

Im Jahre 1775 hat der Besitzer der sogenannten „alten Mühle" laut Verleihungsurkunde das Recht erworben, aus dem herschaftlichen Forste Schmallenburg „freies Bauholz zu den benötigten Mühlenbauten und Wirtschaftsgebäuden" zu fordern. Auf Grund der Verleihungsurkunde verlangt der jetzige Mühlenbesitzer das nötige Bauholz für den Neubau der völlig baufälligen Abschlagsschleuse, welche 150 Schritte von der Mühle entfernt am Ufer des zur Mühle gehörigen Mühlenteiches sich befindet.

Die Herschaft will das Holz nicht geben, weil es sich nicht um einen Mühlenbau, sondern um einen Wasserbau handle.

112.

Der Besitzer des Gutes B. hat in einem Rezeß von 1775 das Recht auf das erforderliche Brenn- und Bauholz in dem Königlichen Forste erworben.

Bei Regulierung der gutsherlich-bäuerlichen Verhältnisse ist das Gut B. durch Landabfindung erheblich vergrößert worden. Infolge dieser Vergrößerung ist eine Vermehrung der Wirtschaftsgebäude erforderlich geworden. Der Besitzer von B. verlangt das Bauholz für diese Gebäude. Ist er hierzu berechtigt?

113.

Dem Besitzer des Lehnschulzengutes L. stand in dem fiskalischen Forste Mühlstück eine unbestimmte Brennholzberechtigung zu. Der Fiskus hat auf deren Aufhebung im Wege des Gemeinheitsteilungs-Verfahrens angetragen. In diesem Verfahren ist streitig geworden, ob der Berechtigte verpflichtet sei, sich auf die Abfindung die auf dem herschenden Grundstücke vorhandenen eigenen Feuerungsmittel anrechnen zu lassen, oder ob diese Anrechnung nur in dem Verhältnisse der eigenen Feuerungsmittel zu dem ganzen Ertrage des dienenden Forstes stattzufinden habe.

Wer hat den Streit in erster Instanz zu entscheiden? Welcher Instanzenzug findet statt? Vergl. Art. 4 des Gesetzes vom 2. März 1850, betreff. die Ergänzung . . . der G.-T.-O.

114.

A. hat im Walde des B. eine Leseholzberechtigung und kann kraft derselben die volle Befriedigung gewisser Bedürfnisse beanspruchen. Bis vor einigen Jahren ist ihm kein Hindernis in den Weg gelegt worden; er konnte das ganze erforderliche Holz leicht erhalten, weil der Eigentümer des Waldes Äste und Wipfel der Bäume bis fast 7 cm Stärke im Walde liegen ließ. Jetzt aber hat der Eigentümer den größten Teil dieses „Abraums“ selbst aufgearbeitet und verkauft. Die Servitut des A. wird hierdurch beeinträchtigt. Muß A. sich dies gefallen lassen?

B. beruft sich auf den Begriff von Abraum; dieser sei ein relativer, durch die Holznutzung des Waldeigentümers bestimmter, kein qualitativ, nach der Holzstärke begrenzter Begriff: § 215 A. L.-R. I, 22.

A. beruft sich auf §§ 17, 18 I, 19; §§ 31, 224, 225 I, 22.

Wie ist der Fall zu beurteilen? Wie wäre zu entscheiden, wenn B. durch Zulassung „temporärer Haidemieter“ eine Verkürzung der Leseholz-Berechtigten herbeiführte?

115.

A. ist Eigentümer des sogenannten Hohscheid. B. hat an diesem Walde eine Raff- und Leseholzgerechtigkeit. Seit vielen Jahren ist B. im Besitze dieser Gerechtigkeit. Er hat, wie er behauptet und durch Zeugen beweisen will, das Recht sehr oft unter Benutzung einer Axt ausgeübt. Trotzdem hat jetzt der Förster des A. dem B. die Axt, welche er bei Ausübung des Rechtes mit sich führte, gepfändet.

B. klagt beim Amtsgerichte wegen Besitzstörung. A. rechtfertigt das Verhalten seines Försters mit §§ 215—219 A. L.-R. I, 22 und § 26 des Kulturediktes vom 14. September 1814.

B. ist der Meinung, daß es auf diese Bestimmungen nicht ankomme, weil er viele Jahre lang in ungestörtem Besitze der Ausübung des Rechtes mit Axt gewesen sei.

116.

Der Gutsbesitzer G. hat eine Bauholzgerechtigkeit am sogenannten Winterscheid. Kraft seines Rechtes verlangt er das zum Wiederaufbau einer abgebrannten Scheune erforderliche Holz. Der Eigentümer des Winterscheid will das Holz nicht unentgeltlich hergeben, weil G. die Scheune versichert hatte und von der Versicherungsgesellschaft die volle Versicherungssumme erhalten hat. Der Eigentümer des Winterscheid meint, die Grundgerechtigkeit gehe nicht so weit, daß der Berechtigte sich zum Schaden des Verpflichteten bereichere.

117.

Der Waldbesitzer W. bittet um ein Gutachten: der Gutsbesitzer G. zu Karlshof hat auf Grund eines Vertrages das Recht, aus dem Walde des W. jährlich soviel dürres und abständiges Holz zu entnehmen, als G. dessen bedarf. Bisher ist die sogenannte Femelwirtschaft üblich gewesen. G. hat jährlich seinen vollen Bedarf an Holz befriedigen können.

W. beabsichtigt jetzt, die bisherige Wirtschaft aufzugeben und der als zweckmäßiger und ertragreicher erkannten Hochwaldwirtschaft den Vorzug vor dem Plenterwaldbetriebe zu geben. Bei dieser Betriebsart würde der Servitutberechtigte seinen vollen Bedarf an Holz nicht mehr decken können, er würde voraussichtlich nur noch die Hälfte des Bedarfes zu decken vermögen. G. hat deshalb gegen die beabsichtigte Veränderung Widerspruch erhoben.

W. wünscht zu erfahren, ob er trotz des Widerspruchs die

neue Betriebsart einführen darf und im Bejahungsfalle, ob er zum Schadensersatze verpflichtet ist, endlich: ob er Ablösung der Grundgerechtigkeit verlangen darf.

In letzterer Beziehung kommt noch folgendes in Betracht: G. hat mit dem Vorbesitzer des Karlshof, dem Vater des jetzigen Eigentümers, vor jetzt beinahe 20 Jahren einen Vertrag dahin geschlossen, daß keiner von beiden vertragschließenden Teilen bei seinen Lebzeiten die Ablösung der Servitut verlangen dürfe.

118.

A. behauptet, daß ihm als Eigentümer des „Brandwaldes" das Recht zustehe, über die etwa 20 Minuten unterhalb gelegene Wiese des Bauerngutsbesitzers B. zu fahren. Er ist seit einer Reihe von Jahren regelmäßig über die Wiese gefahren, wenn er aus dem Brandwalde Holz abfuhr oder Streu holte. Auch der Vater des A., der früher Besitzer des Waldes war, hat den über das Grundstück des B. führenden Weg oft benutzt.

Als am 1. Juli A. mit einem Wagen Holz über die Wiese fuhr, ist B. ihm entgegengetreten und hat die Benutzung des Weges für die Zukunft sich verbeten. Trotzdem sind die Knechte und Arbeitsleute des A. am 8. Juli wieder über die Wiese gefahren. B. hat ihnen gedroht, er werde sie und ihren Dienstherrn „vor den Staatsanwalt bringen", wenn sie es wagten, noch einmal über die Wiese zu fahren. Die Arbeiter haben dem A. Mitteilung von diesem Vorfalle gemacht. A. hat ihnen erklärt, sie sollten weiter fahren, wie bisher, B. sei nur aufgehetzt, er werde sich schon wieder beruhigen. Als nunmehr aber am 25. August die Knechte des A. den über die Wiese des B. führenden Weg zu benutzen versuchten, ist B. ihnen mit einem Gewehr entgegengetreten und hat ihnen zugerufen: „den ersten, der meine Wiese betritt, schieße ich nieder". Darauf sind die Knechte umgekehrt und haben einen anderen Weg eingeschlagen. Die Knechte haben ihrem Herrn von dem Geschehenen Mitteilung gemacht. Vier Monate sind seitdem vergangen, ohne daß B. eine Veranlassung hatte, von der ihm angeblich zustehenden Wegegerechtigkeit Gebrauch zu machen.

Kann er jetzt gegen B. klagen? Es fragt sich insbesondere, ob er, gestützt auf den früheren Besitz der Wegegerechtigkeit, auf

Beseitigung der Besitzstörung klagen kann. Vergl. folgende Gesetzesstellen:

§ 81 A.-L.-R. I, 7: Wer eine Handlung, welcher der Andere widersprechen konnte, ohne dessen Widerspruch unternimmt, der erlangt den Besitz des Rechts, von dem Andern zu fordern, daß er diese Handlung ferner leide (negatives Recht).

§ 127 I, 7: Der Besitz des Rechts, etwas zu tun (eines negativen Rechts), hört auf, wenn der Andere den Besitz des entgegengesetzten Untersagungsrechts erworben hat.

§ 146 I, 7: Ist die Gewahrsam oder der Besitz . . . Jemandem mit Gewalt entnommen worden, so müssen ihm dieselben, ohne Rücksicht auf ein besseres Recht dessen, der die Gewalt verübt hat, wiedergegeben werden.

§ 147: Eben dieses findet statt, wenn Jemand die Sache oder das Recht heimlich, durch List oder bittweise von dem vorigen Besitzer an sich gebracht hat.

§ 148: Vorstehende Rechte (§§ 146, 147) kommen demjenigen, welcher solchergestalt seines Besitzes zur Ungebühr entsetzt worden, nicht nur gegen den Entsetzenden und seine Teilnehmer, sondern auch gegen deren Erben zu.

§ 150: Alle Rechte, welche demjenigen beigelegt sind, der seines Besitzes durch Gewalt, heimlich oder mit List entsetzt worden, kommen auch dem zu, welcher in seinem Besitze solchergestalt zur Ungebühr gestört wird.

§ 154: Von vorstehenden Befugnissen kann nur derjenige Gebrauch machen, welcher nachzuweisen vermag, daß er sich unmittelbar vor der erfolgten Entsetzung oder Störung im ruhigen Besitze befunden habe.

§ 1 Allg. Gerichtsordnung vom 6. Juli 1793: Das Possessorium summariissimum findet statt, wenn jemand in dem Besitze einer Sache oder eines Rechts beunruhigt, oder wenn er dieses Besitzes neuerlich heimlicher oder gewaltsamer Weise entsetzt worden ist.

119.

Die Kämmereidörfer D. und E. haben nach einem Rezesse von 1654 ein Recht auf Gewährung des nötigen „Bau- und Reparaturholzes, Raff- und Lagerholzes“ in den Holzungen der Stadtgemeinde St. Die Berechtigten behaupten jetzt, der Magistrat von St. habe in den letzten Jahren eine „üble Wirtschaft“ geführt, er habe den Holzbestand auf $^1/_4$ verringert, der noch vorhandene Bestand des Forstes reiche nachhaltig für die Befriedigung des Bedürfnisses der berechtigten Dörfer nicht aus. Die Servitutberechtigten treten der weiteren Verwüstung der

Waldung unter Vorbehalt ihres Rechtes auf Schadensersatz entgegen und beantragen in einer Klage beim Landgerichte:

Die beklagte Stadtgemeinde der Mitbenutzung der Forstreviere A. und B. so lange bei Strafe auszuschließen, bis der Forstzustand wieder ein solcher geworden sei, daß außer der nachhaltigen Verabreichung des Bau- und Reparatur-, . . . Holzes an die Kläger ein Mehreres daraus ohne deren Nachteil entnommen werden könne.

Die Kläger stützen sich auf §§ 229 flg. A. L.-R. I, 22.

Die beklagte Gemeinde ist der Ansicht, daß die Klage schon deshalb falle, weil nicht behauptet sei, Beklagte habe übermäßig viel Holz verkauft.

120.

Der Mühlenbesitzer M. beansprucht das Recht eines Fußweges am Uferrande des Mühlenbaches zum Ziehen der Fahrzeuge in dem Bache. Die Besitzer der angrenzenden Grundstücke klagen gegen den Müller mit der Negatorienklage, weil die Wegegerechtigkeit in dem Rezesse über die Gemeinheitsteilung, welche in der Gemeinde stattgefunden hat, nicht vorbehalten ist und die Kläger die erwähnten Grundstücke ohne Einschränkung überwiesen erhalten haben.

Der Müller ist der Meinung, daß die Gemeinheitsteilung es mit derartigen Wegegerechtigkeiten gar nicht zu tun hätte. Die Kläger sind anderer Meinung, sie sagen: Hauptzweck der Auseinandersetzung sei die Befreiung des Grundeigentums von jeder nicht notwendigen Beschränkung; eine jede solche Beschränkung müsse hiernach dabei aufgehoben werden, und jeder Dienstbarkeitsberechtigte müsse daher die Notwendigkeit der Servitut geltend machen oder Entschädigung dafür beanspruchen; sei er bei der Sache zugezogen und habe er weder das Eine noch das Andere getan, so erlösche sein Anspruch infolge des Gesetzes durch den Rezeß.

Wie ist zu entscheiden?

121.

Über das Revier Schanze hat ein Teilungsverfahren geschwebt, zu welchem die nutzungsberechtigten Familien von S. und mehrere Gemeinden aus der Umgegend zugezogen waren. Nach dem Rezesse ist dem Gutsbesitzer von S. außer anderen Abfindungsstücken auch das Revier Schanze zum freien Eigentume überwiesen worden.

Fräulein von Z. beansprucht Feststellung einer Fußweggerechtigkeit in der von ihr näher bezeichneten Richtung. Sie behauptet, sich des bezeichneten Weges seit „länger als rechtsverjährter Zeit“ bedient zu haben, um auf demselben zur Verrichtung ihrer Andacht in die Kapelle zu gelangen. von S. bestreitet dieses Recht unter Hinweis auf den Rezeß und die unbestrittene Tatsache, daß in dem Auseinandersetzungsverfahren nach Maßgabe der Gemeinheitsteilungs-Ordnung und der sie ergänzenden Gesetze ein Aufgebotsverfahren stattgefunden hat. Fräulein von Z. ist der Meinung, daß dies Aufgebot sie nicht beträfe, weil sie zu dem Verfahren gar nicht zugezogen gewesen sei.

122.

Dem Kläger stand das Recht zu, über das benachbarte Grundstück des Beklagten zu fahren. Vor beinahe 20 Jahren hat der Beklagte durch Errichtung eines Schuppens und eines Zaunes den Weg derart verengt, daß er nur noch als Fußweg zu benutzen ist. Der Vorbesitzer des berechtigten Grundstücks hatte damals, als der Beklagte zu bauen anfing, Widerspruch erhoben, zur Durchführung seines Widerspruches aber nichts getan. Kann Kläger den Fahrweg beanspruchen?

Vergl. §§ 43—45 I, 22.

123.

Einer Kossätenstelle stand die Waldstreuberechtigung in dem Königlichen Forste zu. Der Hof wurde vollständig dismembriert; er gehört jetzt 27 verschiedenen Parzellenbesitzern. Diese wollen die Streuberechtigung des früheren Besitzers ausüben, ein jeder nach Verhältnis der Größe seiner Parzelle. Sind sie hierzu berechtigt?

124.

Vor ungefähr 100 Jahren hat der damalige Besitzer von Philippshof eine Bauholzberechtigung für das auf seinem Gute befindliche Wohnhaus, Backhaus, zwei Ställe und andere Wirtschaftsgebäude gegen den Forstfiskus erworben. Der jetzige Besitzer des Philippshofes hat das Gut parzelliert. In den mit seinen Käufern geschlossenen Verträgen ist über die Holzberechtigung nichts bestimmt. Er wünscht zu erfahren, ob er auch jetzt noch die Gerechtigkeit in alter Weise geltend machen kann; er befindet sich nach wie vor im Besitze des Teiles seines früheren Gutes, auf welchem sich die in Frage kommenden Baulichkeiten befinden.

125.

Ein schlesischer Beamter hat sich vor einigen Jahren verheiratet. Seine Ehefrau hat unter anderem Vermögen ein kleines Gut eingebracht, zu welchem ein wertvoller Wald gehört. Welche Rechte hat der Ehemann an diesem Gute, insbesondere an dem Walde? Die Frau ist vor einiger Zeit wegen Geisteskrankheit entmündigt worden und wird von einem Verwandten bevormundet. Kann der Ehemann nach Belieben abholzen und gehört der Erlös, den er für das Holz erzielt, ihm? oder hat er an dem Erlöse nur den Nießbrauch? Kann der Ehemann ohne Zustimmung des Vormundes das Wirtschaftssystem ändern?

126.

A. ist eingetragener Eigentümer eines Grundstücks. Er hat sich vor einem Jahre verheiratet und lebt mit seiner Ehefrau in Gütergemeinschaft im Regierungsbezirk Posen. A. hat jetzt das Grundstück an B. verkauft.

Ist diese Veräußerung wirksam? Kann A. ohne Zustimmung der Frau das Grundstück auflassen?

127.

Der Rittergutsbesitzer Graf R. hat zwei Güter. Er beabsichtigt aus diesen Gütern Familienfideikommisse zu machen; das eine soll seinem einzigen Sohne A. zufallen und sich auf die männlichen Nachkommen des A. und zwar stets auf den ältesten der Linie vererben, das andere Gut soll einem Neffen, B. und dessen Nachkommen nach den Regeln der Erstgeburt und agnatischen Linealfolge zufallen.

Kann dem Wunsche des Grafen entsprochen werden? Welchen Weg hat der Graf einzuschlagen?

Ist der König von Preußen berechtigt, dem Stifter der Fidei-

kommisse den gesetzlichen Stempel von 3 Prozent zu erlassen? oder steht ein solches Recht dem Könige seit dem 5. Dezember 1848 nicht mehr zu?

128.

X. ist vor sechs Monaten in Breslau gestorben. Ein Gläubiger des X. wünscht zu erfahren, wen er auf Bezahlung seiner Forderung belangen soll.

X. hat Kinder nicht hinterlassen, seine Frau ist todt, seine Eltern sind längst vorher gestorben. Seine nächsten Verwandten sind seine zwei Brüder.

Diese haben vor einigen Wochen erklärt, daß sie mit dem überschuldeten Nachlaß ihres Bruders nichts zu tun haben wollen. X. ist der Meinung, daß der Nachlaß durchaus nicht überschuldet sei.

III. Strafrecht (Allgemeiner Teil).

129.

Fünf Holzhändler haben auf Vorschlag eines derselben folgende Abrede getroffen: bei den fiskalischen Holzverkäufen, bei denen sie bisher sämtlich mitgeboten und dadurch Preissteigerung veranlaßt haben, soll in Zukunft nur einer von ihnen bieten; dieser aber soll verpflichtet sein, das Holz, das er als Meistbietender erwirbt, den andern Teilnehmern so zur Verfügung zu stellen, daß unter ihnen eine Privatversteigerung demnächst stattfindet.

Kann die Behörde dagegen einschreiten?

§ 270 des preußischen Strafgesetzbuchs vom 14. April 1851 lautet:

Wer Andere vom Mitbieten oder Weiterbieten bei den von öffentlichen Behörden oder Beamten vorgenommenen Versteigerungen, dieselben mögen Verkäufe, Verpachtungen, Lieferungen, Unternehmungen oder Geschäfte irgend einer Art betreffen, durch Gewalt oder Drohung oder durch Zusicherung oder Gewährung eines Vorteils abhält, wird mit Geldbuße bis zu 300 Talern oder mit Gefängnis bis zu 6 Monaten bestraft.

Gilt diese Bestimmung noch oder ist sie durch das deutsche Reichsstrafrecht aufgehoben? Ist der von den Holzhändlern geschlossene Vertrag klagbar?

130.

X. trägt einen Stockdegen. Kann die Behörde hiergegen einschreiten?

Der Staatsanwalt ist der Meinung, daß der § 345 Nr. 7

des preußischen Strafgesetzbuchs zur Anwendung kommen müsse. Diese Bestimmung lautet:

Mit Geldstrafe bis zu 50 Tlrn. oder Gefängnis bis zu 6 Wochen wird bestraft:

7. wer Stoß-, Hieb- oder Schußwaffen, welche in Stöcken oder Röhren oder in ähnlicher Weise verborgen sind, feilhält oder mit sich führt.

Dem Staatsanwalt wird entgegengehalten, daß das preußische Strafgesetzbuch durch die Reichsgesetzgebung aufgehoben sei, es namentlich jetzt unmöglich sei, wegen einer Übertretung eine Gefängnisstrafe zu verhängen.

131.

Der Holzsteller H. hat in einem Königlichen Walde ein Hirschgeweih gefunden; er hat das Geweih für 10 Mark verkauft.

Kann er bestraft werden?

Kommen hierbei noch alte Gewohnheitsrechte und Provinzialgesetze in Betracht, welche die Aneignung der Geweihe verbieten und unter eine bestimmte Strafe, z. B. den doppelten Betrag des Wertes, stellen?

132.

B. hat in der Trockenstube seiner Holzwarenfabrik vor einem Jahre ohne polizeiliche Genehmigung einen Ofen errichtet. Vor einigen Wochen hatten zwei Arbeiter des B. auf die eiserne Platte des geheizten Ofens Ziegelsteine gestellt und über diese auf Leisten eine Anzahl Holzstäbe, welche sie trocknen wollten, gelegt. Diese Stäbe hatten Feuer gefangen.

Kann B. aus §§ 367 Nr. 6 und 368 Nr. 3 St.-G.-B. bestraft werden? B. wendet hinsichtlich des § 368 Nr. 3 Verjährung ein. Der Staatsanwalt entgegnet, daß es sich seiner Ansicht nach um eine fortgesetzte Straftat handle und das erwähnte Strafgesetz fortwährend noch jetzt verletzt werde.

133.

W. hat in dem Teile der Provinz Sachsen, in welchem die Kaninchen bis 31. Dezember 1891 zu den jagdbaren Tieren gehörten, im Herbste 1891 Kaninchen unbefugt gejagt.

Dieses Jagdvergehen ist erst jetzt (1895) zur Kenntnis der Behörde gelangt. Kann B. bestraft werden?

Vergl. § 15 des Wildschadensgesetzes.

134.

Der Abgeordnete T. hatte im Jahre 1866 von der Rednertribüne des Hauses der Abgeordneten zu Berlin Tatsachen behauptet, durch welche dritte Personen verleumdet erschienen. Das Ober-Tribunal hat den Abgeordneten T. verurteilt.

Ist diese Entscheidung zu billigen? Würde in einem gleichen Falle heute ebenso erkannt werden können?

135.

X. ist im Besitze zweier Kriegsdenkmünzen. Im Jahre 1888 ist er mit 2 Jahren Gefängnis und Ehrverlust auf 3 Jahre bestraft; er hat die Strafe 1889—1891 verbüßt. Darf er die Denkmünzen jetzt wieder tragen?

136.

A. und B. fuhren von einem Nachbardorfe durch den Königlichen Forst zu Schlitten nach Hause. Im Walde sahen sie Rehwild. A. forderte den B. auf, einen Bock zu schießen. B. tat dies, stieg dann vom Schlitten, holte den erlegten Bock und legte ihn auf den Schlitten. Bei der Weiterfahrt sind A. und B. ergriffen.

Der Staatsanwalt beantragt: Bestrafung wegen Jagdvergehens sowie Einziehung des Gewehrs, des Schlittens und des Pferdes.

137.

X. hat unbefugt gefischt. Eine Bestrafung kann nicht mehr herbeigeführt werden, weil die Tat verjährt ist. Kann gleichwol das von X. bei der unbefugten Ausübung der Fischerei benutzte Netz eingezogen werden?

138.

Der Förster F. hörte am 1. Oktober im sogenannten Loh einen Schuß, welcher nach Meinung des F. nur von einem Wilderer abgegeben sein konnte. Bei der sofort begonnenen Verfolgung des Täters bemerkte F., wie der Wilderer ein erlegtes Reh eben zurechtlegte, um es fortzutragen. In diesem Augenblick sah der Wilderer den Förster, er lief unter Zurücklassung des Rehes wie auch des Gewehrs, das er an einen Baum gestellt hatte, davon. Die weitere Verfolgung des Wilderers blieb ohne Ergebnis, auch ist später die Person des Täters nicht festzustellen gewesen. Ebensowenig hat sich ermitteln lassen, ob das Gewehr dem Wilderer selbst oder einem Dritten gehörte.

Was fängt die Forstverwaltungsbehörde mit dem Reh an? Was wird aus dem Gewehr? Kann es eingezogen werden? Wäre der Förster berechtigt gewesen, dem fliehenden Wilderer gegenüber, da er ihn nicht einholen konnte, von der Waffe Gebrauch zu machen?

139.

Dem A. in Berlin ist im Januar ein Stück Elchwild aus Rußland zugesandt worden. Die Polizei hat das Wild beschlagnahmt. Ist ein Strafverfahren wegen Übertretung des Wildschongesetzes möglich? Ist die Beschlagnahme gerechtfertigt? Kann die Staatsanwaltschaft eventuell im Wege des sogenannten objektiven Strafverfahrens die Einziehung veranlassen? (§ 42 St.-G.-B.?)

140.

In dem sogenannten Fohlenwalde sind zur Zeit mehrere Waldarbeiter beschäftigt. Sie legen abends ihr Handwerkszeug in den in der Nähe befindlichen Pflanzgarten, einer der Arbeiter schließt die Tür des Gartens zu und versteckt den Schlüssel.

Am 1. Juli ist X. in diebischer Absicht über den Zaun gestiegen und hat das dort niedergelegte Handwerkszeug in Augenschein genommen. Da ihm aber keines der Geräte gefallen hat, so ist er wieder über den Zaun herübergestiegen, ohne etwas mitzunehmen. Der Waldwärter W. hat den X. beobachtet und zur Anzeige gebracht.

Welche Bestimmungen des Strafgesetzbuchs kommen zur Anwendung?

141.

A. ist beschuldigt, zu Z. eine Ortspolizeiverordnung übertreten zu haben. Er ist mit einem einspännigen Fuhrwerke die steile

Schloßstraße im Galopp hinuntergefahren und in derselben Gangart in die Waldstraße eingebogen.

Der Beschuldigte behauptet folgendes: das Pferd sei vor einer über die Schloßstraße gezogenen Guirlande und dem daran hängenden roten Schilde gescheut und habe sich in Galopp gesetzt, er aber habe zeitweise die Gewalt über das Pferd verloren; es sei bekannt, daß auch die Kraft des tüchtigsten Wagenführers zur Zügelung eines scheuenden und durchgehenden Pferdes nicht immer ausreiche. Der Staatsanwalt spricht seine Meinung dahin aus, daß der Führer eines Wagens sein Pferd ohne Rücksicht auf ein demselben etwa entgegentretendes Hindernis in der Gewalt haben *müsse*.

142.

F. hat bei Gelegenheit einer Jagd auf Feldhühner bemerkt, daß ein wütend gewordener Stier ein Kind bedrohte. Um das Kind zu retten, hat er den Stier niedergeschossen.

Der Eigentümer hat Strafantrag gegen F. wegen Sachbeschädigung gestellt und verlangt im Civilwege Schadensersatz, indem er zu beweisen versucht, daß die von F. angenommene Gefährdung des Kindes nicht bestanden habe.

F. beruft sich auf die Bestimmungen der Gesetze über Notwehr.

143.

Am 3. April hat Ackerbürger H. aus dem fiskalischen Walde der Oberförsterei O. Holz abgefahren. Er hat aber nicht das Holz, das er gekauft hatte, sondern teilweise fremdes, dem X. gehöriges Holz abgefahren. X. hat am 7. April Kenntnis erhalten und an den zuständigen Oberförster Anzeige erstattet. Der Staatsanwalt erhebt Anklage wegen Diebstahls. Nach Lage der Sache ist aber sehr leicht möglich, daß die diebische Absicht, welche H. bestreitet, nicht bewiesen wird und daß angenommen wird, H. habe nur fahrlässig gehandelt.

Kann H. auch in diesem Falle bestraft werden? oder kommt es noch auf einen formellen *Strafantrag* an?

Am 7. Juli steht Termin vor dem Schöffengerichte an; könnte eventuell X. noch in diesem Termin Strafantrag zum Protokoll des Schöffengerichts stellen?

144.

A. hat auf einem fremden Grundstücke, nämlich auf dem in der Zwangsversteigerung dem Landwirt L. rechtskräftig zugeschlagenen Kotten ohne Einwilligung des Eigentümers Birken und Buchen im Werte von 15 Mark fällen und abfahren lassen, dieses Holz auch demnächst weiter verkauft. A. ist wegen Forstdiebstahls angeklagt.

Er wendet ein: er habe das Holz schon vor der Zwangsversteigerung des Kottens von dem früheren Eigentümer gekauft und er habe sich für befugt erachtet, auch nach der Versteigerung des Kottens das Holz fällen und abfahren zu lassen, ohne den Ersteher des Grundstücks zu fragen.

Ist dieser Einwand erheblich?

145.

A. hat am 15. Oktober abends ein Reh angeschossen. Am folgenden Morgen hat er nachgesucht, er hat das Tier im benachbarten Jagdrevier, in welchem zu *jagen* er nicht befugt ist, gefunden und sich zugeeignet.

Liegt ein Jagdvergehen vor? Welche Bestimmungen der Strafgesetze finden Anwendung?

146.

A. hat unbefugt gejagt. Da er keinen Jagdschein besessen hat, so entsteht die Frage, ob er neben der Strafe aus §§ 292 flg. St.-G.-B. noch eine solche aus § 16 des Jagdpolizeigesetzes verwirkt hat.

147.

A. ist am 8. Sept. vergangenen Jahres mit einem einspännigen Fuhrwerk von B. in der Richtung nach C. auf der Landstraße gefahren. Kurz vor der Chausseegeld-Hebestelle hat er Halt gemacht, er ist dann an der Hebestelle vorbei zu dem wenige Schritte weiter gelegenen Hause des D. gegangen, hat dort einige Bunde Heu gekauft, hat sie sich vom Verkäufer zu seinem Wagen tragen lassen und ist dann wieder zurückgefahren.

Die Staatsanwaltschaft erhebt Anklage auf Grund des § 5 des betreffenden Chausseegeldtarifs, nach welchem Jeder, welcher es unternimmt, sich der Entrichtung des Chausseegeldes auf irgend eine Art zu entziehen, als Defraudant bestraft werden soll.

IV. Strafrecht (Besonderer Teil).

148.

Ein russischer Staatsuntertan Z. schießt in Berlin in mörderischer Absicht auf den Kaiser von Rußland. Ein Deutscher, Y., hat dem Z. Beihilfe geleistet.

Ist Z. in Berlin wegen Hochverrates (§ 80 St.=G.=B.) zum Tode zu verurteilen? Müssen Y. und Z. der russischen Regierung auf deren Verlangen ausgeliefert werden?

149.

Bei Eröffnung des deutschen Reichstags zu Berlin am 6. Dezember 1894 sind mehrere Abgeordnete, als ein Hoch auf den Kaiser ausgebracht wurde, sitzen geblieben.

Der Staatsanwalt beabsichtigt, wegen Majestätsbeleidigung einzuschreiten.

Kann er während der Sitzungsperiode eine gerichtliche Vernehmung der Täter erzwingen? Würde eventuell der Reichstag zur Verfolgung jener Abgeordneten die Genehmigung erteilen können? Kann der Staatsanwalt, wenn die Genehmigung versagt wird, nach Schluß des Reichstages einschreiten? Ist eine gerichtliche Verurteilung der Abgeordneten wegen Majestätsbeleidigung zu erwarten?

150.

Der Forstaufseher F. traf am . . . August in dem zu seinem Revier gehörigen sogenannten Windhain den als Wilderer bekannten W., als derselbe Feuer anzündete, angeblich um sich Kartoffeln zu braten. F. führte ihn zur Polizeiwache ab. Bei einer hier vorgenommenen Leibesuntersuchung fand man zwei Rehschlingen. Bei der Abführung zur Wache hat W. Widerstand geleistet. Er ist deshalb angeklagt. Der Verteidiger wendet ein, der Beamte sei zur Sistierung nicht berechtigt gewesen, da W. ihm bekannt war (§ 127 St.=P.=O.). Der Staatsanwalt beruft sich auf § 6 des Gesetzes vom 12. Februar 1850 zum Schutze der persönlichen Freiheit. Der Verteidiger ist der Meinung, daß diese Bestimmung durch die Strafprozeßordnung aufgehoben sei.

§ 6 des angeführten Gesetzes lautet:

Die im § 3 genannten Behörden (— das sind „die Polizeibehörden und andere Beamte, welchen nach den bestehenden Gesetzen die Pflicht obliegt, Verbrechen und Vergehen nachzuforschen" —), Beamten und Wachtmannschaften sind befugt, Personen in polizeiliche Verwahrung zu nehmen, wenn der eigene Schutz dieser Personen oder die Aufrechterhaltung der öffentlichen Sittlichkeit, Sicherheit und Ruhe diese Maßregel dringend erfordern. Die polizeilich in Verwahrung genommenen Personen müssen jedoch spätestens im Laufe des folgenden Tages in Freiheit gesetzt werden oder es muß in dieser Zeit das Erforderliche veranlaßt werden, um sie der zuständigen Behörde zu überweisen.

151.

Der Königliche Förster F. hat einem Wilderer das Gewehr abgenommen. Der Wilderer hat sich hierbei widersetzt.

Ist § 117 St.=G.=B. verletzt?

Gilt dasselbe, wenn ein Privatjagdaufseher einem Wilderer das Gewehr wegnimmt und Widerstand findet?

152.

Ein Förster sieht bei seinem Rundgange einen fremden Menschen in einem jungen Eichenbestande des ihm unterstellten Bezirkes unbefugt Gras schneiden. Als der Fremde den Förster erblickt, tritt er schleunigst auf den in der Nähe befindlichen Gemeindeweg. Der Förster folgt ihm und verlangt Angabe des Namens und Wohnortes. Der Fremde weigert sich, und als der Förster es unternimmt, ihn zur Polizei abzuführen, widersetzt er sich.

Liegt Vergehen gegen § 117 St.=G.=B. vor, wenn

a) der Förster ein Königlicher Beamter,

b) ein Privatförster war?

153.

Der Königliche Forstschutzbeamte F. bemerkte, daß in dem seiner Hut unterstellten Staatswalde dürres Stangenholz gestohlen worden war. Der Tat verdächtig hielt er die Frau H. in St. Er ging sofort dorthin und da er hinter dem Hause der Eheleute H. eine Tracht dürren Stangenholzes sah, ging er in die Wohnstube der H. und stellte sie zur Rede: woher sie das Holz habe, ob sie es aus dem Staatswalde geholt und wie oft sie in letzter Woche in dem Walde gewesen sei. Die H. verweigerte jede Auskunft und beleidigte den Beamten. Der Ehemann H. bedrohte den Förster mit einer Axt.

Ist der H. des Widerstandes im Sinne des § 117 St.-G.-B. schuldig? Wer ist befugt, den Strafantrag zu stellen? die Staatsanwaltschaft oder die vorgesetzte Forstverwaltungsbehörde?

154.

Die Gemeinde A. hatte von den im sogenannten Eckwalde gehauenen Kiefern 20 Stück an den Zimmermeister Z. verkauft. Z. sollte sich von den gehauenen Stämmen 20 aussuchen. Z. hat eines Tages die Auswahl bewirkt und die Stämme mit seinem Hammer angeschlagen. Dann hat er den Fuhrmann W. beauftragt, die Stämme abzufahren.

Als einige Tage später W. in den Eckwald fuhr, um die Kiefern zu holen, trat ihm der Gemeindeförster entgegen und sagte ihm, die Stämme dürften noch nicht abgeholt werden, weil sie noch nicht vermessen wären. Es kam zu einem Wortwechsel und schließlich bedrohte W. den Förster mit der Axt.

Kann W. bestraft werden?

Liegt insbesondere Widerstand gegen die Staatsgewalt vor, wenn W. die Überzeugung hatte, daß sein Auftraggeber im Rechte war; wenn also W. in gutem Glauben gehandelt hat? Steht ihm § 59 St.-G.-B. zur Seite?

155.

Der Förster Wilhelm D. hat den Bauer W. im Revier Paulsgrund betroffen, als er eben einen Wagen Laub an einem Orte, an welchem Laub zu holen nicht gestattet ist, geladen und fortzufahren begonnen hatte. Der Förster hielt den Wagen an und forderte den Bauer auf, das Laub wieder abzuladen. Als der Bauer der Aufforderung nicht entsprach, begann der Förster selbst, das Laub abzuladen. Der Bauer leistete nunmehr Widerstand.

Von der Anklage des Widerstandes gegen einen Forstbeamten ist B. vom Schöffengerichte freigesprochen worden, weil nach § 67 des Feld- und Forstpolizeigesetzes der Verletzte hinsichtlich des ihm verursachten Schadens lediglich einen Anspruch auf Schadensersatz im Wege des Civilprozesses oder gemäß § 68 des erwähnten Gesetzes habe.

Der Staatsanwalt hat Berufung eingelegt. Ist Abänderung des ersten Urteils zu erwarten?

156.

Der Königliche Revierförster B. sah den A. in der von einem Dritten gepachteten Gemeindejagd auf dem Felde zu W. die Jagd ausüben. Da ihm bekannt war, daß A. dort ein Recht zu jagen nicht hatte, begab er sich in jenes Jagdrevier und forderte das Gewehr. A. verweigerte die Hergabe und leistete, als der Revierförster das Gewehr ergriff, Widerstand.

Liegt Vergehen gegen § 117 St.-G.-B. vor?

A. hält den Förster nicht für berechtigt, außerhalb der Königlichen Reviere eine Beschlagnahme vorzunehmen; am allerwenigsten sei sie nach der Instruktion für Königliche Förster außerhalb der Waldungen zulässig.

157.

Der Förster F. traf den Rentner X., als er zu einer verbotenen Zeit in der Oder, vom rechten Ufer des Flusses aus, angelte. Als er ihn zur Feststellung seiner Persönlichkeit anhielt, widersetzte sich X.

Liegt Widerstand gegen die Staatsgewalt vor (§§ 113, 117 St.-G.-B.)?

F. ist vom Regierungspräsidenten zu O. als staatlicher Fischereiaufsichtsbeamter bestellt und zwar für die innerhalb seines Forstschutzbezirks liegenden Gewässerstrecken der Oder. Der Forstschutzbezirk liegt auf dem linken Oderufer. F. hatte zu der Zeit, als er die Amtshandlung vornahm, ein Abzeichen eines Fischereiaufsehers nicht angelegt.

X. ist der Meinung, daß strafbarer Widerstand nicht vorliege,

1. weil der Regierungspräsident nicht befugt sei, einen staatlichen Fischereiaufseher zu bestellen,
2. weil der Beamte nur auf dem linken Oderufer zu Amtshandlungen befugt sei,
3. weil er kein Abzeichen getragen habe.

Die Staatsanwaltschaft ist der Ansicht, daß die Befugnis des Regierungspräsidenten, einen staatlichen Fischereiaufseher zu ernennen, schon aus § 46 des Fischereigesetzes vom 30. Mai 1874 entnommen werden könne, daß es ferner offenbar die Absicht des Regierungspräsidenten gewesen sei, dem Förster die Befugnis zu Amtshandlungen auch auf dem rechten Ufer zu erteilen, und daß es endlich auf das Abzeichen nicht ankomme, weil der Förster das Amt eines Fischereiaufsehers nur im Nebenamte verwalte nnd überdies der Förster als Fischereiaufseher dem X. bekannt gewesen sei.

158.

Der Gutsbesitzer G. hat die Jagd auf der Kühhuder Feldmark gepachtet. Am 17. Dezember 1894 traf er den A. auf dieser Feldmark jagend. Als G. das Gewehr des Wilderers pfänden wollte, leistete dieser Widerstand.

Gegen A. ist Strafverfahren wegen Jagdvergehens und Widerstandes aus § 117 St.-G.-B. eingeleitet worden. A. macht geltend, der Jagdpachtvertrag sei ungiltig, weil er nicht von beiden Schöffen mitunterschrieben sei, auch fehle die Genehmigung der Aufsichtsbehörde. Der Vertrag ist am 9. Mai 1893 ausgefertigt und namens der Gemeindebehörde von dem Gemeindevorsteher, einem Schöffen und, an Stelle des zweiten Schöffen, von „einem Mitgliede der Gemeindevertretung“ unterschrieben, auch mit dem Gemeindesiegel versehen. Der Staatsanwalt erachtet den Pachtvertrag auf Grund des § 88 der hier zur Anwendung kommenden Landgemeindeordnung vom 3. Juli 1891 für giltig.

Dieser Rechtsfall ist in allen in Betracht kommenden Fragen erschöpfend zu erörtern, insbesondere ist zu erwägen, ob es in irgend einem hier denkbaren Falle auf die Genehmigung der Aufsichtsbehörde ankommen kann und ob A., wenn der Vertrag ungiltig ist, auch wegen Jagdvergehens nicht verfolgt werden darf.

159.

In B. war eine größere Anzahl von Arbeitern zu gewissen ländlichen und forstlichen Arbeiten auf eine längere Zeit gegen vierzehntägige Kündigung und bestimmten Lohn angenommen. Einer dieser Arbeiter, namens X., hat am 29. April eine Versammlung dieser Arbeiter berufen und sie aufgefordert, sämtlich am 1. Mai „zu feiern". X. hat diese Aufforderung in längerer Ansprache begründet und namentlich bemerkt, daß am 90. Geburtstage und am Begräbnistage des Kaisers Wilhelm die Arbeitgeber die Arbeit eingestellt hätten, ohne die Arbeiter zu fragen; sei es „dazumal kein Kontraktbruch gewesen, so sei es auch jetzt kein Kontraktbruch, wenn am 1. Mai gefeiert würde".

Kann X. bestraft werden?

160.

Der Förster F. ist vor einigen Monaten durch einen Kugelschuß am rechten Beine so erheblich verletzt worden, daß er nach vier Tagen gestorben ist. Der Tat überführt erscheint der Wilderer W. Da dieser aber die Tat bestreitet, so entsteht die Frage, welche Strafbestimmungen eventuell gegen W. zur Anwendung kommen können.

Kann Anklage wegen Mordes erhoben werden? Wie würde alsdann die den Geschworenen vorzulegende Frage zu lauten haben? Würde sie so lauten können: „Hat der . . . W. am . . . den . . . F. vorsätzlich und mit Überlegung getödtet?

161.

Der Rittergutsbesitzer R. fuhr mit seinem Leibjäger, welcher ein Gewehr, um die Schulter gehängt, bei sich führte, in seinem Forste einen Pürschweg entlang, als er plötzlich, etwa 30 Schritt vom Wege entfernt, zwei Leute mit Schlitten durch die Schonung fahren sah. Er rief den Leuten zu, stehen zn bleiben. Als sie, darauf nicht achtend weiterfuhren, rief er ihnen nach: „Steht, oder ich gebe Feuer!". — Nunmehr blieben die Leute, welche die Drohung für ernstlich gemeint hielten, stehen, ließen den R. und seinen Leibjäger an sich herankommen. Der Leibjäger nahm sodann auf Befehl des R. einem der Leute eine Axt fort.

Hat R. den § 240 St.-G.-B. verletzt?

162.

K. hat von V. ein Pferd für 300 Mark gekauft; er hat den Preis sofort bezahlt. V. hatte sich verpflichtet, das Pferd am Tage nachher zu übergeben, er ist aber dieser Verpflichtung nicht nachgekommen. K. hat jetzt (nach drei Wochen), da er das Pferd notwendig gebrauchte, das Tier eigenmächtig aus dem Stalle des V. fortgenommen. V. hat ihn wegen Diebstahls angezeigt.

Was wird der Staatsanwalt veranlassen? — Haben die folgenden Gesetzesstellen bei Entscheidung des Falles eine Bedeutung?

Röm. R.:

Traditionibus dominia rerum transferuntur, non nudis pactis.

A.-L.-R. I, 9.

§ 3. Zur Erwerbung des Eigentums wird die Besitznehmung erfordert.

Code civil:

§ 1583. Der Verkauf ist unter den Parteien vollendet, und, dem Verkäufer gegenüber, wird das Eigentum dem Käufer von Rechtswegen erworben, sobald man über die Sache und den Preis einig geworden ist, wenn auch die Sache noch nicht überliefert und der Preis noch nicht gezahlt worden ist.

163.

X. hat vor einigen Wochen im Walde eine goldene Taschenuhr gefunden. Er hat die Uhr nicht abgeliefert, bei der Polizei von dem Funde keine Anzeige gemacht und nichts getan, um den Verlierer zu ermitteln.

Kann er bestraft werden?

Was bedeutet der Satz des Sachsenspiegels II, 37: „Svat so ieman vind, besakt he's of man dar na vraget, so is it düvech?"

164.

A. hat auf seinem Grundstücke Sand graben lassen. B. hat einen Wagen dieses Sandes entwendet.

Ist § 242 oder nur § 370 Nr. 2 St.-G.-B. verletzt?

165.

Der Eigentümer E. hat auf seinem Gute einen Haufen Rüben, welche er geerntet hatte, auf dem Felde aufgeschichtet und mit

Stroh und Dung bedeckt, um sie daselbst lagern zu lassen, bis er ihrer bedürfen oder den zu ihrer Aufbewahrung benötigten Raum in seinem Hofe gewinnen würde. D. hat eine Quantität im Werte von 75 Pfg. sich rechtswidrig zugeeignet.

Liegt Feldentwendung oder gemeiner Diebstahl vor?

166.

A. hat sich rechtswidrig Torf zugeeignet.

Handelt es sich um Verletzung des § 18 des Feld- und Forst-Polizei-Gesetzes oder um Übertretung des § 370 Nr. 2 St.-G.-B. oder um Diebstahl?

Das Reichsgericht hat in einem früheren Falle, welcher nach der preußischen Feldpolizeiordnung vom 1. November 1847 zu beurteilen war, ausgeführt, daß die damals für die Bestrafung von Feldfreveln maßgebenden Bestimmungen nur auf Erzeugnisse des Bodens anwendbar seien, deren Gewinnung unter den Begriff des Landbaues falle; von solchem könne bei Torf keine Rede sein. Diese Entscheidung stützte sich namentlich auf die Einleitung der Feldpolizeiordnung. (Vgl. Wortlaut im Anhange.)

Kommt man nach dem jetzt geltenden Rechte zu demselben Ergebnisse?

167.

A. hat dem Gärtner G. zwei Lackstöcke, d. h. zwei in Blumentöpfe eingepflanzte Goldlackpflanzen, aus dem Garten entwendet. — G. zieht solche Pflanzen in folgender Weise: er sät den Samen im Herbste in ein Mistbeet, setzt die jungen Pflanzen dann in Töpfe, überwintert sie im Treibhause, pflanzt sie im Frühjahr in die Erde und setzt sie zuletzt wieder in Töpfe, um sie in blühendem Zustande zu verkaufen. In diesem letzteren Stadium befanden sich die Pflanzen zur Zeit der Entwendung.

Nach welchem Gesetze ist A. zu bestrafen?

168.

X. hat vor einiger Zeit auf seinem Grundstücke einen kleinen Obstgarten angelegt. Wie sich jetzt herausstellt, hat er zu diesem Zwecke einige junge Bäume entwendet.

Es ist bisher festgestellt, daß er einen kleinen Birnbaum aus dem Garten des Z. mittels Einsteigens und einen Kirschbaum von dem Friedhofe entwendet hat. Bei Gelegenheit dieser Untersuchung ist auch ermittelt, daß X. aus dem herzoglichen Walde ohne Erlaubnis der Forstverwaltung mehrere Rosenstöcke entnommen hat.

Welche gesetzlichen Bestimmungen kommen zur Anwendung?

169.

Auf den Anlandungen der Eder zu B. sind Weiden angepflanzt. Wie ist die Entwendung stehender Weidenruten aus den dortigen Anpflanzungen zu bestrafen?

170.

In der forstfiskalischen Waldparzelle Adlerhorst hatte der Gastwirt G. eine Anzahl von Bäumen gekauft und fällen lassen. Von diesen Bäumen hat A., ohne ein Recht dazu zu haben, das Astholz abgehauen und sich zugeeignet.

Ist Anklage wegen Forstdiebstahls zu erheben oder liegt gemeiner Diebstahl vor?

Der Verteidiger des A. hat zu den Akten folgende Meinung ausgesprochen: man könne nur Forstdiebstahl annehmen; denn § 1 Nr. 1 des F.-D.-G. spreche nicht blos von Holz, das noch nicht vom Boden getrennt, sondern auch von Holz, das noch nicht vom Stamme getrennt sei. Wollte man im vorliegenden Falle gemeinen Diebstahl annehmen, so käme man zu dem Ergebnisse: das Gesetz enthalte in Nr. 1 eine Tautologie; man hätte dann sich begnügen sollen mit „Holz, welches noch nicht vom Boden getrennt ist“; mit dem Boden sei doch sicherlich auch das Astholz stehender Bäume verbunden.

171.

A., B. und C. haben in einem Königlichen Walde in diebischer Absicht 6 Kieferstangen mit der Axt gehauen und fortzuschaffen gesucht. Der Wert des Holzes beträgt 1,40 Mark.

Wie ist der Fall zu beurteilen? Welche Gesetzesstellen kommen zur Anwendung? Kann § 3 Nr. 4 des Forstdiebstahlsgesetzes angewendet werden? Ist die Axt einzuziehen? Kann gleichzeitig eine Säge eingezogen werden, welche die Angeklagten bei Ausführung der Tat mit sich führten, aber nicht angewendet haben?

Welches Gericht entscheidet in erster Instanz? welches Gericht in zweiter Instanz? und gibt es eine Revision gegen die Entscheidung der zweiten Instanz? und im Bejahungsfalle an welchen Gerichtshof?

172.

Die Kolonisten D., G., H. sind von der Strafkammer wegen Forstdiebstahls verurteilt worden und zwar D. wegen Diebstahls, G. als Gehilfe und H. wegen Hehlerei; außerdem sind sie als Gesamtschuldner verurteilt worden, den Wert des Entwendeten mit 50 Pfennig an den Verletzten zu zahlen.

Gegen dieses Urteil legt einerseits H., andererseits die Staatsanwaltschaft Revision ein. H. ist der Meinung, daß er als Hehler nicht verurteilt werden könne, Ersatz zu leisten, eine derartige Verurteilung sei nur gegen den Dieb selbst zulässig. Der Staatsanwalt hält das Urteil insofern für verkehrt, als es nicht jeden der Angeklagten verurteilt, 50 Pfg. als Ersatz an den Verletzten zu zahlen (Analogie des § 34 des Forstdiebstahlsgesetzes).

Ist die Revision überhaupt zulässig? Welcher Gerichtshof hat über das Rechtsmittel zu entscheiden? und welche Entscheidung des Revisionsgerichts ist zu erwarten?

173.

A., B. und C. haben in dem Jagen 28 des Reviers R. der Gemeinde G. in diebischer Absicht Holz (13 Stoß Nadelvollholz und 1 Stoß Nadelastholz) gefällt und zerkleinert. Sie haben demnächst die Stubben mit Reisig verdeckt und das Holz selbst in der Nähe versteckt, um es bei passender Gelegenheit fortzuschaffen.

Welche Bestimmungen des Forstdiebstahlsgesetzes kommen zur Anwendung? Handelt es sich um vollendeten oder nur versuchten Diebstahl? Sind im letzteren Falle die Angeklagten auch zum Ersatz des vollen Wertes des Holzes zu verurteilen?

174.

Der Förster F. hat den ihm persönlich bekannten Arbeiter A. bei Verübung eines Forstdiebstahls ertappt; er hat eine Axt und ein Tragetuch beschlagnahmt. F. hat die Axt, da A. ihm erklärte, er werde brotlos, wenn ihm die Axt genommen würde, im Besitze des A. gelassen, ihm aber verboten, die Axt bei Seite zu schaffen. F. hat gleichzeitig mit der Anzeige das beschlagnahmte Tragetuch dem zuständigen Oberförster, Amtsanwalte O., zur Verfügung gestellt.

Was veranlaßt O.? namentlich hinsichtlich der beschlagnahmten Sachen? Kann A. bestraft werden, wenn er die Axt bei Seite schafft?

175.

Der Förster F. hat im „Burgwalde" einen unbekannten Mann bei Begehung eines Forstdiebstahls betroffen. Der Unbekannte ist, als er den Förster hat ankommen sehen, entflohen; die Person des Täters hat nicht sofort festgestellt werden können. F. hat die vom Täter am Tatorte zurückgelassenen Sachen, eine Säge und ein Tragetuch, beschlagnahmt und sofort seinem Oberförster, Forstamtsanwalte O., mit der Anzeige zur Verfügung gestellt.

Am Tage nachher hat der Förster den Tagelöhner T. als Täter ermittelt. T. hat dem Förster gesagt, er möge ihn nicht unglücklich machen. Bei seiner demnächstigen verantwortlichen Vernehmung hat T. die Tat bestritten.

Was hat der Oberförster O. als Amtsanwalt zu veranlassen? namentlich hinsichtlich des Tragetuchs?

176.

A. ist wegen Forstdiebstahls bestraft:

1. Durch Urteil des Schöffengerichts vom 1. Juni 1891; gegen dieses Urteil ist ein Rechtsmittel nicht eingelegt worden;
2. durch Urteil des Schöffengerichts vom 1. November 1891 wegen eines am 2. September 1891 begangenen Forstdiebstahls (§ 1 F.=D.=G.); gegen dieses Urteil hat A. Berufung eingelegt, dieselbe ist aber durch Urteil der Strafkammer vom 12. Dezember 1891 verworfen worden;
3. wegen eines am 18. Dezember 1891 begangenen Forstdiebstahls ist A. durch Urteil der Strafkammer in zweiter Instanz am 15. Oktober 1892 auf Grund der §§ 1 und 6 des F.=D.=G. zu Geldstrafe und drei Wochen Gefängnis verurteilt worden;

4. trotz dieser empfindlichen Strafe hat A., wie sich jetzt herausstellt, bereits am 17. Oktober 1892 den § 1 Nr. 1 des F.-D.-G. wieder übertreten, auch hat er, wie bei Gelegenheit der dieserhalb eingeleiteten Untersuchung festgestellt wird, im Sommer 1892 wiederholt Holz aus dem Walde entwendet.

Welche Bestimmungen der Strafgesetze kommen zur Anwendung? und mit welchem Erfolge?

177.

Frau X. wird wegen Forstdiebstahls bestraft. Ist der Ehemann gemäß § 11 des F.-D.-G. haftbar?

Haftet er für die Kosten des Strafverfahrens?

Vergl. A.-L.-R. II, 1.

§ 187. Zum Unterhalte der Frau gehören auch die sie betreffenden Kur- und Prozeßkosten.

§ 191. Bei Kriminaluntersuchungen gegen die Frau bleibt der unschuldige Mann von Tragung der Kosten aus eigenen Mitteln insofern frei, als das von der Frau begangenen Verbrechen ihn auf Ehescheidung einzutragen berechtigt.

178.

Im Garten des Gärtners G. hat in der Nacht zum 20. Oktober der zum Aufseher des Gartens bestellte A. Blumenkohl in geringer Menge und zum alsbaldigen Gebrauche entwendet. Ein Strafantrag ist nicht gestellt. Kann gleichwol A. bestraft werden?

Welcher Gerichtshof hat, wenn Anklage erhoben wird, in erster und welcher in letzter Instanz zu erkennen?

179.

H. hat im Walde der Gemeinde M. Holz gekauft. Er hatte sich verpflichtet, das Holz innerhalb bestimmter Frist abzufahren. Dieser Verpflichtung hat er aber nicht genügt. Kann er bestraft werden? etwa auf Grund des § 36 Nr. 2 des Feld- und Forst-Polizeigesetzes? Was kann der Verkäufer von Holz tun, wenn ihm daran gelegen ist, sich die pünktliche Abnahme des Holzes möglichst zu sichern?

180.

Der Gutsbesitzer G. hat an den Arbeiter A. und dessen Frau eine kleine Wohnung vermietet. Die Mieter haben sich verpflichtet, jährlich einen Mietzins von 12 Mark baar zu zahlen, zur Kornernte die ihnen von G. übertragenen Arbeiten gegen Zahlung des üblichen Tagelohnes zu leisten und an 6 Tagen unentgeltlich zu arbeiten.

Die Eheleute A. haben 12 Mark bezahlt, im übrigen sind sie ihren übernommenen Verpflichtungen nicht nachgekommen und sind jetzt heimlich unter Mitnahme sämtlicher in die gemietete Wohnung eingebrachten Sachen fortgezogen, obwol G. ihnen ausdrücklich erklärt hatte, daß er Ersatz in Höhe von .... Mk. verlange und dieserhalb Zurückbehaltungsrecht geltend mache.

G. stellt Strafantrag wegen Verletzung des § 289 St.-G.-B.

Vergl. § 395 A.-L.-R. I, 21:

Der Vermieter oder Verpächter hat wegen seines Zinses oder anderer Forderungen auf die von dem Mieter oder Pächter eingebrachten und zur Zeit der Endigung des Kontrakts in dem Hause oder Gute noch vorhandenen Sachen und Effekten die Rechte eines Pfandgläubigers.

181.

A. hat von dem Möbelhändler M. verschiedene Haus- und Zimmergeräte auf Abzahlung entnommen. Der Preis ist auf 300 Mark festgesetzt und soll in monatlichen Raten von 30 Mark entrichtet werden, bei Übergabe der Sachen sind 30 Mark gezahlt. Das Geschäft ist in dem schriftlich geschlossenen Vertrage als „Leihvertrag“ und „Miete“ bezeichnet. Der wirkliche Wert der Sachen beträgt, wie sich herausstellt, höchstens 140 Mark.

Kann A. bestraft werden?

182.

B. war in Geldverlegenheit. Er hörte von einem Bekannten, daß W. Geld auf Wechsel verleihe. B. bat den W. um Hilfe. Dieser gab ihm eine Sache und sagte ihm, er möge diese Sache verkaufen und sich so baares Geld verschaffen. B. hat dies Anerbieten angenommen, einen Wechsel über 200 Mark, fällig nach 3 Monaten, ausgestellt und die erhaltene Sache für 120 Mark verkauft. Einen höheren Erlös zu erzielen, ist ihm nicht möglich gewesen.

Kann W. wegen Wuchers bestraft werden?

183.

Der Amtsvorsteher V. hat den neun Jahre alten Knaben K. wegen eines ihm zur Last gelegten Forstdiebstahls vernommen. Der Knabe hat die Tat eingestanden. Gegen den Amtsvorsteher V. ist jetzt bei der Staatsanwaltschaft eine Anzeige wegen Verletzung des § 343 St.-G.-B. eingegangen; V. soll den Knaben, um ihn zum Geständnis zu bewegen, durchgeprügelt und soll durch diese Prügel das Geständnis erpreßt haben.

Würde die vorgesetzte Dienstbehörde des V. den Konflikt erheben können, etwa mit der Begründung, daß diese Angelegenheit im Falle einer demnächstigen öffentlichen Gerichtsverhandlung vielen Zeitungen zu ungünstigen Urteilen über die Polizeibehörden willkommenen Anlaß geben möchte und daß deshalb die Erledigung der ganzen Angelegenheit im Disciplinarverfahren den Vorzug verdienen dürfte?

184.

Der Oberförster O. und der Forstaufseher F. hatten den Wilderer W. im Walde wegen Jagdvergehens festgenommen. O. hatte den F. beauftragt, den W. nach X. zu transportieren und ihn ins Gefängnis einzuliefern. Als F. und W. unterwegs in der Nähe des Dorfes D., in welchem W. wohnte, angekommen waren, bat W. den F., ihm zu gestatten, nach seiner Wohnung zu gehen und seiner Frau Mitteilung von der Verhaftung zu machen, zu Hause auch einige notwendige Anordnungen zu treffen. F. ging anfangs darauf nicht ein, als aber W. immer dringender ihn bat, entsprach er dem Wunsche des W. und, da es inzwischen Abend geworden war, verabredeten beide: W. solle nach seiner Wohnung gehen und das Notwendige besorgen, am andern Morgen früh pünktlich 4 Uhr wollten sie an der Stelle, wo sie sich trennten, wieder zusammenkommen, und sollte dann der Transport fortgesetzt werden. So ist es auch geschehen. W. hat sich am folgenden Morgen pünktlich wieder eingefunden und F. hat ihn dann ins Gefängnis abgeliefert.

Der Staatsanwalt hat Kenntnis von diesem Sachverhalt erhalten und schreitet jetzt gegen F. wegen Amtsverbrechens ein (§ 347 Abs. 1 St.-G.-B.). F. führt zu seiner Entschuldigung an, daß er die feste Überzeugung gehabt habe, W. würde sich wieder stellen, wie es ja auch geschehen ist, und daß es ihm an jeglicher Absicht, den Gefangenen entweichen zu lassen, gefehlt habe. Der Verteidiger des F. meint, daß es sich um eine stattgehabte Entweichung nicht handle, da ja der Gefangene selbst gar nicht an Entweichung gedacht habe und jedenfalls nicht entwichen sei.

185.

Zwischen den Grundstücken des A. und des B. auf der Seite des A. befindet sich seit einer Reihe von Jahren ein Grenzrain. A. hat seinerzeit diesen Rain errichtet; jetzt hat er begonnen, ihn abzugraben. Auf Anzeige des B. hin hat der Staatsanwalt auf Grund des § 370 Nr. 1 St.-G.-B. ein Strafverfahren eingeleitet.

A. ist der Meinung, daß er allein über den Grenzrain verfügen dürfe, da er ihn allein und auf seine Kosten auf seinem eigenen Grundstücke errichtet habe. B. widerspricht dem mit der Behauptung, Parteien hätten seinerzeit zwei Grundstücke vertauscht und in diesem Tauschvertrage habe A. die Errichtung des Grenzrains übernommen. A. bestreitet diese Behauptung.

Der Staatsanwalt ist der Meinung, daß es auf diesen Streit nicht ankomme, da Grenzraine nicht einseitig verändert werden dürften (§ 119 A.-L.-R. I, 8).

Die §§ 118, 119 I, 8 lauten:

Die Raine oder sogenannten Pflugrechte zwischen benachbarten Grundstücken werden in der Regel als gemeinschaftliches Eigentum angesehen.

Sie dürfen also von keinem der benachbarten Besitzer, ohne Einwilligung der Miteigentümer, verändert oder geschmälert werden.

V. Strafrecht (Besonderheiten).

186.

Die minderjährige Anna D. ist als Dienstmädchen bei dem Oberförster O. zu P. am 2. April in Stellung getreten. Ihr Vater hat nicht ausdrücklich erklärt, daß er mit der Annahme gerade dieser Stellung einverstanden sei, er hat aber der Tochter allgemein erlaubt, als Dienstmädchen Stellung zu nehmen; er hat auch Kenntnis von ihrer Stellung bei O. erhalten und nichts dagegen eingewendet.

Am 1. Juli hat die D. den Dienst ohne besondere Veranlassung verlassen. Sie behauptet, am 16. Juni den Dienst gekündigt zu haben.

Kann O. ihre Rückkehr in den Dienst verlangen und erzwingen?

Kann die D. bestraft werden?

Hängt eventuell die Bestrafung von einem Strafantrage ab? Bis wann und wie müßte der Antrag gestellt werden? Kann der einmal rechtswirksam gestellte Antrag wieder zurückgenommen werden?

187.

A. ist seit ungefähr 3 Jahren, wie früher sein Vater, als herschaftlicher Tagelöhner gegen Gewährung einer Wohnung in einem zum Gute des Prinzen P. gehörigen Gebäude und gegen einen wechselnden Lohn auf dem Dominium D. beschäftigt worden.

A. hat ohne besondere Ursache sein Dienst- und Arbeitsverhältnis aufgegeben. Der Generalbevollmächtigte des Prinzen P.

hat Strafantrag gestellt. A. ist deshalb wegen Übertretung des Gesetzes vom 24. April 1854, betreffend die Verletzungen der Dienstpflichten des Gesindes und der ländlichen Arbeiter, angeklagt worden.

Der Verteidiger beantragt das Verfahren einzustellen, weil Prinz P. nicht persönlich den Strafantrag gestellt habe; im übrigen ist er der Ansicht, es müsse zunächst festgestellt werden, von wem und unter welchen Bedingungen der Angeklagte angenommen und daß ihm im voraus ein bestimmter Lohn vertragsmäßig zugesichert worden, sonst könne von einer Verurteilung des Beschuldigten keine Rede sein. — Der Staatsanwalt dagegen meint, es genüge die tatsächliche Feststellung des herschaftlichen Tagelöhnerverhältnisses.

Vergl. Ges. vom 24. April 1854 im Anhange!

188.

A. ist der Übertretung des Gesetzes vom 24. April 1854, betreffend die Verletzungen der Dienstpflichten des Gesindes 2c., beschuldigt. Er hat sich bei dem Gutsbesitzer G. für das laufende Jahr gegen Gewährung freier Wohnung und Beköstigung so wie eines voraus bestimmten Wochenlohnes von 3 bezw. 3,50 Mark verdungen. Er hat jetzt den Dienst ohne gesetzmäßigen Grund versagt.

Der Staatsanwalt ist der Meinung, daß der Beschuldigte ein Instmann im Sinne des Gesetzes sei. — Der Verteidiger des A. bestreitet dies; er führt unter Berufung auf gerichtliche Entscheidungen aus: Instleute, herschaftliche Tagelöhner, Einlieger 2c. nenne das Gesetz nur solche Dienstleute, welche von dem Besitzer eines Landgutes oder einer andern Acker- oder Forstwirtschaft gegen Gewährung einer Wohnung in den ihm gehörigen oder auf dem Gute befindlichen Gebäuden und gegen einen im voraus bestimmten Lohn behufs der Bewirtschaftung angenommen seien. Im vorliegende Falle aber habe sich die dem Arbeiter gewährte Wohnung nicht in einem dem Gutsbesitzer G. gehörigen oder auf dem Gute befindlichen Gebäude befunden, sei vielmehr eine außerhalb des Gutes im Dorfe D. belegene Mietwohnung gewesen. Es fehle hiernach an der vom Gesetze vorausgesetzten Ähnlichkeit des Instmannsverhältnisses mit dem durch die Hausgemeinschaft begründeten engeren dienstlichen Abhängigkeitsverhältnisse des Gutsgesindes.

189.

Der Pächter der Lachsschleuse wird beschuldigt, das Wasser über den höchsten zulässigen Winterwasserstand aufgestaut und sich dadurch einer Übertretung der §§ 8 und 9 des Gesetzes vom 15. November 1811, wegen des Wasserstaues bei Mühlen und Verschaffung von Vorflut, schuldig gemacht zu haben.

Aus den die Setzung des Merkpfahles bei der Lachs- und Floßschleuse betreffenden Akten des Magistrats zu S. ergibt sich folgendes: der Merkpfahl ist am 12. Juni 1819 gesetzt. Der damals begründete Normalzustand ist aber nicht mehr unverändert derselbe. Zunächst ist der Fachbaum der betreffenden Mühle im Jahre 1837 durch einen neuen, von der städtischen Baukommission zu S. geprüften Fachbaum ersetzt worden. Ferner sind im Jahre 1842 infolge einer Ausbesserung der Lachs- und Floßschleuse der Pegel und die Wassermarken vom Jahre 1819 nicht mehr vorhanden gewesen und im Auftrage des Polizeiamts zu S. unter Zuziehung der städtischen Baukommission durch den Bauinspektor Sch. erneuert, auch ist der an seiner Oberfläche durchschnittlich mehr als einen Zoll hoch abgespülte Fachbaum wieder ergänzt worden.

Kann der Pächter bestraft werden? Welcher Wasserstand ist maßgebend?

190.

Der Mühlenbesitzer M. ist der Übertretung der §§ 8 und 9 des Gesetzes vom 15. November 1811 beschuldigt. Es ist festgestellt, daß er wiederholt in der Zeit vom 6. Mai bis 4. September den Abfluß des Wassers bei seiner an der Wester belegenen Mühle, nachdem das Wasser die durch den Merkpfahl für den zulässigen höchsten Sommerwasserstand festgesetzte Höhe überstiegen hatte, durch Öffnung der Schleusen und Gerinne zu befördern versäumt hat.

Die vorliegenden Akten enthalten über die Setzung des Merkpfahles nur ein Protokoll vom 15. Oktober 1874. In demselben wird mitgeteilt, wie unter Zuziehung der betreffenden Behörden in der vom Gesetze vorgeschriebenen Weise der im Winter zulässige höchste Wasserstand ganz deutlich kennbar bezeichnet und zu Protokoll verschrieben worden ist. Eine Anbringung der Marke für den zulässigen höchsten Sommerwasserstand hat damals, wie das Protokoll ergibt, wegen des hohen Wasserstandes nicht angebracht werden können.

Es befindet sich nun aber jetzt eine Marke für den Sommerwasserstand am Merkpfahl. Wie diese angebracht ist, hat nicht festgestellt werden können.

Der Staatsanwalt beruft sich auf Auskunft der Aufsichtsbehörde, daß sie die Marke für den Sommer genehmigt habe.

Der Verteidiger des Mühlenbesitzers meint, der Beschuldigte müsse schon deshalb freigesprochen werden, weil ihm weder vorsätzliche noch fahrlässige Übertretung des Gesetzes nachgewiesen sei. — Dem gegenüber bemerkt der Staatsanwalt, daß der Mühlenbesitzer strafrechtlich verantwortlich sei, bis er beweise, daß ihm die Einhaltung des vorgeschriebenen Wasserstandes unmöglich gewesen sei.

191.

Der Papierfabrikant P. ist der Übertretung der Kab.-O. vom 24. Februar 1816 beschuldigt. Diese K.-O. lautet:

Auf Ihren Bericht v. . . . setze Ich zur Verhütung der Verunreinigung der schiff- und floßbaren Flüsse und Kanäle hierdurch fest: daß kein Besitzer von Schneidemühlen Sägespäne oder Borke, und überhaupt Niemand, der eines Flusses sich zu seinem Gewerbe bedient, Abgänge in solchen Massen in den Fluß werfen darf, daß derselbe dadurch nach dem Urteil der Provinzial-Polizeibehörde erheblich verunreinigt werden kann; und daß jeder, der dawider handelt, nicht nur die Wegräumung der den Wasserlauf hemmenden Gegenstände auf seine Kosten vornehmen lassen muß, sondern auch außerdem eine Polizeistrafe von 10 bis 50 Tlrn. verwirkt hat.

Friedrich Wilhelm.

An den Staats- und Finanzminister.

Der Regierungspräsident zu P. hat eine amtliche Erklärung dahin abgegeben, daß durch die täglichen Abgänge der Papierfabrik des Beschuldigten eine erhebliche Verunreinigung der Preisdorf herbeigeführt sei.

Der Beschuldigte hält diese Erklärung nicht für ausreichend und meint, daß die Kab.-O. vom 24. 2. 1816 eine Entscheidung des Oberpräsidenten voraussetze. Die Staatsanwaltschaft vertritt die Ansicht, daß nach dem im Jahre 1816 geltenden Rechte (§ 13 d. Verord. vom 30. 4. 1815) nicht der Oberpräsident, sondern die Verwaltung der Landes- und Provinzial-Polizei gehabt hätten und daß durch die neue Verwaltungsgesetzgebung (§ 138 des Ges. vom 30. 7. 1883) die frühere Befugnis der Regierungen, für den Umfang ihres Verwaltungsbezirks Polizeivorschriften über Gegenstände der Strom-, Schifffahrts- und Hafen-Polizei zu erlassen, auf die Regierungspräsidenten übergegangen sei.

192.

Gegen 16 Einwohner des Ortes Marbach in Hessen ist auf Grund der §§ 1 und 9 des Gesetzes über gemeinschaftliche Holzungen vom 14. März 1881 (vgl. Anhang) ein Strafverfahren eingeleitet worden, weil sie ohne Genehmigung der Aufsichtsbehörde Holz eingeschlagen bezw. hatten einschlagen lassen.

Die Strafkammer des Landgerichts in Marburg hat in der Berufungsinstanz die Angeklagten verurteilt. Die Strafkammer hat hinsichtlich des hier in Betracht kommenden Waldes folgendes festgestellt:

Die Waldung hat einen Flächeninhalt von 800 bis 1000 Ackern; sie ist seit unvordenklicher Zeit von einem Teile der Einwohner des Dorfes Marbach benutzt worden. Den Inbegriff, die Gesamtheit, dieser Gemeindenutzungsberechtigten betrachtete man als eine Realgemeinde im Gegensatze zur politischen Gemeinde. Als durch die hessische Gemeindeordnung vom 23. Oktober 1834 der Begriff der politischen Gemeinde als einer von der Realgemeinde verschiedenen öffentlichrechtlichen Korporation anerkannt war, hat die erwähnte Marbacher Realgemeinde das Eigentum an dem hier in Rede stehenden Walde für sich allein in Anspruch genommen und hat in verschiedenen Prozessen obgesiegt. — Der fragliche Wald ist in den Steuerkatastern zu den „Gemeinsgebräuchen" gerechnet worden und als solcher stets aufgeführt gewesen; Die Benutzung ist von jeher auf Grund eines gemeinschaftlichen Hauungsplanes erfolgt, die Gesamtheit der Berechtigten, welche sich „Märker" nannten, hat Beschlüsse über die Art der Benutzung gefaßt, auch einen Vertreter sowie einen Aufseher bestellt. Die Strafkammer vermutet, daß es sich ursprünglich um eine Markgenossenschaft gehandelt habe. — In den vierziger Jahren dieses Jahrhunderts haben die „Märker" den Wald geteilt; die Aufsichtsbehörde ist bei dieser Teilung nicht zugezogen worden.

Die Verurteilten legen gegen die Entscheidung der Strafkammer

Revision ein. Sie sind der Meinung, daß das Gesetz über gemeinschaftliche Holzungen nicht zur Anwendung komme; der Wald müsse auch als rechtsgiltig geteilt angesehen werden, weil die Aufsichtsbehörde gegen die stattgehabte Teilung niemals Widerspruch erhoben habe, und also jeder „Märker“ an dem ihm zugesprochenen Anteil ein völlig freies Sondereigentum habe.

Welches Gericht entscheidet über die Revision? Welche Entscheidung ist zu erwarten?

193.

Der Mühlenbesitzer M. zu Landeck hat ohne Genehmigung der Behörde in dem Bieleflusse eine Mauer bauen lassen, welche die Ausbreitung der Biele beschränkt.

Auf Grund des § 1 des Gesetzes über das Deichwesen vom 28. Januar 1848 ist gegen M. ein Strafverfahren eingeleitet worden. M. ist der Meinung, daß das Gesetz auf Gebirgsflüsse wie die Biele keine Anwendung finde, obwol nicht zu bestreiten sei, daß die Biele zeitweise aus den Ufern trete; überdies trete die Biele nicht alljährlich oder auch nur periodisch, sondern nur in größeren Zwischenräumen aus den Ufern; sie habe eigentlich nur in den Jahren 1695 und 1883 größere Überschwemmungen verursacht, sonst trockne sie im Sommer meist aus. Auch sei bei einem Gebirgswasser ein Inundationsgebiet gar nicht zu bestimmen; endlich handle es sich in dem Gesetze über das Deichwesen nur um Erderhöhungen; unter Deichen oder deichähnlichen Erhöhungen könne man nur die aus Erde bestehenden dammähnlichen Vorrichtungen verstehen, welche nach den darüber gesammelten Erfahrungen, also technisch richtig hergestellt und imstande seien, die aus ihren Ufern zeitweise tretenden Gewässer zu beschränken; jedes Stein-, Mauer- und Balkenwerk sei hiernach ausgeschlossen.

Ist die Verurteilung des Beschuldigten geboten? Der Staatsanwalt macht noch darauf aufmerksam, daß im Falle der Verneinung der Anwendbarkeit des Gesetzes von 1848 auf den vorliegenden Fall die Polizeiverordnung der Regierung zu Breslau vom 22. August 1820, welche zu allen Wasserbauten in oder an öffentlichen, sowie an Privatflüssen die vorherige Einholung der Erlaubnis der Regierung bei Strafe anordne, zur Anwendung zu bringen sei.

§ 1 des Gesetzes über das Deichwesen vom 28. Januar 1848 lautet:

Deiche oder ähnliche Erhöhungen der Erdoberfläche, welche die Ausbreitung der zeitweise aus ihren Ufern tretenden Gewässer beschränken, dürfen in der ganzen Breite, welche das Wasser bei der höchsten Überschwemmung einnimmt (Inundationsgebiet), nicht anders als mit ausdrücklicher Genehmigung der Regierung neu angelegt, verlegt, erhöht, sowie ganz oder teilweise zerstört werden.

Wer diesem Verbote zuwider handelt, soll polizeilich nicht nur mit einer Geldbuße bis zu 50 Tlrn. bestraft, sondern auch, wenn es erforderlich ist, zur Wiederherstellung des früheren Zustandes angehalten werden.

Auf Schutzmaßregeln, welche in Notfällen für die Dauer der Gefahr getroffen werden, finden diese Vorschriften keine Anwendung.

194.

Eine Polizeiverordnung der Regierung zu Sch. schreibt unter Androhung einer Strafe vor, daß *bissige* Hunde, sowie Hunde, welche Vorübergehende durch Anbellen u. s. w. belästigen, entweder an der Kette oder eingesperrt gehalten werden müssen.

Der Hund des X. hat häufig, wie feststeht, andere Hunde gebissen; X. ist jetzt auf Grund der Verordnung angeklagt, weil er den Hund nicht angelegt und nicht eingesperrt hat.

Der Angeklagte meint, unter einem „*bissigen*“ Hunde könne nur der verstanden werden, der *Menschen* beiße. Der Staatsanwalt dagegen führt aus, daß *bissig* nach dem gewöhnlichen Sprachgebrauche jeder Hund sei, der seiner Karaktereigentümlichkeit nach die Neigung zum Beißen habe; ob diese Neigung sich vorzugsweise gegen andere Hunde oder gegen Menschen richte, sei dabei gleichgiltig; die in Frage stehende Polizeiverordnung bezwecke nach ihren Eingangsworten insbesondere, den Gefahren der Tollwut der Hunde vorzubeugen und diese Gefahren vermehrten sich in gleichem, vielleicht sogar in noch höherem Grade, wenn andere Hunde, als wenn Menschen von einem tollwütigen Tiere gebissen würden.

195.

In B. besteht ein Verein „zum Schutze der Interessen der Arbeiterinnen“. Nur Frauen können Mitglieder sein. In diesem Vereine werden soziale Fragen, wie die über Höchstmaß der Arbeitszeit, Nähgarnzoll, Gleichberechtigung der Frauen 2c. erörtert. Sozialdemokratische Agitatoren sind wiederholt in den Vereinssitzungen als Redner aufgetreten. Der Verein ist auch mit einem andern ähnlichen Vereine „der Mäntelnäherinnen" in Briefwechsel getreten.

Kann die Polizei den Verein deshalb schließen, weil in einen Verein, in dem politische Fragen erörtert werden, Frauen nicht aufgenommen werden dürfen (§§ 8, 16 des Gesetzes über die Verhütung eines die gesetzliche Freiheit und Ordnung gefährdenden Mißbrauchs des Versammlungs- und Vereinigungsrechts vom 11. März 1850)? Welches Verfahren findet statt, wenn die Polizei den Verein schließt? Kann ein Strafverfahren eingeleitet werden? und eventuell gegen wen?

196.

A., B. und Andere sind beschuldigt, am 30. Oktober 1887 zu St. in Westpreußen ohne vorgängige Genehmigung der zuständigen Verwaltungsbehörde mit Anlegung einer Kolonie begonnen und dadurch die §§ 18 und 20 des Ansiedelungsgesetzes vom 25. August 1876 übertreten zu haben.

Diese Paragraphen lauten:

§ 18. Wer außerhalb einer im Zusammenhange gebauten Ortschaft eine Kolonie anlegen will, hat dazu die Genehmigung des Kreisausschusses, in Stadtkreisen der Ortspolizeibehörde, zu beantragen. Mit dem Antrage ist ein Plan vorzulegen und darin nachzuweisen, in welcher Art die Gemeinde-, Kirchen- und Schulverhältnisse der Kolonie geordnet werden sollen.

§ 20. Wer vor Erteilung der vorgeschriebenen Genehmigung mit einer neuen Ansiedelung oder der Anlegung einer Kolonie beginnt, wird mit Geldstrafe bis 150 Mark oder Haft bestraft. Auch kann die Ortspolizeibehörde die Weiterführung der Ansiedelung oder Kolonie verhindern und die Wegschaffung der errichteten Anlagen anordnen.

Den Beschuldigten wird zur Last gelegt, daß sie sich an dem Abschlusse eines Gesellschaftsvertrages beteiligt haben, welcher die Bildung einer eingetragenen Genossenschaft unter der Firma „Ackerbau- und Kredit-Verein St." zum Gegenstande hat und den ausgesprochenen Zweck verfolgt, durch den Erwerb des Gutes St. die wirtschaftliche Selbständigkeit seiner Mitglieder im landwirtschaftlichen Betriebe zu erwirken und deren Kreditinteressen zu fördern. Zur Erreichung dieses Zwecks wird jedes Genossenschaftsmitglied für berechtigt erklärt, sich gegen Zahlung eines Eintrittsgeldes von 120 Mark für den Hektar ein Stück Vereinsland zum eigenen landwirtschaftlichen Betriebe überweisen zu lassen und nach vollständiger Tilgung der auf dem Gute St. haftenden Hypothekenschulden, zu deren Abtragung jeder Parzellenbesitzer einen jährlichen Beitrag von 24 Mark für den Hektar beizusteuern hat, schuldenfrei ohne weitere Entschädigung im Wege der Auflassung eigentümlich zu erwerben; Gebäude dürfen auf dem Vereinslande nur mit ausdrücklicher Genehmigung des Genossenschaftsvorstandes errichtet werden.

197.

Bei dem Waffenhändler W. hat sich eine Anzahl Terzerole gefunden, welche nicht mit dem nach dem Reichs-Gesetze vom 19. Mai 1891, betr. die Prüfung der Verschlüsse und Läufe der Handfeuerwaffen, erforderlichen Stempel versehen waren. Die Terzerole lagen noch verpackt in dem neben dem Laden des W. befindlichen Lagerraume. Gegen W. ist Strafverfahren eingeleitet. Er macht geltend: es sei ihm füglich nicht möglich gewesen, den Mangel früher festzustellen; er habe bei seinem Lieferanten ausdrücklich gestempelte Terzerole bestellt; in 24 Packeten seien ihm die Waffen übersandt worden, von diesen habe er 10 Packete bisher geöffnet und verkauft, diese seien sämtlich mit dem Stempel versehen gewesen; es könne ihm unmöglich zugemutet werden, sogleich bei Ankunft der Waren alle Packete zu öffnen und nachzusehen, ob der vorgeschriebene Stempel vorhanden sei; nach dem Gesetze könne endlich von Bestrafung schon deshalb keine Rede sein, weil er nicht gewußt habe, daß die Terzerole nicht geprüft seien. — Der Staatsanwalt ist der Meinung, daß es weder auf Festsetzung eines Vorsatzes noch auch eines Versehens ankomme.

Wie ist zu entscheiden?

§§ 1 und 9 des Gesetzes vom 19. Mai 1891 lauten:

§ 1. Handfeuerwaffen jeder Art dürfen nur dann feilgehalten oder in den Verkehr gebracht werden, wenn ihre Läufe und Verschlüsse nach den Vorschriften dieses Gesetzes in amtlichen Prüfungsanstalten geprüft und mit Prüfungszeichen versehen sind.

§ 9. Mit Geldstrafe bis zu 1000 Mark oder mit Gefängnis bis zu 6 Monaten wird bestraft:

wer Handfeuerwaffen feilhält oder in den Verkehr bringt, deren Läufe oder Verschlüsse nicht mit dem vorgeschriebenen oder zugelassenen Prüfungszeichen versehen sind.

Neben der verwirkten Strafe ist auf die Einziehung der vorschriftswidrig feilgehaltenen oder in den Verkehr gebrachten Waffen zu erkennen ohne Unterschied, ob sie dem Verurteilten gehören oder nicht.

Ist die Verfolgung oder Verurteilung einer bestimmten Person nicht ausführbar, so kann auf die im vorstehenden Absatz bezeichnete Maßnahme selbständig erkannt werden.

198.

Der Waldwärter W. hat dem Büchsenmacher B. einen Vorderlader mit dem Ersuchen übergeben, ihn in einen Hinterlader umzuwandeln und demgemäß einen anderen Verschluß anzubringen. B. hat die Arbeit ausgeführt und das Gewehr an W. zurückgegeben. Vor der Rückgabe hat B. dem W. gesagt, es möchte wohl eine amtliche Prüfung des Gewehrs notwendig sein; W. hat das Gewehr zunächst nicht herausgeben wollen. B. aber hat ihn überzeugt, daß eine Prüfung im vorliegenden Falle, da es sich um ein altes Gewehr handle, nicht erforderlich sei.

Gegen B. ist Anklage wegen Vergehens gegen § 9 des Gesetzes vom 19. Mai 1891 erhoben. Der Verteidiger ist der Meinung, daß von einem solchen Vergehen hier keineswegs die Rede sein könne, weil der Angeklagte das Gewehr weder „feilgeboten" noch „in den Verkehr gebracht habe". Ist eine Verurteilung des B. zu erwarten? Könnte er nicht auch damit sich entschuldigen, daß er nicht böswillig gehandelt, und daß bei einem neuen Gesetze oft auch die Juristen über die richtige Auslegung recht verschiedener Meinung seien?

Kann, wenn B. verurteilt wird, W. wegen Anstiftung bestraft werden?

VI. Jagdrecht.

199.

A. hat in seinem Jagdrevier ein Fuchseisen gelegt. Ein Fuchs hat sich in dem Eisen gefangen. B. hat den gefangenen Fuchs gefunden und sich zugeeignet.

Kann B. bestraft werden? Kommt bei Beurteilung dieser Sache in Betracht, daß B. schon wiederholt wegen Diebstahls bestraft ist?

200.

A. und B. sind in den Wildpark des Fürsten zu B. eingestiegen und haben darin drei Stück Damwild sich zugeeignet. Welche Strafgesetze kommen zur Anwendung?

Der Tiergarten ist durch einen starken Zaun völlig eingeschlossen; der Zaun ist hergestellt aus Säulen und aus Kreuzstangen, welche mit den Säulen verbunden sind.

201.

J. ist Eigentümer eines isoliert belegenen Hofes. Gemäß §§ 5 und 6 des Jagdpolizeigesetzes ruht die Jagd auf dem zu diesem Hofe gehörigen Gebiete. Dennoch hat J. die Jagd ausgeübt und zwar, wie festgestellt wird, auf Anstiftung des Wildhändlers W. und mit einem ihm von X. geliehenen Gewehre.

Welche Strafgesetze kommen zur Anwendung? Ist das Gewehr einzuziehen? Ist auch die Einziehung des bei der Jagd benutzten Hundes geboten?

202.

Der Jagdpächter P. hat seinen Hund mit einer Handbewegung in das benachbarte fremde Jagdgebiet gesandt, um es absuchen und das Wild sich in sein eigenes Revier zutreiben zu lassen. P. selbst hat das fremde Jagdgebiet nicht betreten.

Ist P. zu bestrafen? — Wem fällt das bei solcher Jagdausübung erlegte Wild zu?

203.

Ein Wilderer hat einen Rehbock angeschossen. Der Bock ist demnächst verendet. Ein Dritter, unzweifelhaft Unberechtigter, hat das Tier gefunden und sich zugeeignet.

Kann dieser Dritte bestraft werden?

204.

A. hat in fremdem Jagdrevier Schlingen gelegt, um Kaninchen zu fangen. In einer dieser Schlingen hat sich ein Reh gefangen und ist verendet. B. hat das Reh zufällig gefunden und sich rechtswidrig zugeeignet.

Wie sind A. und B. zu bestrafen?

205.

Der Jagdpächter P. hat die Grenze seines Jagdgebietes überschritten und aus dem Walde des benachbarten Jagdreviers, in welchem zu jagen er nicht berechtigt ist, einen in seinem (des P.) eigenen Jagdbezirke sich aufhaltenden Rehbock geschossen?

Ist die Handlung des P. strafbar? — Wem fällt der erlegte Rehbock zu?

206.

Am 1. und am 11. November vergangenen Jahres hat eine Anzahl berittener Personen unter Benutzung einer großen Anzahl von Hunden Hasen verfolgt; die Reiter sind auch durch das Jagdrevier des Z. geritten, in welchem zu jagen sie nicht berechtigt waren. Auf Antrag des Z. hat der Staatsanwalt ein Strafverfahren wegen Jagdvergehens eingeleitet. Die Beschuldigten machen geltend, es habe sich bei den Jagden lediglich um Ausübung eines Reitsportes zur Pflege der Reitkunst und zur Übung der Pferde gehandelt, es sei der eigentliche Zweck der Jagd nicht auf Aneignung des Wildes gerichtet gewesen. Der Staatsanwalt hält diese Jagd für eine „Parforcejagd“ und erblickt in ihr ein Jagdvergehen.

207.

W. ist am 1. Juli vergangenen Jahres wegen gewerbsmäßig begangenen unbefugten Jagens von der Strafkammer auf Grund des § 294 St.-G.-B. zu vier Monaten Gefängnis verurteilt worden. Das Gericht hat nur zwei Fälle unbefugten Jagens festgestellt, einen Fall vom 1. Mai und einen solchen vom 8. Mai vergangenen Jahres.

W. hat Revision eingelegt, weil es unzulässig sei, aus nur zwei Vergehen die Gewerbsmäßigkeit zu entnehmen. Der Staatsanwalt hat kein Rechtsmittel eingelegt.

Es ist jetzt ermittelt worden, daß W. noch an drei anderen Tagen, nämlich am 1. Februar, 3. März und 15. April vergangenen Jahres unbefugt die Jagd ausgeübt hat.

Können diese Fälle, von denen die Behörde am 1. Juli noch keine Kenntnis hatte, in dem schwebenden Verfahren berücksichtigt werden?

Kann eventuell der Staatsanwalt wegen jener drei Fälle nach Rechtskraft des Urteils vom 1. Juli eine neue Anklage erheben?

208.

A. hat in der Gemeinde G. zwei Grundstücke, welche beide in einer Fläche von je ungefähr 250 Morgen land- und forstwirtschaftlich benutzt werden. Die beiden Grundstücke grenzen nicht unmittelbar aneinander, sind aber durch mehrere Wege miteinander verbunden.

Kommt § 2 Nr. a des J.-P.-G. zu Gunsten des A. zur Anwendung?

209.

X. ist Eigentümer eines Hauses und eines daranstoßenden Gartens, welchen der Landrat für dauernd und vollständig eingefriedet erklärt hat. X. hat in dem Garten in der Nähe des Hauses auf einen Fasan geschossen. Es ist deshalb Anzeige gegen ihn erstattet wegen Übertretung des § 368 Nr. 7 St.-G.-B. X. beruft sich auf § 2 Nr. b des Jagdpolizeigesetzes vom 7. März 1850 und § 2 Abs. 2 des Einführungsgesetzes zum Strafgesetzbuch.

210.

X. hat in dem zu seiner Besitzung gehörigen Garten Schlingen aufgestellt, um Hasen zu fangen. Er beabsichtigt dadurch seine Gartenfrüchte zu schützen. Die Hasen haben unzweifelhaft in den zum Trocknen hingelegten Rübenblättern großen Schaden angerichtet.

X. ist wegen Jagdvergehens angeklagt. Er erwartet seine Freisprechung vom Standpunkte der „Notwehr", weil er sich nicht anders habe schützen können. Der Verteidiger beruft sich außerdem auf § 149 A.-L.-R. I, 9:

Das Wild, welches sich in Gärten, Höfe oder andere an die Wohngebäude stoßende geschlossene Plätze eingedrungen hat, kann ein Jeder fangen oder töten.

Die Staatsanwaltschaft erachtet diese Bestimmung für beseitigt.

211.

P. hat in der Gemeinde X. die Jagd gepachtet. Er hat sich auf dem durch die Gemarkung dieser Gemeinde ziehenden Eisenbahndamme ein jagdbares Tier zugeeignet. Gegen P. ist deshalb ein Strafverfahren aus § 292 St.-G.-B. eingeleitet worden.

P. ist der Meinung, daß ihm das Jagdrecht auch auf dem Eisenbahndamme zustehe und daß er es dort ganz ebenso wie in dem übrigen Jagdbezirke ausüben dürfe.

212.

Der Vorstand der Gemeinde X. im Kreise L. in Ostpreußen streitet mit dem Fiskus um das Jagdrecht auf dem G.-strome. Dieser Fluß ist unstreitig ein öffentlicher Fluß. Soweit er sich innerhalb der Grenzen der Gemarkung des Dorfes X. bewegt, gehört er unstreitig in kommunaler Beziehung zu dem Gemeindebezirke dieses Dorfes. Der Gemeindevorsteher klagt im Verwaltungsstreitverfahren und verlangt, daß der Strom in eben jenen Grenzen auch in den gemeinschaftlichen Jagdbezirk einbezogen werde: das Gesetz vom 31. Oktober 1848 und das J.-P.-G. machten im vorliegenden Falle keine Ausnahme zu Gunsten des Fiskus. Wollte man annehmen, daß jene Gesetze bei dem Eigentume des Staates nicht zur Anwendung kämen, so würde bei den von Natur schiffbaren Flüssen, bei dem Meeresufer, den Häfen, den Land- und Wasserstraßen das Jagdregal des Fiskus fortbestehen.

Letzterer ist der Ansicht, daß die erwähnten beiden Gesetze das Jagdrecht als einen Ausfluß des Eigentums nur bei Privateigentum, nicht beim gemeinen Eigentum des Staates erklärten. Der Rechtsanwalt des Fiskus bemerkt: wäre die Ansicht des Klägers richtig, so würde der Fiskus auch an dem Ertrage der Jagd nach Verhältnis der Fläche teilnehmen: ein Ergebnis, das die Gemeindebehörde wol selbst nicht für wünschenswert erachten möchte.

Wie ist zu entscheiden?

213.

Durch die Gemeinden M., N., S. und T. fließt der R.-strom, ein öffentlicher Fluß. Die vier Gemeinden haben beschlossen, aus dem im Gebiete der Gemeinden belegenen Flächenraume des R.-stromes und den angrenzenden fiskalischen Uferpflanzungen einen besonderen Jagdbezirk zu bilden und von der Gemeindeverwaltung für Rechnung des Fiskus verwalten zu lassen.

Auf Antrag der Gemeindeverwaltungen hat nach Anhörung der Königlichen Regierung zu K. der Kreisausschuß beschlossen: er habe gegen die erwähnten Gemeindebeschlüsse nichts einzuwenden und erteile, soweit dies erforderlich sein sollte, zu jenen Beschlüssen seine Genehmigung.

Die Regierung zu K. will diesen Beschluß anfechten. Sie bittet um Anfertigung einer Beschwerdeschrift.

214.

Im Bezirke des Landgerichts zu L. hat A. den ersten, B. den zweiten Jagdbezirk der Gemeinde G. gepachtet. Die beiden Jagdpächter haben mit drei andern Personen einen Vertrag dahin geschlossen, daß jeder der fünf Teilnehmer die Jagd in den beiden Bezirken ausüben dürfe und daß jeder $^1/_5$ der im ganzen zu zahlenden Pachtgelder und den entsprechenden Anteil an dem Gehalte des Jagdhüters zahlen solle.

Ist ein solcher Vertrag rechtsverbindlich? Kann einer der Beteiligten auf Feststellung der etwaigen Ungiltigkeit des Vertrages klagen? Kann die Staatsbehörde einschreiten?

215.

X. hat eine Besitzung von 250 Morgen. Er hat jetzt ein Grundstück von 80 Morgen Größe hinzugekauft.

Kann X. nunmehr die Jagd gemäß § 2, a des J.=P.=G. ausüben? — Die Gemeindevertretung widerspricht dieser Ausübung, weil der gemeinschaftliche Jagdbezirk der Gemeinde, einschließlich jener 80 Morgen, noch auf 4 Jahre verpachtet ist.

Welches Gericht hat den Streit zu entscheiden? X. klagt bei dem Verwaltungsgerichte, der Pächter beim Landgerichte.

216.

Das zu dem Gutsbezirke Linderhof gehörige Areal war parzelliert. Auf dem Folium des Stammgutes war nur ein Rest von fast zwei Morgen verblieben. Eine Anzahl Parzellen von 55 Morgen war in das Eigentum des Gutsbesitzers G. gelangt, dessen sonstiger Grundbesitz mit den 55 Morgen nur durch Wege in Verbindung steht. Diese Wege befinden sich gleichfalls im Eigentume des G.

Der Gutsvorsteher war der Meinung, daß alle Grundstücke des Gutsbezirks, welche nicht zu den im § 2 des Jagd=Polizei=Gesetzes erwähnten gehören, einen gemeinschaftlichen Jagdbezirk bilden. Deshalb verpachtete er die Jagd auf den Grundstücken des Gutsbezirks einschließlich jener 55 Morgen.

Der Gutsbesitzer G. hat im Verwaltungsstreitverfahren Klage erhoben; er ist der Meinung, daß die 55 Morgen zu seinem selbständigen Jagdbezirk gehören (§ 2 Nr. a des J.=P.=G.).

Der Kreisausschuß hat die Befugnis des Gutsvorstehers zu der ins Werk gesetzten Verpachtung verneint, weil es sich nicht um einen Gemeindebezirk, sondern um einen Gutsbezirk handle und deshalb die Jagd ruhen müsse.

Der Gutsvorsteher bittet um ein Gutachten darüber, ob diese Entscheidung mit Erfolg wird angefochten werden können.

217.

Ein Grundstück ist als isoliert belegener Hof gemäß § 5 des Jagdpolizeigesetzes von dem gemeinschaftlichen Jagdbezirke der Gemeindejagd ausgeschlossen worden.

Einer der beteiligten Grundbesitzer klagt im Verwaltungsstreitverfahren und verlangt, den Hof für nicht ausschlußfähig zu erklären und an den gemeinschaftlichen Jagdbezirk anzuschließen, weil er kein isoliert belegener Hof im Sinne des Gesetzes sei.

Das Interesse des Klägers an der Durchführung der Klage besteht darin, daß bei dem Anschlusse des Hofes die Einnahme aus der Jagd und damit der Anteil des Klägers am Gewinne ein größerer sein würde.

Ist die Klage begründet?

Der Schullehrer des Ortes ist in seiner amtlichen Eigenschaft Nutznießer eines der Gemeinde gehörigen Grundstücks. Er wünscht zu erfahren, ob er den Anschluß des Hofes verlangen kann.

218.

Vor zwei Jahren wurde der gemeinschaftliche Jagdbezirk der Gemeinde W. auf 9 Jahre verpachtet. Der „Weilerhof" ist auf Antrag des Eigentümers mit Zustimmung der Gemeindebehörde als isoliert belegener Hof ausgeschlossen worden.

Der Besitzer des Hofes verlangt jetzt Wiederanschluß des Hofes bei entsprechender Erhöhung des Pachtzinses mit der Behauptung, der Weilerhof sei kein isoliert belegener Hof im Sinne des Gesetzes, der Ausschluß sei deshalb unzulässig gewesen.

Die Gemeindebehörde widerspricht, besonders deshalb, weil der Ausschluß des Hofes vereinbart und während der Pachtzeit nicht rückgängig zu machen sei.

Der Besitzer des Weilerhofs droht jetzt mit Klage. Die Gemeindebehörde bittet um ein Gutachten.

219.

Die Gemeinde G. hat die Gemeindejagd verpachtet. Der isoliert belegene Hof des Gutsbesitzers B., „Kasimierstal", ist auf dessen Antrag vom gemeinschaftlichen Jagdbezirke ausgeschlossen. Der Pächter der Gemeindejagd schießt einen Hirsch an. Der Hirsch verendet auf einer zum Hofe des B. gehörigen Wiese. Wem gehört der Hirsch? Darf der Jagdpächter das Besitztum des B. ohne dessen Erlaubnis betreten und den Hirsch eigenmächtig an sich nehmen?

220.

Die Gemeinde Aue bittet um Auskunft: Eine Anzahl von Grundstücken einiger Gemeindemitglieder liegt eingeschlossen von dem sogenannten Burgwalde des Fürsten zu B. Der Wald ist gegen 4000 Morgen groß. Die Enklaven haben zusammen eine Fläche von ungefähr 250 Morgen.

Der Waldbesitzer wünscht das Jagdrecht auf den Enklaven zu erwerben. Die Fürstliche Verwaltung aber erklärt die Höhe des von den Enklavenbesitzern geforderten Pachtzinses für viel zu hoch und hält nur die Hälfte des geforderten Betrages für angemessen. Eine Einigung ist nicht zu erzielen.

1. Kann nun die Gemeinde die Jagd verpachten?
2. Die Gemeinde möchte die Jagd auf den Enklaven allein verpachten und die anderen Grundstücke zu einer Feldjagd vereinigen. Ist sie hierzu berechtigt?
3. Würde für den Fall, daß die Jagd auf allen zur Gemeinde gehörigen Besitzungen an einen Pächter verpachtet wird, der Pächter berechtigt sein, durch den Fürstlichen Wald zu gehen, um auf den Enklaven zu jagen. Die Enklaven sind mit der Gemeinde nur durch einen, und zwar einen öffentlichen, Weg verbunden.

221.

Der Rittergutsbesitzer X. hat einen Wald, der mehr als 3000 Morgen groß ist. Dieser Wald umschließt zum größeren Teile eine der Gemeinde G. gehörige Fläche von 400 Morgen. Die Gemeinde hat dem Rittergutsbesitzer die Jagd auf der Enklave und den anderen daranstoßenden Grundstücken der Gemeinde angeboten. X. lehnt dieses Angebot ab und verlangt durch Klage im Verwaltungsstreitverfahren, daß die Nachbargemeinde ihm die Enklave allein verpachte.

222.

Das Jagdpolizeigesetz bestimmt, daß die Gemeindebehörde die Jagd aus freier Hand verpachten darf.

Ist diese Bestimmung abgeändert durch § 116 der Landgemeindeordnung vom 3. Juli 1891:

Die Verpachtung von Grundstücken und Gerechtsamen der Gemeinden muß im Wege des öffentlichen Meistgebots geschehen. Ausnahmen hiervon können durch den Kreisausschuß gestattet werden.

223.

Die Gemeindevertretung zu G. hat beschlossen, die Jagd ruhen zu lassen. Der Besitzer X. hat dem widersprochen mit Rücksicht auf Wildschäden, welche auf seinen Grundstücken angeblich vorgekommen sind.

Kann X. die Gemeinde zwingen, dem J.-P.-G. zu entsprechen? Kann er insbesondere im Verwaltungsstreitverfahren klagen?

224.

Der Rentier R. aus Dresden hält sich im Herbste regelmäßig einige Wochen im Kreise O. in Schlesien auf. Der Landrat des Kreises O. hat ihm die Erteilung eines Jagdscheines unter Hinweis auf § 14 Abs. 2 des Jagdpolizeigesetzes versagt. **R. wünscht zu erfahren, ob er in Preußen einen Jagdschein erhalten kann und welchen Weg er zu dem Ziele einschlagen soll.** Er glaubt auf Art. 3 der Reichsverfassung und auf § 104 Abs. 2 des preußischen Zuständigkeitsgesetzes vom 1. August 1883 sich berufen zu können.

Art. 3 der Reichsverfassung lautet:

Für ganz Deutschland besteht ein gemeinsames Indigenat mit der Wirkung, daß der Angehörige (Untertan, Staatsbürger) eines jeden Bundesstaates in jedem anderen Bundesstaate als Inländer zu behandeln und demgemäß zum festen Wohnsitz, zum Gewerbebetriebe, zu öffentlichen Ämtern, zur Erwerbung von Grundstücken, zur Erlangung des Staatsbürgerrechtes und zum Genusse aller sonstigen bürgerlichen Rechte unter denselben Voraussetzungen wie der Einheimische zuzulassen, auch in Betreff der Rechtsverfolgung und des Rechtsschutzes demselben gleich zu behandeln ist.

Kein Deutscher darf in der Ausübung dieser Befugnis durch die Obrigkeit seiner Heimat oder durch die Obrigkeit eines anderen Bundesstaates beschränkt werden. u. s. w.

§ 104 Abs. 2 des Gesetzes vom 1. August 1883 lautet:

Bestimmungen, wonach es zur Annahme eines Ausländers als Jagdpächters einer besonderen Genehmigung bedarf, finden auf Angehörige des deutschen Reiches fortan keine Anwendung.

225.

Ist der Jäger im Gebiete des Jagdpolizeigesetzes vom 7. März 1850 verpflichtet, seinen Jagdschein dem Aufsichtsbeamten vorzuzeigen und zwar so vorzuzeigen, daß der Beamte von dem Inhalte des Scheines Kenntnis nehmen kann? oder genügt es, daß der Jäger den Jagdschein „bei sich führt" (§ 16 des Ges.) oder wenigstens, daß er ihn dem Beamten hinhält, ohne ihm Gelegenheit zu geben, von dem Inhalte Kenntnis zu nehmen?

226.

Der Bauerngutsbesitzer P. ist Jagdpächter. Er ist im Besitze eines Jagdscheines.

Es fragt sich, ob ihm der Jagdschein entzogen werden kann, weil er mit dem Gewehr unvorsichtig umgeht. Der Landrat hat festgestellt, daß P. einmal beim Schießen auf Rebhühner vorbeigehende Pferde erheblich gefährdet und daß er einmal einen Menschen mit dem Gewehre bedroht hat.

227.

Der Wildhändler W. war auf Grund der Feststellung, daß er zwei von einem Dritten erlegte, ihm abgelieferte Rehkälber im Laden feilgeboten hatte, wegen Übertretung des § 7 des Gesetzes über die Schonzeit des Wildes vom 26. Februar 1870 zu einer Geldstrafe von 30 Mark rechtskräftig verurteilt worden. Der Landrat hat jetzt auf Grund des § 15 des Jagdpolizeigesetzes die Erteilung des Jagdscheins versagt.

W. erhebt Klage im Verwaltungsstreitverfahren und beantragt: die Erteilung des Jagdscheins anzuordnen. Er führt aus: Der Begriff des Jagdfrevels im Sinne des § 15 J.-P.-G. beschränke sich auf das Zuwiderhandeln gegen eine in Bezug auf die Jagd und deren Ausübung gegebene Vorschrift; wollte man den Wildhändler im vorliegenden Fall einen „Jagdfrevler" nennen und als solchen behandeln, so müsse ein Gleiches folgerichtiger Weise auch bei demjenigen gelten, der bezüglich des Transportes von Wild, z. B. wegen des Erfordernisses eines Ursprungsattestes, bestraft ist.

Der Staatsanwalt beruft sich auf den Ministerialerlaß vom 18. September 1875 (Minist.-Bl. für die innere Verwaltung S. 247). — Der Rechtsanwalt des W. ist der Meinung, daß ein Ministerialerlaß den Richter nicht binde.

Ist das Verwaltungsstreitverfahren überhaupt zulässig? Welche Entscheidung ist zu erwarten?

228.

Ein Forstbeamter war auf einem Gange nach seinem Revier durch einen Schrotschuß verletzt worden. Bei den angestellten Nachforschungen nach dem Täter hatte der Restaurateur R., um seine Wissenschaft gefragt, solche wahrheitswidrig geleugnet, auch sonst unrichtige Angaben gemacht und bei seiner späteren Vernehmung vor Gericht in der Untersuchung gegen den Täter sich damit entschuldigt, daß er es mit dem Täter nicht habe verderben wollen.

Der Landrat hat auf Grund dieses Sachverhalts dem R. die Erteilung eines Jagdscheines versagt. Er beruft sich zur Begründung dieser Ablehnung auf die Entscheidung des Oberverwaltungsgerichts vom 18. September 1884 (Bd. 11 S. 293). In diesem Falle war der Kläger wegen schweren Diebstahls mit Zuchthaus bestraft; trotzdem begehrte er den Jagdschein und sprach in seiner Klage die Ansicht aus, der § 15 des J.-P.-G. verstehe unter Personen, welche die öffentliche Sicherheit gefährden, nicht sowol bestrafte als vielmehr ungeschickte Menschen; es sei unzulässig, unter die erwähnte Bestimmung des Gesetzes auch eine verbrecherische Gefährdung des Eigentums zu stellen. Das O.-V.-G. hat diese Ansicht verworfen und die Erteilung des Jagdscheines versagt: Der Begriff der öffentlichen Sicherheit umfasse alles, was nach der Sprache des gewöhnlichen Lebens und der Gesetze sonst darunter verstanden werde, insbesondere also „das Gesichertsein der Untertanen des Staats vor gewaltsamen und widerrechtlichen Angriffen in Ansehung ihrer Person, ihrer Ehre, ihrer Rechte oder ihres Vermögens“; das Gesetz habe nicht blos einer von der Unerfahrenheit oder dem Leichtsinn zu befürchtenden Gefährdung der öffentlichen Sicherheit vorbeugen, sondern vor allem diejenigen von der Jagdausübung und von der berechtigten Führung des Jagdgewehrs ausschließen wollen, von denen eine Durchbrechung des geordneten Rechtszustandes, eine Kränkung der unter dem Schutze der öffentlichen Sicherheit stehenden Rechte Anderer — insbesondere auch auf dem Gebiete des Lebens, der Gesundheit oder des Eigentums — zu besorgen sei.

In dem jetzt vorliegenden Falle hat R. die höheren Instanzen im Wege der Beschwerde erfolglos angerufen. Er klagt nunmehr im Verwaltungsstreitverfahren und beantragt, die Entscheidung des Landrats abzuändern. Er führt aus: Das Urteil des O.-V.-G. vom 18. September 1884 sei nicht aufrecht zu erhalten, das J.-P.-G. habe unter „Gefährdung der öffentlichen Sicherheit" nicht jede Verletzung irgend welcher staatsbürgerlicher Pflichten, nicht jeden Verstoß gegen die öffentliche Ordnung auf irgend einem Lebensgebiete verstanden; dies ergäbe der Sprachgebrauch des Lebens, wie der der Gesetze, namentlich aber auch § 15 Abs. 2 J.-P.-G., da nach dieser Bestimmung selbst den wegen Forst- und Jagdfrevels bestraften Personen der Jagdschein nicht versagt werden müsse, sondern nur versagt werden könne, und auch dies nur innerhalb 5 Jahre nach verbüßter Strafe.

Der Kreisausschuß hat die Entscheidung des Landrats bestätigt, weil auf Grund des festgestellten Tatbestandes die Annahme gerechtfertigt sei, daß der Kläger bei Ausübung der Jagd und freier Führung des Jagdgewehrs Personen oder Eigentum in Gefahr bringen werde.

R. will sich auch bei dieser Entscheidung nicht beruhigen. Ist zu erwarten, daß die höheren Instanzen eine für den Kläger günstige Entscheidung treffen?

229.

J. war am . . . von dem mit ihm befreundeten Rittergutsbesitzer von R. zur Jagd eingeladen. Er ist etwa eine Stunde zu spät gekommen und hat die Jagdgesellschaft an dem in der Einladung bestimmten Versammlungsorte nicht mehr angetroffen. Da sein Versuch, die Gesellschaft zu finden, mislang, jagte er nun allein und erlegte ein Reh. Ein Polizeibeamter hat, in der Meinung, daß es sich um ein Jagdvergehen handle, den Fall zur Anzeige gebracht.

Kann J. bestraft werden?

230.

Der Jagdpächter A. hat einen, etwa 8 Monate alten, Kitzbock geschossen, er hat demnächst diesen Bock an einen Wildbrethändler B. verkauft und dieser hat ihn auf dem Markte zum Verkaufe ausgelegt. Hier ist der Bock beschlagnahmt worden.

Die eingeleitete Untersuchung hat ergeben, daß der A. den Bock wegen seines ungewöhnlich entwickelten Äußeren nicht für einen Kitzbock gehalten hat. B. hat erklärt, er habe den Bock nicht genau untersucht, er habe sich insbesondere das Gebiß nicht angesehen, er habe aber die Überzeugung gehabt, daß es sich um keinen Kitzbock handele.

231.

A. hat im Juli ein Wildkalb erlegt; er hat es dem B. sofort verkauft und dieser hat es noch an demselben Tage an den Wildbrethändler C. nach der Stadt geschickt und an diesen weiter veräußert.

Können A., B. und C. bestraft werden? Welche Gesetze kommen zur Anwendung?

232.

A. und B. haben am 18. November auf ein Rehkalb geschossen. Das Kalb ist auch verendet. Es ist aber nicht festzustellen, ob A. oder ob B. das Tier tödtlich verletzt hat. Können A. und B. bestraft werden?

233.

A. hat in einer Waldparzelle Schlingen aufgestellt in der Absicht, ein Reh zu fangen. Ehe ihm dies gelungen war, sind die Schlingen weggenommen worden. Kann A. bestraft werden?

234.

Der Gutsbesitzer G. ist am 18. November 1893 in den Wald geritten. Seine beiden Windhunde, welche unangebunden nebenher liefen, haben ein Rehkalb (von 1893) gegriffen und todt gebissen.

Kann der Gutsbesitzer wegen Übertretung des Wildschongesetzes vom 26. Februar 1870 bestraft werden?

235.

Der Kaufmann K. hat im Mai lebende Wachteln zum Verkaufe herumtragen lassen und zum Verkaufe feilgeboten. Es ist sehr wahrscheinlich, daß die Wachteln kürzlich gefangen sind, mit Sicherheit läßt sich dies allerdings nicht nachweisen.

Kann K. bestraft werden?

236.

Der Rittergutsbesitzer R. hat sein Gut durch schriftlichen Vertrag verpachtet, das Jagdrecht aber in dem Vertrage sich vorbehalten. Mündlich haben beide, als sie den Vertrag unterschrieben, vereinbart, daß der Gutsbesitzer dem Pächter allen Schaden, der durch Schwarz-, Rot-, Rehwild und Fasanen entstehen möchte, ersetzen muß.

Ist der Verpächter verpflichtet, dem Pächter den Wildschaden zu ersetzen? Welches Gericht entscheidet über die wegen des Wildschadens entstehenden Streitigkeiten in erster und welches in letzter Instanz?

Vgl. § 127—129 A.-L.-R. I, 5.

237.

Der Rittergutsbesitzer R. beantragt bei der Aufsichtsbehörde, die Schonzeit für weibliches Hochwild aufzuheben, weil auf seinem Gute wiederholt im Laufe des Kalenderjahres durch Rotwild verursachter Schade festgestellt worden ist.

Ist die Aufsichtsbehörde verpflichtet, diesem Antrage zu entsprechen? Ist sie eventuell dazu berechtigt? — Würde die Verwaltungsbehörde auf Antrag des R. berechtigt sein, die benachbarten Jagdberechtigten zum Abschusse aufzufordern und mit Zwangsmitteln (eventuell mit welchen?) anzuhalten?

238.

X. hat in fremdem Jagdrevier mit Netz und Frettchen wilde Kaninchen zu fangen versucht.

Kann er nach § 292 Str.-G.-B. belangt werden?

Kommt § 368 Nr. 10 Str.=G.=B. zur Anwendung? Das Netz, welches verwendet worden ist, wird sonst nur bei Fuchsjagden gebraucht.

Macht es bei Beurteilung dieser Sache einen Unterschied, ob der Fuchs in der betreffenden Gegend jagdbar ist?

Welcher Schutz steht dem Jagdberechtigten und dem Grundbesitzer zu Seite gegen diejenigen, welche sie in ihren Interessen durch Verfolgung wilder Kaninchen beeinträchtigen?

VII. Fischerei.

239.

Der Graf zu W. hat am 12. Juni 1800 dem Oberförster zu W. das Recht der Fischerei in dem Radebache für den jeweiligen Oberförster von W. verliehen. Der Graf zu W. war bis 1803 Landesherr.

Die Uferbesitzer sind der Meinung, daß sie das Recht der Uferfischerei hätten und drohen mit Klage. Was soll der jetzige Oberförster von W. tun?

240.

Die Fischer A. und B. wollen gegen andere Fischer Klage erheben auf Anerkennung ihres Rechtes zum alleinigen Fischfange in einem bestimmten Zuge an der Küste einer Halbinsel im Putziger Wyk. Sie behaupten, sie hätten seit mehr als 50 Jahren in diesem Zuge den Fischfang mit Ausschluß Dritter ausgeübt und hätten also das ausschließliche Recht ersessen.

241.

Mehrere Personen sind beschuldigt, im Groß-Platenheimer Dorfsee mit der Klippe gefischt und dabei eine große Menge von Barschen und Plötzen unter der vorgeschriebenen Größe von 15 Centimetern gefangen und getödtet zu haben.

Die Beschuldigten sind der Meinung, daß sie nicht zu strafen seien, weil der erwähnte See ein geschlossenes Gewässer sei. Es ist festgestellt, daß der Groß-Platenheimer Dorfsee ein Sammelbecken für Schnee und Regenwasser ist, und daß nur im Frühjahr oder nach sehr großen Regengüssen das überflüssige Wasser durch einen schmalen Graben nach dem Alsen-See abfließt. Der Abflußgraben hat ein so steiles Gefälle, daß Fische in ihm nicht aufwärts gehen können.

Welche Bestimmungen der Fischereigesetze kommen zur Anwendung und wie ist zu entscheiden?

242.

In einem Erbpachtvertrage von 1774 ist den **Bürgern** der Stadt D. das Recht eingeräumt, im Kesselsee zu fischen.

Besteht dieses Recht noch seit der Gesetzeskraft des Fischereigesetzes vom 30. Mai 1874 **für jeden einzelnen Bürger** der Stadt D.?

243.

In der Landgemeinde L. hatte das Auseinandersetzungsverfahren stattgefunden. Der im Jahre 1863 bestätigte Rezeß enthält keine Bestimmung über die Fischerei in dem „Lohwasser" und in zwei innerhalb der Dorfsaue belegenen Teichen.

Eine Anzahl von Mitgliedern der Gemeinde, die sogenannten Neusassen, verlangen jetzt, daß die Einnahmen aus der Fischerei, welche seit 1876 zur Gemeindekasse vereinnahmt und zur Deckung der Gemeindebedürfnisse verwendet worden sind, als Gemeindegliedervermögen zu behandeln seien und daß die Nutzungen zur Verteilung gebracht würden. Die Neusassen behaupten und wollen beweisen, daß die Ausübung der Fischerei bis 1875 unmittelbar durch die einzelnen Gemeindeglieder stattgefunden habe.

Die Gemeinde dagegen behauptet, die Fischerei sei von jeher verpachtet gewesen, auch seien die Erträge stets zur Gemeindekasse vereinnahmt worden. Aber auch wenn dies nicht der Fall gewesen wäre, so stehe der Gemeinde jetzt der § 6 des Fischereigesetzes zur Seite.

Demgegenüber machen die Neusassen geltend, daß in der erwähnten Gesetzesstelle es sich lediglich um die **Ausübung** des Fischereirechts aus polizeilichen Gründen, nicht aber um das **Recht** der Fischerei selbst, d. h. deren Substanz und Nutzungen, handle; das Fischereirecht selbst habe den einzelnen Mitgliedern der Gemeinde früher zugestanden und stehe ihnen jetzt zu, es dürfe nur von den Einzelnen nicht mehr ausgeübt werden; hiernach seien die Erträge der Fischerei unter die Beteiligten zu verteilen.

Wer hat Recht?

244.

Das alte Provinzialrecht des Herzogtums Magdeburg gestattet Jedermann: „in der Elbe mit Angeln und Senken zu fischen oder in diesem Flusse mit Händen Krebse zu fangen, vorausgesetzt, daß es vom Lande aus, insbesondere nicht mit einem Kahn umfahrend, geschieht“.

Ist diese Bestimmung durch das Allgemeine Landrecht oder durch das Fischereigesetz beseitigt? Bedarf ich, wenn ich in der Elbe angeln will, eines Fischereierlaubnisscheines (§ 11 des Fischereigesetzes)?

245.

Die Fischer F. und G. zu Bremerhafen haben in der Weser bei Geestemünde, im Bezirke des Königlichen Amtsgerichts zu Geestemünde gefischt. Dieser Teil der Weser gehört zu dem Gebiete, welches nach der Verordnung betreffend die Ausführung des Fischereigesetzes in der Provinz Hannover vom 2. November 1877 der Küstenfischerei unterworfen ist. Die Verordnung bestimmt nemlich als Grenze der Binnenfischerei gegen die Küstenfischerei in der Weser die Linie, „welche rechtwinklig von der Bremer-Oldenburgischen Teilungsmarke zwischen der Ochtum und der Weser nach beiden Ufern der Weser führt“.

Ein besonderes Fischereirecht können F. und G. nicht nachweisen. Können sie auf Grund des preußischen Fischereigesetzes bestraft werden?

246.

Der Gutsbesitzer G. unterhält in dem sogenannten Grundwasser, einem Teile des vom Lohwasser durchflossenen Paulsees, verschiedene aus Pfählen bestehende Wehre, welche zur Anbringung von Fischreusen benutzt werden. Das Grundwasser wird dadurch auf mehr als die Hälfte seiner Breite für den Wechsel der Fische versperrt. Infolgedessen hat der Amtsvorsteher auf Grund des § 20 des Fischereigesetzes dem G. aufgegeben, die Pfähle u. s. w. in der Art zu beseitigen, daß an jeder der beiden Uferseiten $^{1}/_{4}$ des Gewässers vollständig frei sei.

G. klagt auf Aufhebung dieser Verfügung: er gehöre zu den Rechtsnachfolgern der nach dem Erbregister des Amtes A. von 1590 zur Befischung des Paulsees berechtigten Fischer und es sei von ihm wie von seinen Besitzvorgängern die Fischerei seit Menschengedenken dadurch ausgeübt worden, daß Reusen zwischen die Pfähle der Wehre gelegt worden seien; dies sei frei, öffentlich und ungestört geschehen; mindestens stehe ihm hiernach Ersitzung zur Seite.

Dieser Ausführung werden die §§ 186, 187 A.-L.-R. I, 9 entgegengehalten. Dieselben lauten:

§ 186. In öffentlichen, sowie in nicht eingeschlossenen Privatgewässern müssen bei Ausübung der Fischerei die Vorschriften der Polizeigesetze wegen der Laichzeit, des verbotenen Fischerzeuges und was sonst darin zur Verhütung des Ruins der Fischerei verordnet ist, genau befolgt werden.

§ 187. Auch in Privatflüssen, worin mehrere die Fischereigerechtigkeit haben, darf Niemand, der nicht ein besonderes Recht dazu erworben hat, durch Versetzung des Flusses ober- oder unterhalb, den freien Gang der Fische hindern.

Der Kläger meint, diese §§ stünden ihm nicht entgegen, da er eben ein besonderes Recht habe.

247.

A. hat zu Stettin Aale verkauft, welche die in der Verordnung betreffend die Ausführung des Fischereigesetzes in der Provinz Pommern vom 8. August 1887 angegebene Mindestlänge von 35 cm nicht hatten. Die Fische wurden beschlagnahmt. Im Strafverfahren behauptet A., die Aale seien nicht in pommerschen Gewässern, sondern in Dänemark gefangen worden.

Ist dieser Einwand gegenüber der Anklage aus § 26 des Fischereigesetzes erheblich?

248.

X. betreibt zu S. ein Walzwerk mit Verzinkerei in der Nähe der Sieg. Das Gelände fällt von der Fabrik nach dem Flusse zu ab. Die in dem Werke zur Verwendung kommende Salzsäure wird in Zwischenräumen von 8 bis 14 Tagen in Mengen von etwa 30 Flaschen aus der Beize, nachdem sie vorher mittels einer trichterartigen Vorrichtung durch Kalk hindurchfiltriert ist, durch einen gemauerten Kanal in eine Senkgrube geleitet, wo sie früher mit ungelöschtem Kalke überschüttet wurde. Die Senkgrube ist ungefähr 15 Fuß tief und zum größten Teile ausgemauert; von der Sieg ist sie 80 Meter weit entfernt. In den letzten Jahren hat die in der Senkgrube befindliche Säure einen Kalkzusatz nicht mehr erhalten.

Seit einiger Zeit hat man an verschiedenen Stellen der Sieg todte Fische gefunden. Dr. B. hat auf Ersuchen der Staatsanwaltschaft das Wasser der Sieg chemisch untersucht und folgendes bekundet: Das Wasser enthalte im Liter 6,5 Gramm Eisenchlorür; solches sei für Fische ein starkes Gift, einmal wegen der ätzenden Wirkung auf die Schleimhäute, dann aber besonders deshalb, weil es den im Wasser gelösten Sauerstoff, der zum Atmen der Fische unentbehrlich sei, binde und dadurch ein Ersticken der Fische bewirke. Die gefundene Menge sei so beträchtlich, daß sie an den Stellen, wo sie in das Wasser gelangte, die Fische gefährde; wenn größere Massen dieser Flüssigkeit in die Sieg gelangten, so müßten dadurch große Verherungen unter dem in der Nähe befindlichen Fischbestande angerichtet werden.

X. hat bemerkt, daß er Eisenchlorür in seiner Fabrik nicht verwende, solches könne möglicherweise im Boden sein. Demgegenüber sagt der Sachverständige: Das Eisenchlorür bilde sich in der Fabrik. Zum Verzinken von Eisengegenständen müßten diese zuerst von der Oxyd-Oxydulschicht befreit werden, dies geschehe mit Salzsäure oder mit salzsäurehaltigen Beizen. Hierbei werde außer der Oxyd-Oxydulschicht auch metallisches Eisen aufgelöst; die Beize sättige sich vor und nach mit dem in diesem Vorgange sich bildenden Eisenchlorür. Letzteres bilde sich so in großen Mengen. Es sickere dann durch den Boden (groben Kies) und gelange schließlich auch in die Sieg. Der Fehler, welchen die Leitung der Fabrik mache, bestehe darin, daß sie die Senkgrube — sei es aus Mangel an Kenntnis, sei es aus Sparsamkeit oder Nachlässigkeit — nicht mit dem nötigen Kalk anfülle. Die Annahme des X., daß der Boden natürlich vorkommendes, in Wasser lösliches Eisenchlorür enthalten könne, müsse abgewiesen werden; ein derartiges Vorkommen sei nirgends und niemals beobachtet worden.

Die Staatsanwaltschaft hat Anklage wegen Übertretung des § 43 des Fischereigesetzes und § 27 Nr. 3 des Feld- und Forstpolizeigesetzes erhoben.

Der Verteidiger des X. beantragt die Freisprechung schon deshalb, weil dem Angeklagten das Bewußtsein der Rechtswidrigkeit der Art seines Fabrikbetriebes nicht nachgewiesen sei.

249.

Der Mühlenbesitzer M. hat in dem Mühlenwasser durch Schließen einer Schleuse den Zuzug der Fische auf der ganzen Wasserfläche gehemmt. Die Schleuse gehört lediglich zu den dem Betriebe der Mühle dienenden Stauanlagen.

Wie ist Abhilfe zu schaffen? Insbesondere, kann M. gezwungen werden, die Schleuse zu öffnen? Kann er bestraft werden (§§ 20 und 50 Nr. 4 des Fischereigesetzes)?

250.

Der Bürgermeister und mehrere Einwohner von Aue haben im Sommer vergangenen Jahres in dem unterhalb Aue in die Preisdorf sich ergießenden Fehlbache Flachs gerötet. Sie sind auf Grund des Fischereigesetzes angeklagt. Der Fehlbach ist von der Preisdorf durch ein Wehr abgeschieden und es ist festgestellt, daß der Fehlbach ein geschlossenes Gewässer ist.

Können die Angeklagten auf Grund des Fischereigesetzes bestraft werden?

251.

A. senior ist wegen unbefugten Fischens auf Grund des Fischereigesetzes vom 30. Mai 1874 in zwei Fällen verurteilt. Kann auch der Sohn des Verurteilten, A. junior, bestraft werden; er hat seinem Vater wissentlich Hilfe geleistet?

Der Staatsanwalt hat Anklage erhoben und auf Analogie der §§ 4 und 11 des Forstdiebstahlgesetzes und §§ 7 und 8 des Feld- und Forstpolizeigesetzes hingewiesen. Der Verteidiger des A. jun. meint indes, eine Bestrafung wegen Beihilfe sei hier unzulässig, da es an einem Strafgesetze fehle (nullum crimen sine lege poenali!); die Bestimmungen des Forstdiebstahlgesetzes und des Feld- und Forstpolizeigesetzes stünden gerade dem Beschuldigten zur Seite. Dieser sei straffrei, weil es an einer analogen Vorschrift des Fischereigesetzes fehle; welche Strafe den Beschuldigten treffen solle, sei gar nicht zu bestimmen.

252.

A. hat das Recht, in einem in der Provinz Ostpreußen belegenen See „zur Tisches Notdurft“ zu fischen. In der Nacht vom 1. zum 2. Juni hat er unter Beteiligung von zwei Arbeitern, B. und C., gefischt. — Diese Arbeiter waren von A. nur für die eine Nacht angenommen. C. hat für seine Hilfe den üblichen Tagelohn von zwei Mark bekommen. B. dagegen hat von den gefangenen Fischen einen Teil im Werte von 4 Mark erhalten. — Die drei Fischer haben ein Netz angewendet, welches nur 10 bis 11 Millimeter Maschenweite hatte, während es nach der Verordnung vom 8. August 1887 eine Weite von 2,5 Centimeter hätte haben sollen.

Vergl.

§ 17 der Fischereiordnung für die Binnengewässer der Provinz Preußen vom 7. März 1845,

§ 52 des Fischereigesetzes vom 30. Mai 1874,

§§ 14, 21 der Verordnung vom 8. August 1887,

§ 296 St.-G.-B.

Der Fall ist erschöpfend zu behandeln. Es entstehen hauptsächlich folgende Fragen:

1. Welche Strafbestimmungen sind verletzt? Von A.? von B.? von C.?
2. Ist das Netz einzuziehen?
3. Ist A. haftbar für die gegen B. und C. etwa zu verhängenden Geldstrafen?

VIII. Prozeß.

253.

D. hat dem Förster F. von dessen „Deputatholz" mehrere Stücke entwendet. F. hat den Diebstahl alsbald nachher entdeckt und bei der sofort vorgenommenen Haussuchung das entwendete Holz im Hause des D. gefunden. Gegen letzteren ist Anklage wegen Diebstahls erhoben, F. ist als Zeuge geladen.

War F. zur Vornahme der Haussuchung berechtigt? Kann F. demnächst für Wahrnehmung des gerichtlichen Termins Reisekosten des Beamten berechnen oder tritt er im Termin nicht in amtlicher Eigenschaft, vielmehr als Verletzter auf?

254.

Der Förster F. hat in der Nähe seiner Wohnung eine zweischürige Dienstwiese; er hat Ende Juni das erste Heu geerntet. Der Nachbar Eckbauer hat am 8. Juli das Gras auf seiner Wiese mähen lassen, und um es schneller trocknen zu können, auf die Dienstwiese des Försters gelegt.

Am 10. Juli sind zwei Arbeiter des Eckbauers mit einem Wagen auf die Dienstwiese gefahren, um das Heu aufzuladen. Als sie einen Teil geladen hatten, ist der Förster ihnen entgegengetreten und hat die Leute fortgewiesen; er hat ihnen verboten, den Rest des Heues aufzuladen und erklärt, daß er das Heu beschlagnahme. Eine gleiche Erklärung hat F. dann auch an den Eckbauer selbst, welcher inzwischen erschienen war, abgegeben. 7 Centner Heu sind infolgedessen auf der Wiese liegen geblieben.

Nach 3 Wochen hat F. dem Eckbauer erklärt, er könne sich das Heu abholen. Der Bauer hat es aber liegen lassen, weil es inzwischen verdorben war.

Am 10. August hat F. Anzeige bei seinem Oberförster und beim Amtsanwalte erstattet. Gegen den Bauer ist eine Anklage aus § 368 Nr. 9 Str.=G.=B. erhoben.

Der Eckbauer verlangt von dem Förster Erstattung des Wertes von 7 Centnern Heu und klagt beim Amtsgerichte auf Zahlung von 21 Mark.

Der Beklagte beantragt die Klage abzuweisen, weil er als forstfiskalischer Beamter wie auch als Nießbraucher der Wiese behufs Abwendung des der Wiese durch die Lagerung und das Abfahren des Heues zugefügten Schadens zur Pfändung berechtigt gewesen sei. Auch sei er zur Beschlagnahme berechtigt gewesen, weil der Eckbauer anfangs bestritten habe, Eigentümer des Heues zu sein. In jedem Falle stünden ihm §§ 37, 40 der Instruktion für die Königlichen Förster vom 23. Oktober 1868 zur Seite.

Hat der Förster den Gesetzen gemäß gehandelt? Kann die Regierung in dem Civilprozesse mit Erfolg den Konflikt erheben?

255.

Gegen den Chausseeaufseher A. ist auf Privatklage eines wiederholt wegen strafbarer Handlungen zur Anzeige gebrachten Bauers das Hauptverfahren vor dem Schöffengerichte wegen Beleidigung eröffnet. A. ist der Meinung, daß bei der Verhandlung ein „Leumundszeugnis“ seiner vorgesetzten Dienstbehörde von Vorteil sein könnte. Er bittet um ein solches. Die Vorgesetzten können dem A. in jeder Hinsicht vorzügliche Führung bescheinigen.

Wird ein solches Zeugnis dem A. von Vorteil sein können?

256.

W. ist als der Ermordung eines Polizeibeamten dringend verdächtig in Untersuchungshaft genommen worden. Der Staatsanwalt hat dann Anklage wegen Mordes erhoben, die Strafkammer hat auch das Hauptverfahren wegen Mordes eröffnet. Die Geschworenen haben jedoch die wegen Mordes und eventuell wegen Todtschlages an sie gerichteten Fragen verneint, dagegen die an dritter Stelle wegen Körperverletzung mit tödtlichem Ausgange (§ 226 St.=G.=B.) gestellte Frage unter Annahme mildernder Umstände bejaht. Das Schwurgericht hat den Angeklagten zu 4 Jahren Gefängnis verurteilt. Die gegen dieses Urteil vom Staatsanwalt eingelegte Revision ist vom Reichsgerichte zurückgewiesen worden.

Der Verurteilte, welcher bisher seine Schuld in jeder Hinsicht bestritten hatte, hat sich jetzt im Gefängnisse zu Protokoll vernehmen lassen und ein umfassendes Geständnis abgelegt. Hiernach ist er des Mordes schuldig; sein Freund Z. hat ihn zu der Tat angestiftet. Z. ist verhaftet und hat die Tat eingeräumt.

Kann noch einmal gegen W. verhandelt werden? Welche Anklage ist gegen Z. zu erheben?

In dem Verfahren gegen W. ist Z. als Entlastungszeuge vernommen worden. Da er aber der Teilnahme an dem Verbrechen schon damals verdächtig erschien, ist er nicht vereidigt worden. Kann er wegen dieser falschen Aussage bestraft werden?

257.

Auf Antrag des Amtsanwalts ist durch den zuständigen Amtsrichter der des Forstdiebstahls dringend verdächtige D., dessen Aufenthalt unbekannt ist, öffentlich geladen. Im Termin stellt sich heraus, daß D. schon wiederholt wegen Forstdiebstahls bestraft ist und daß es sich jetzt um den dritten Rückfall handelt. In dem früheren Verfahren war dies übersehen worden.

Kann nun gegen D. verhandelt werden? und, wenn nicht, wer trägt die durch die öffentliche Ladung entstandenen Kosten (36 Mark)?

§ 319 der Strafprozeßordnung lautet:

Gegen einen Abwesenden kann eine Hauptverhandlung nur dann stattfinden, wenn die den Gegenstand der Untersuchung bildende Tat nur mit Geldstrafe oder Einziehung, allein oder in Verbindung mit einander, bedroht ist.

258.

Gegen den Kuhhirt H. ist am 1. Mai 1893 eine polizeiliche Strafverfügung wegen Feldentwendung auf Grund des F.=F.=P.=G. auf Zahlung von 30 Mark, im Nichtbeitreibungsfalle 3 Tage Haft, erlassen, die Verfügung ist dem H. am 5. Mai 1893 zuge=

stellt worden. H. war damals 17 Jahre alt. Der Vater des H. hat durch ein bei dem Amtsgerichte am 12. Mai 1893 eingegangenes Schreiben auf gerichtliche Entscheidung angetragen. Hierauf ist Termin zur Verhandlung vor dem Schöffengerichte auf den 3. Juni 1893 anberaumt worden. Am 1. Juni 1893 aber hat der Vater zu den Akten angezeigt, daß er den Antrag auf gerichtliche Entscheidung zurücknehme. Am 4. Oktober 1893 sind 30 M. Geldstrafe bezahlt worden.

Am 2. Juni 1895 hat H. wiederum einer Übertretung des F.-F.-P.-G. sich schuldig gemacht: er hatte begonnen, im Felde des Z. Klee zu mähen. Zu einer Wegnahme des Klees ist H. nicht gekommen, weil Z. hinzukam. H., als er den Z. ankommen sah, ist mit der Sense entflohen und hat den gemähten Klee liegen lassen.

Welche Bestimmungen der Gesetze kommen zur Anwendung? Insbesondere: liegt Rückfall vor?

Vgl. außer F.-F.-P.-G. die §§453, 454 Str.-P.-O. und preußisches Gesetz vom 23. April 1885, betreffend den Erlaß polizeilicher Strafverfügungen wegen Übertretungen.

259.

Im Namen des Königs!
In der Strafsache
wider
den Arbeiter Emil Anton aus Aue
hat das Königliche Schöffengericht zu Aue in seiner Sitzung vom ...., an welcher Teil genommen haben:

1. A., Amtsrichter, als Vorsitzender,
2. B., Bäckermeister, } als Beisitzer,
3. C., Kaufmann, }

ferner

D., Gerichtsassessor, als Beamter der Staatsanwaltschaft,

E., Aktuar, als Gerichtsschreiber,

für Recht erkannt:

Der Angeklagte, Arbeiter Emil August Anton zu Aue, geboren am 1. Juli 1871, evangelisch, unverheiratet, nicht Soldat gewesen, bisher unbestraft, ist nicht des Diebstahls, sondern des Forstdiebstahls schuldig und wird deshalb kostenpflichtig verurteilt: zu einer Geldstrafe von 16 M. (Sechzehn Mark), im Nichtbeitreibungsfalle zu je einem Tage Gefängnis für je zwei Mark Geldstrafe, und zu 3,20 M. (Drei Mark 20 Pfg.) Werterſatz an die Herzogliche Renterei zu B.

Gründe.

Der Angeklagte gibt zu, am .... im „Lohwalde" des Reviers P. Astholz im Werte von 3,20 M. entwendet zu haben; er behauptet aber, er habe das Holz von den Bäumen abgehauen; er bestreitet entschieden, die Äste von gefällten Bäumen genommen zu haben. Der eidlich vernommene Herzogliche Förster F. hat nun zwar bekundet: er sei fest überzeugt, daß der Angeklagte den Diebstahl an gefällten Bäumen und nicht an stehenden Stämmen verübt habe; denn von den gefällten Bäumen seien unzweifelhaft Äste im Werte von mindestens 10 Mark entwendet und an den stehenden Stämmen des Reviers habe Zeuge nirgends entdecken können, daß Äste abgehauen seien. Aus diesem Zeugnisse aber kann nicht mit Sicherheit entnommen werden, daß der Angeklagte die entwendeten Äste von gefällten Bäumen gehauen hat. Allerdings liegt die Vermutung des Zeugen sehr nahe, namentlich auch deshalb, weil Angeklagter die Stelle, an der er die Äste gehauen haben will, nicht genau bezeichnet. Dies ist um so auffallender, als er mit den örtlichen Verhältnissen des Reviers sehr gut bekannt ist. Der Angeklagte ist hiernach des gemeinen Diebstahls zwar dringend verdächtig, aber nicht überführt. Im Zweifel muß zu Gunsten des Angeklagten erkannt werden.

Hiernach war nicht tatsächlich festzustellen,

> daß der Angeklagte fremde bewegliche Sachen einem andern in der Absicht rechtswidriger Zueignung weggenommen hat,

es war vielmehr nur tatsächlich festzustellen,

> daß der Angeklagte zu R. am .... in einem Forste an Holz, welches noch nicht vom Stamme getrennt war, einen Diebstahl verübt hat.

Auf Grund der § 1 Nr. 1, §§ 2, 9, 13 des F.-D.-G. und § 497 Str.-P.-O. war daher, wie geschehen, zu erkennen.

A.

260.

A. macht gegen B. eine Forderung auf Zahlung des Kaufpreises für ein geliefertes Pferd geltend. B. bestreitet die Höhe der Forderung und will außerdem eine Gegenforderung wegen geleisteter Arbeiten zur Aufrechnung stellen. A. glaubt, daß eine Rücksprache vor der Behörde zu einem Vergleiche führen würde; es dürfte sich für beide Teile empfehlen, von ihren Ansprüchen etwas nachzulassen.

Was soll A. tun?

261.

1.

Antrag auf Erlaß eines Zahlungsbefehls.

Dem Musiklehrer Heinrich Bohlmann zu Aue habe ich am 20. Dezember vergangenen Jahres 400 Mark geliehen. Das Darlehn ist zur Rückzahlung gekündigt. Der Schuldner aber zahlt nicht. Ich bitte

gegen Bohlmann einen Zahlungsbefehl wegen 400 Mark und 5% Zinsen seit Zustellung des Befehls zu erlassen.

Waldstein, den 1. Oktober 1894.

Peter Klein,
Gutsbesitzer.

An das Königliche Amtsgericht zu Aue.

2.

Bei allen Eingaben ist das nachstehende Aktenzeichen anzugeben:

B. 111/94.

Zahlungsbefehl.

Auf Antrag des Gutsbesitzers Peter Klein zu Waldstein, wird dem Musiklehrer Heinrich Bohlmann hierselbst aufgegeben:

den Ersteren wegen des Anspruchs auf Zahlung von 400 M. (in Buchstaben: Vierhundert Mark) nebst 5% Zinsen seit dem Tage der Zustellung dieses Befehls aus einem am 20. Dezember 1893 vom Antragsteller erhaltenen baaren Darlehn, sowie wegen der unten berechneten Kosten des Verfahrens mit 3,10 M. (in Buchstaben Drei Mark 10 Pfennig) binnen einer vom Tage der Zustellung dieses Befehls laufenden Frist von zwei Wochen bei Vermeidung sofortiger Zwangsvollstreckung zu befriedigen oder bei dem unterzeichneten Gerichte Widerspruch zu erheben.

Aue, den 2. Oktober 1894.

Königliches Amtsgericht.

Richter.

Kostenberechnung:

1.	Gebühr für den Zahlungsbefehl (§ 37 Nr. 1 des Gerichtskostengesetzes) . .	3,00 M.
2.	Schreibgebühr	0,10 „
	zusammen	3,10 M.

3.

Der Schuldner hat gegen den anliegenden, am 10. Oktober 1894 zugestellten Zahlungsbefehl Widerspruch nicht erhoben; ich bitte: den Vollstreckungsbefehl zu erlassen.

Waldstein, den 26. Oktober 1894.

Peter Klein.

4.

Vollstreckungsbefehl.

Der vorstehende Zahlungsbefehl wird in Höhe der in demselben angegebenen Beträge, sowie wegen

0,60 M. Zustellungskosten und Porto,
1,50 M. Kosten dieses Befehls

für vorläufig vollstreckbar erklärt.

Aue, den 27. Oktober 1894.

Königliches Amtsgericht.

Richter.

262.

1.

Klage

des Dr. philos. H. Klotz hier,

wider

den Gutsbesitzer August Bulß zu Weidenhausen

wegen 300 Mark.

Am 1. Dezember 1892 habe ich dem Beklagten 300 M. baar geliehen.

Beweis: Eid.

Der Beklagte hat sich verpflichtet, mir das Darlehn am 1. April 1893 zurückzuzahlen; er ist aber bisher seiner Verpflichtung nicht nachgekommen.

Ich lade den Beklagten vor das Königliche Amtsgericht hierselbst zu dem anzusetzenden Termin und werde beantragen:

den Beklagten kostenpflichtig zu verurteilen:

an Kläger 300 M. und 5% Zinsen seit 1. Dezember 1892 zu zahlen,

das Urteil auch für vorläufig vollstreckbar zu erklären.

Aue, den 7. Januar 1895.

Dr. Heinrich Klotz.

An das Königliche Amtsgericht hierselbst.

2.

Klagebeantwortung.

In Sachen

Klotz ·/. Bulß

C. 3/1895

beantrage ich

die Klage kostenpflichtig abzuweisen.

Ich gebe zu, vom Kläger 300 M. als Darlehn erhalten zu haben. Ich schulde aber nichts mehr, da ich den Betrag am 1. Juli 1893 an den damaligen Generalbevollmächtigten des Klägers, Verwalter Karl Linde, zurückgezahlt habe.

Beweis: Zeugnis des Linde.

Weidenhausen, den 20. Januar 1895.

3.

Öffentliche Sitzung
des
Königlichen Amtsgerichts.

Aue, den 28. Januar 1895.

Gegenwärtig:
Gerichtsassessor Köster
als Richter,
Aktuar Lose
als Gerichtsschreiber.

In Sachen
des Dr. Klotz
wider
den Gutsbesitzer Bulß
wegen 300 M.
erschienen bei Aufruf der Sache:
1. Kläger,
2. Beklagter.

Parteien verhandelten streitig zur Sache.
Beschlossen und verkündet:

1. den Verwalter Karl Linde, jetzt zu Wingeshausen, als Zeugen zu vernehmen über die Behauptung des Beklagten:
   er habe am 1. Juli 1893 dem Linde als Bevollmächtigten des Klägers für Rechnung des letzteren 300 M. gezahlt.
2. Termin zur Erledigung des Beweisbeschlusses und weiteren mündlichen Verhandlung am 15. Februar 1895.

Geschlossen
Köster. Lose.

C. 3/1895.

4.

Öffentliche Sitzung
des
Königlichen Amtsgerichts.

Aue, den 15. Februar 1895.

Gegenwärtig
Amtsrichter Weil
als Richter,
Aktuar Lose
als Gerichtsschreiber.

In Sachen
Klotz ./. Bulß
wegen 300 M. erschienen
heute bei Aufruf der Sache
1. seitens der Parteien

1. der Kläger,
2. für Beklagten Rechtskonsulent Link mit anliegender Vollmacht.

II. nachbenannter Zeuge.

Nachdem der Zeuge auf die Bedeutung des Eides hingewiesen war, wurde er, wie folgt vernommen:

nach Leistung des Zeugeneides:

Ich heiße Karl Linde, war früher Verwalter, bin jetzt Gutsbesitzer, 54 Jahr alt, evangelischer Religion, mit Parteien nicht verwandt und nicht verschwägert.

Zur Sache:

Ich war von Frühjahr 1892 bis Herbst 1893 Verwalter des Dr. Klotz und Generalbevollmächtigter. Der Gutsbesitzer Bulß hat mir niemals für den Kläger 300 Mark gezahlt.

Vorgelesen, genehmigt.

Parteien verhandelten streitig zur Sache.

Beklagter schob dem Kläger einen Eid über die stattgehabte Zahlung zu. Kläger nahm den Eid an.

Beschlossen und verkündet:

Vom Kläger folgenden Eid zu erfordern: ich schwöre bei Gott dem Allmächtigen und Allwissenden: es ist nicht wahr, daß Beklagter mir am ersten Juli Achtzehnhundertdreiundneunzig dreihundert Mark gezahlt hat, so wahr mir Gott helfe.

Parteien erklärten sich über Erheblichkeit und Norm dieses Eides einverstanden.

Kläger hat demnächst, nach gehöriger Verwarnung vor dem Meineide und nachdem er angegeben hatte, daß er Heinrich heiße, 45 Jahr alt und katholisch sei, den oben normierten Eid gehörig abgeleistet.

Parteien verhandelten streitig zur Sache.

Erkannt und verkündet:

Anliegendes Urteil.

Geschlossen

Weil. Lose.

C. 3/1895.

5.

Im Namen des Königs!

C. 3/1895. In Sachen
Verkündet am des Dr. Heinrich Klotz, hier, Klägers,
15. Februar 1895. gegen
Korn, den Gutsbesitzer August Bulß zu Weidenhausen,
Gerichtsschreiber. Beklagten,
Prozeßbevollmächtigter: Rechtskonsulent Link, hier,

erkennt das Königliche Amtsgericht zu Aue durch den Amtsrichter Weil für Recht:

1. Beklagter wird verurteilt: an Kläger 300 (dreihundert) Mark und 5 vom Hundert Zinsen seit 1. April 1893 zu zahlen;
2. Kläger wird mit den mehrgeforderten Zinsen abgewiesen;
3. die sämtlichen Kosten des Verfahrens werden dem Beklagten auferlegt;
4. dies Urteil wird hinsichtlich der Entscheidung zu 1 und zu 3 für vorläufig vollstreckbar erklärt.

Weil. Lose.

Tatbestand.

. . . .

Entscheidungsgründe.

. . . .

Weil.

6.

Vollmacht.

In Sachen des Dr. Klotz wider mich, C. 3/95, erteile ich dem Volksanwalt Herrn Link Prozeßvollmacht.

Aue, den 14. Februar 1895.

Bulß.

Frage:

Was hat Klotz nun zu veranlassen?

263.

Der Pächter P. hat ein fiskalisches Grundstück gepachtet. Nach dem Vertrage ist er verpflichtet, am 1. April zu räumen. Er erklärt aber, daß er nicht abziehen würde, da der Vertrag wegen nicht stattgehabter Kündigung auf drei Jahre verlängert sei. Dem Fiskus liegt viel daran, daß die Räumung pünktlich erfolge.

1. Kann der Fiskus schon jetzt (November) auf Räumung klagen? und wenn der Richter dementsprechend erkennt, würde aus diesem Urteil sofort nach dem 1. April, wenn P. nicht abzieht, die Räumung vollstreckt werden können?

§ 231 C.-P.-O.

Auf Feststellung des Bestehens oder Nichtbestehens eines Rechtsverhältnisses, auf Anerkennung einer Urkunde oder auf Feststellung der Unechtheit derselben kann Klage erhoben werden, wenn der Kläger ein rechtliches Interesse daran hat, daß das Rechtsverhältnis oder die Echtheit oder Unechtheit der Urkunde durch richterliche Entscheidung alsbald festgestellt werde.

2. Kann der Fiskus im Falle der nicht pünktlichen Räumung den Ersatz des ihm dadurch entstehenden Schadens vom Pächter fordern? und hat er für diese Forderung ein Zurückbehaltungsrecht an den eingebrachten Sachen des Pächters?

264.

1.

Im Namen des Königs!

Verkündet: 1. April 1895. Mühler, Gerichtsschreiber.

In Sachen des Gastwirts Karl Klein, hier, Klägers, Prozeßbevollmächtigte: Frau Elise Kopp geborene Kroll, hier,

wider

den Rentner Emil Ballmann, hier, Beklagten,

wegen Auflassung

hat das Königliche Amtsgericht in Aue auf die mündliche Verhandlung vom 1. April 1895 durch den Gerichtsassessor Richter für Recht erkannt:

1. der Beklagte wird verurteilt:

   dem Kläger die in Flur Grund belegene, im Grundbuche des Amtsgerichts Aue Bd. I, Art. I, Abt. 1, Nr. 7, eingetragene sogenannte Kirchwiese, aufzulassen;

2. die Kosten des Verfahrens werden dem Beklagten auferlegt;
3. dies Urteil ist wegen der Kosten vorläufig vollstreckbar.

Tatbestand.

Der Kläger hat unter der Behauptung, daß er vom Beklagten im Januar 1895 die in der Urteilsformel näher bezeichnete Wiese für 100 Mark gekauft habe, in der Klage

den aus der Urteilsformel ersichtlichen Antrag

gestellt.

Der Beklagte ist in dem Termin nicht erschienen. Der Kläger hat eine Zustellungsurkunde vom 20. März 1895 vorgelegt, inhalts deren der Beklagte gehörig geladen war, und hat Erlaß des Versäumnisurteils beantragt.

Entscheidungsgründe.

Die Ladung zum Termin ist ordnungsmäßig erfolgt. Da das tatsächliche mündliche Vorbringen als zugestanden anzunehmen ist und den Klageantrag rechtfertigt, so war nach dem Antrage zu erkennen (§ 296 C.-P.-O.). Die Entscheidung über die Kosten beruht auf § 87, — die Anordnung der vorläufigen Vollstreckbarkeit auf § 649 Nr. 4 C.-P.-O.

Richter.

Fragen:

1. Beklagter ist nur einige Minuten nach dem Termin bei Gericht erschienen. Er hat den Richter gebeten, seine Einwendungen noch zu hören.

Der noch anwesende Kläger hat sich hiermit einverstanden erklärt. Der Richter aber hat dies für unzulässig erklärt und dem Beklagten anheimgestellt: „Einspruch" einzulegen.

War dieses Verfahren des Richters berechtigt?

2. Der Beklagte hat nun folgendes Schriftstück entworfen:

In Sachen . . . lege ich Einspruch gegen das Versäumnisurteil vom 1. April ein und beantrage einen neuen Termin. Ich bestreite, dem Kläger die beanspruchte Wiese verkauft zu haben. Wir haben nur mündlich über den Kauf gesprochen. Jedenfalls haben wir keinen schriftlichen Vertrag geschlossen.

Aue, den . . .

Ballmann.

Ist dieser Schriftsatz in Ordnung?

3. Wann und wem ist der Einspruch zuzustellen?

4. War das Versäumnisurteil gerechtfertigt? Muß Ballmann alle Kosten des Versäumnisurteils, auch Gerichtskosten, tragen?

5. Was wäre die Folge, wenn Ballmann auch in dem neuen Termin nicht erschiene?

265.

Der Gutsbesitzer G. hat auf seinem Grundstücke zehn dem X. gehörige Stück Rindvieh gepfändet. Bei den polizeilichen Verhandlungen haben G. und X. einen Vergleich zu Protokoll des Polizeibeamten geschlossen und unterschrieben. G. hat die gepfändeten Tiere sofort freigegeben, X. hat sich verpflichtet, binnen zehn Tagen an G. 25 Mark zu zahlen.

X. erklärt jetzt, er zahle nicht, weil der vor der Polizei geschlossene Vergleich für ihn unverbindlich sei. Was soll G. tun?

Vgl. § 59 der Feldpolizeiordnung vom 1. November 1847, ferner § 12 des preußischen Ausführungsgesetzes zur Civilprozeßordnung vom 24. März 1879, welcher lautet:

Aus den gemäß § 59 der F.-P.-O. . . . vor der Polizeibehörde geschlossenen Vergleichen findet die gerichtliche Zwangsvollstreckung statt; Die Vorschriften der C.-P.-O. über die Zwangsvollstreckung aus notariellen Urkunden finden hierbei entsprechende Anwendung.

In den Fällen der §§ 664, 665 der C.-P.-O. ist die vollstreckbare Ausfertigung nur auf Anordnung des Amtsgerichts zu erteilen, in dessen Bezirk die Polizeibehörde den Amtssitz hat.

§ 705, Abs. 2, C.-P.-O.:

Die vollstreckbare Ausfertigung notarieller Urkunden wird von dem Notar erteilt, welcher die Urkunde verwahrt. Befindet sich die Urkunde in der Verwahrung einer Behörde, so hat diese die vollstreckbare Ausfertigung zu erteilen.

(N. B. Die §§ 664, 665 C.-P.-O. beziehen sich auf den Fall, daß das Recht bedingt und der Eintritt der Bedingung nachzuweisen ist, und auf den Fall einer stattgehabten Rechtsnachfolge, z. B. wenn der Gläubiger oder der Schuldner gestorben ist, oder der Gläubiger sein Recht abgetreten hat.)

266.

X. hat infolge verschiedener Unglücksfälle bedeutende Vermögensverluste erlitten; seine Hilfsquellen sind erschöpft. Seit mehreren Monaten erfolgen fast wöchentlich Pfändungen.

X. hat eine Schuldenlast von 30 000 Mark. Im Falle des Verkaufes der Aktiva würden höchstens 8000 Mark zu erzielen sein.

Ist es möglich, in einem rechtlich geordneten Verfahren den X. aus der ihm unerträglich gewordenen Lage zu befreien? Ein unzweifelhaft zahlungsfähiger Verwandter des X. ist bereit, in Höhe von 12000 Mark den Gläubigern Bürgschaft zu leisten, wenn sie auf ihre Mehrforderungen verzichten. Es ist auch bereits mit den Gläubigern verhandelt worden, zwei derselben aber haben bestimmt erklärt, daß sie von ihren Ansprüchen nichts nachlassen würden.

IX. Beamtenrecht.

267.

Der Fürst zu W. (Standesherr) hat einen Forstaufseher auf 3 Jahre angestellt, derselbe bezieht ein festes Gehalt und ist auf das Forstdiebstahlgesetz vereidigt.

Ist dieser Forstaufseher Beamter? und hat er gemäß dem Gesetze vom 31. März 1837 das Recht des Waffengebrauchs?

268.

Der Königliche Förster F. hat gegen einen Wilderer von der Waffe Gebrauch gemacht und ihn ins Bein geschossen.

Der Staatsanwalt hat Anklage wegen Körperverletzung erhoben, weil der Wilderer auf der Flucht begriffen gewesen sei und F. somit nicht das Recht des Waffengebrauchs gehabt habe (Art. 4 der Instruktion des Ministers ... für die Königlichen Forst- und Jagdbeamten vom 17. April 1837).

F. macht geltend, auch der fliehende Wilderer sei gefährlich; es sei nicht unmöglich gewesen, daß der Wilderer nur die Flucht ergriffen habe, um eine Deckung zu gewinnen und von hier aus auf den Förster zu schießen. Demgegenüber meint der Staatsanwalt, der Förster hätte sich dieser Gefahr seinerseits durch die Flucht entziehen können; von Notwehr namentlich könne keine Rede sein bei demjenigen, der sich dem drohenden Angriffe durch die Flucht entziehen könne; überdies komme es auf den Einwand des Beschuldigten in keiner Weise an, da Art. 4 der erwähnten Instruktion dem Förster den Waffengebrauch gegen einen fliehenden Wilderer verbiete.

Der Wilderer klagt indes im Civilprozesse beim Amtsgerichte auf Schadensersatz; er stellt in der Klage in Aussicht, auch gegen den Fiskus im Civilwege vorzugehen, weil der Fiskus für Versehen seiner Beamten hafte.

269.

Der Reservejäger R. der Klasse A ist zur Zeit im Privatdienste beschäftigt, auch auf das Forstdiebstahlsgesetz vereidigt. Vor einigen Wochen hat er einen Bauer wegen Jagdvergehens festgenommen. Dieser hat ihm nach der Festnahme gesagt: „Lassen Sie mich frei, ich bringe Ihnen die beste Kuh aus meinem Stalle".

Unzweifelhaft ist der Bauer des Jagdvergehens schuldig. Kann er auch wegen Bestechung belangt werden?

R. bittet: ihn auch darüber zu belehren, ob er außerhalb seines Reviers eine Amtshandlung vornehmen, z. B. einen Jäger nach dem Jagdscheine fragen darf und ob er daselbst das Recht des Waffengebrauches haben würde. Er wünscht endlich zu erfahren, ob § 346 St.-G.-B. gegen ihn zur Anwendung kommen könnte, wenn er ein außerhalb seines Reviers entdecktes Jagdvergehen nicht zur Anzeige brächte.

270.

In dem Königlichen Forste Eckwald hat der Oberförster O. an verschiedene Holzhändler Holz verkauft. Der Förster F. hatte die Abfuhr der Hölzer zu beaufsichtigen. Durch seine Schuld sind mehrere Wagen Holz nicht nach A., wie es hätte sein sollen, sondern nach B. gefahren worden; hierdurch sind 68 Mark Transportkosten entstanden.

Der Beschädigte klagt diese Summe gegen den Fiskus ein. Ist diese Klage begründet? Müßte nicht der Verletzte wenigstens in erster Linie den Beamten belangen, der das Versehen begangen hat?

271.

Ein Königlicher Förster begegnet außerhalb seines Reviers in fremdem Jagdbezirke dem betreffenden Jagdpächter, welcher soeben ein Rehkalb geschossen hat.

Ist der Förster zu einer Amtshandlung, insbesondere zur Beschlagnahme des Rehkalbes befugt? Ist er eventuell dazu verpflichtet? Hat er gegebenen Falles das Recht des Waffengebrauchs?

Ist der Fall ebenso zu beurteilen, wenn es sich um einen Königlichen Oberförster oder einen höheren Forstbeamten handelt?

272.

Ein Fischerei-Aufsichtsbeamter hat bei der Verfolgung einer Übertretung des Fischereigesetzes, zwecks Feststellung der Person des Täters und der zu bewirkenden Beschlagnahme, bestellte Äcker und Wiesen betreten. Der Eigentümer dieser Grundstücke beantragt: Bestrafung des Beamten wegen Übertretung des § 368 Nr. 9 Str.-G.-B. und des § 10 des F.- und F.-P.-G.

273.

Nr. 12 der zusätzlichen Vorschriften zu dem Chausseegeldtarife vom 29. Februar 1840 bestimmt:

Niemand darf auf der Fahrbahn, den Brücken, den Banquets oder in den Seitengräben Vieh füttern oder anbinden, oder dasselbe auf den Banquets, Böschungen, oder in den Seitengräben laufen oder weiden lassen oder treiben. Es ist verboten, auf den Banquets, den Böschungen und in den Gräben zu fahren oder zu reiten oder auf den Böschungen oder in den Gräben zu gehen.

Gilt diese Bestimmung auch für Forstbeamte? Darf der Förster trotz jenes Verbotes in dem Chausseegraben gehen? oder trifft ihn, wenn er es tut, die Strafe des Gesetzes, welche in Nr. 17 a. a. O. auf 1 bis 15 Mark angegeben ist?

274.

Gegen den Königlichen Förster F. ist eine Disciplinarstrafe von neun Mark von der vorgesetzten Dienstbehörde festgesetzt worden. Welches Rechtsmittel steht dem Beamten gegen diese Verfügung zu? Kann er sich nur im Instanzenzuge beschweren? oder kann er Einleitung des förmlichen Disciplinarverfahrens verlangen? oder kann er auf Aufhebung der Verfügung klagen? Wer würde im Gnadenwege die Strafe erlassen können?

275.

Der Forstassessor X. ist vom vorgesetzten Minister zum Oberförster eines an der polnischen Grenze belegenen Revieres ernannt worden. Nach Zustellung des Patentes hat X. erklärt, daß er diese Stelle nicht annehmen wolle und bitten müsse, ihm eine andere Stelle im Westen der Monarchie zu übertragen. Trotz wiederholter

Vorstellungen der Centralbehörde hat X. das erwähnte Amt nicht angetreten.

Kann ein Disciplinarverfahren stattfinden? Welches Gericht ist zuständig und welche Strafe kann verhängt werden?

X. beruft sich auf eine Entscheidung des Obertribunals, durch welche ein preußischer Gerichtsassessor zu Berlin, welcher gegen seinen Willen in einer kleinen Provinzialstadt zum Richter ernannt war, freigesprochen worden ist, nachdem er sich geweigert hatte, das Amt anzutreten.

Der Bruder des X., Forstreferendar, hat bei dieser Gelegenheit Äußerungen über die vorgesetzte Verwaltung fallen lassen, welche sein Verbleiben in der bisherigen Stellung unmöglich erscheinen lassen. Welches Verfahren findet statt, um den Referendar zu entsetzen?

Welches Gericht ist als Disciplinargericht zuständig?

276.

Der Regierungssekretär Z. ist durch rechtskräftiges Disciplinarurteil seines Amtes entsetzt worden. Er ist aufgefordert, die ihm gewährte Dienstwohnung zu räumen. Er weigert sich, dieser Aufforderung nachzukommen.

Kann er im Zwangswege entsetzt werden? oder muß zunächst auf Räumung geklagt werden?

277.

Der Oberregierungsrat F. wird für geisteskrank gehalten. Ein von der vorgesetzten Dienstbehörde eingeholtes Gutachten eines Kreisphysikus kommt zu dem Ergebnisse, das F. infolge übermäßiger geistiger Arbeit zur Zeit an krankhafter Störung der Geistestätigkeit leidet, daß aber bei vollständiger Enthaltung geistiger Arbeit eine baldige Heilung zu erwarten sein dürfte. — F. ist wiederholt aufgefordert, Urlaub zu nehmen; er hat aber dieses Anerbieten mit dem Bemerken abgelehnt, daß er sich für völlig gesund halte.

Was kann die vorgesetzte Dienstbehörde veranlassen?

278.

Die vorgesetzte Dienstbehörde hat den Forstmeister F. ersucht, seine Versetzung in den Ruhestand zu beantragen, da man ihn nicht mehr für dienstfähig erachten könne. F. erklärt, er halte sich noch für dienstfähig und weigert sich, das Gesuch um Pensionierung einzureichen.

Kann F. gegen seinen Willen in den Ruhestand versetzt werden? Welches Verfahren findet statt? Erhält F. während dieses Verfahrens und eventuell wie lange noch sein volles Gehalt? Könnte F., wenn ihm das seiner Meinung nach zukommende Gehalt nicht gezahlt wird, gegen den Fiskus klagen?

279.

Bei der Revision der Regierungshauptkasse ergibt sich ein Fehlbetrag von 500 Mark. Nach Lage der Sache kann von einer Unterschlagung oder Untreue keine Rede sein. Der Rendant wird aufgefordert, den Fehlbetrag zu ersetzen und, da er im Augenblicke dazu nicht in der Lage ist, entsteht die Frage, was die vorgesetzte Behörde zu veranlassen hat. (Vergl. insbesondere Verordnung vom 24. Januar 1844 über die Festsetzung und den Ersatz der bei Kassen und anderen Verwaltungen vorkommenden Defekte.)

Der Beamte nimmt an, daß er bei einer an den Z. geleisteten Zahlung von 1500 Mark versehentlich vier Fünfhundert-Mark-Scheine gegeben habe. Könnte der Rendant, wenn diese Annahme Bestätigung findet, den Fiskus auf Klage gegen den Z. verweisen? oder könnte wenigstens der Rendant verlangen, daß der Fiskus sich zuerst an den Z. und erst nachher, wenn er von Z. Befriedigung nicht erlangen sollte, an ihn halte?

X. Verschiedenes.

280.

Im Namen des Königs!

In der Verwaltungsstreitsache der Landwirte Karl Weinhold, Philipp Kroh . . . ., sämtlich zu W., Kläger und Berufungsbeklagte,

wider

die Gemeindebehörde zu Z., Beklagte und Berufungsklägerin,

wegen Ausschließung von Grundstücken aus dem gemeinschaftlichen Jagdbezirke, Prozeßliste II Nr. 29 für 1893 Abteilung I,

hat der Bezirks-Ausschuß zu A. in der öffentlichen Sitzung vom 2. August 1893, an welcher Teil genommen haben:

1. Verwaltungsgerichtsdirektor B. als Vorsitzender,
2. Regierungs-Assessor C.
3. Gutsbesitzer D.
4. Major a. D. von E.
5. Rentner F.

(2.–5.) als Mitglieder

dahin entschieden: daß

1. auf die Berufung der Beklagten das Urteil des Kreisausschusses zu S. vom 19. April 1893 zu bestätigen, der Beklagten auch die Kosten des Verfahrens der Berufungs-Instanz zur Last zu legen,
2. der Wert des Streitgegenstandes auf 1000 M. festzusetzen.

Von Rechts Wegen.

Gründe:

Durch schriftlichen Vertrag vom 11. Dezember 1891 haben sich die Kläger an den bisher im Alleineigentum der Einzelnen gestandenen Parzellen Flur ..... der Steuergemeinde Z. gegenseitig das Miteigentum übertragen in der Weise, daß an dem gesamten bezeichneten Grundbesitz der Kläger Weinhold zu 17 %, Kroh zu 13 %, Schmidt zu 39 %, Schulze zu 6 %, Wachler zu 23 % und Mühler zu 2 % beteiligt worden ist. Dementsprechend ist dann auch das Grundbuch berichtigt worden. Als Zweck dieser Gemeinschaft haben die Beteiligten die Einrichtung und Durchführung einer gemeinschaftlichen Beschätzung und anderer zur forstmäßigen Benutzung der gemeinschaftlichen Waldparzellen erforderlichen Maßregeln angegeben.

Unter Hinweis darauf, daß diese Gesamtfläche bei einer Größe von 115 ha 21 ar 14 qm sich nach § 2 unter a des Jagdpolizeigesetzes zu einem eigenen Jagdbezirk eigene, ist seitens der Kläger beim Gemeindevorstande der Gemeinde Z., zu deren Bezirke die Parzellen gehören, beantragt worden, dieselbe bei der bevorstehenden Verpachtung der Gemeindejagd außer Betracht zu lassen. Der Gemeindevorstand hat dies abgelehnt, da nach dem Beschlusse der Gemeindevertretung der ganze Vertrag nur zum Schein, um auf diesem Wege gegen die Absicht des Gesetzes den Besitzern das Jagdrecht zu verschaffen, abgeschlossen sei. Dagegen ist diese Forderung in dem darauf eingeleiteten Streitverfahren von dem Kreis-Ausschusse zu S. als begründet anerkannt worden. Der erste Richter ist in seinem Erkenntnisse vom 19. April 1893, auf welches im Einzelnen hiermit Bezug genommen wird, zu dieser Entscheidung gelangt auf Grund der Erwägung, daß nach dem Vertrage vom 11. Dezember 1891 und der entsprechenden grundbuchmäßigen Eintragung die Kläger tatsächlich Miteigentümer eines den Anforderungen des § 2a des Jagdpolizeigesetzes entsprechenden Grundbesitzes seien und daher dessen Ausscheidung aus dem gemeinsamen Jagdbezirk verlangen könnten, ohne daß es auf die Art, wie das gemeinschaftliche Vermögen vertragsmäßig verwaltet werden solle, ankomme.

Die beklagte Gemeindebehörde — denn dieser und nicht der Gemeinde selbst liegt die Vertretung der Jagdinteressen ob (§ 9 des Jagdpolizeigesetzes) — hat gegen diese am 18. Mai zugestellte

Entscheidung frist- und formgerecht unter dem 29. Mai Berufung eingelegt mit dem Antrage auf Abweisung der Klage. Zunächst wird geltend gemacht, daß der abgeschlossene Vertrag die Kläger nicht zu Besitzern im Sinne der §§ 2 und 3 des Jagdpolizeigesetzes gemacht habe. Sodann wird bemängelt, daß die in der Klage bezeichneten Parzellen mit den Angaben der Jagdpachtverteilungsliste nicht übereinstimmten und endlich der Wert des Streitgegenstandes nach der erfolgten Festsetzung auf 2760 Mark als zu hoch angefochten.

Kläger erkennen dagegen die Ausführungen des ersten Richters als zutreffend an. Der Vertrag vom 11. Dezember 1891 komme weiter nicht in Betracht, da er nur ihre gegenseitigen privaten Beziehungen regele. Es sei nur wesentlich, daß die fragliche Grundfläche wirklich im Miteigentum stehe; dann sei der Klageanspruch nach § 2 und 3 des Jagdpolizeigesetzes gerechtfertigt. Wenn der § 2 auch den Besitzer als Inhaber des Jagdrechts bezeichnet, so gehe doch aus § 3 hervor, daß das Eigentumsrecht entscheide. Die angebliche Verschiedenheit zwischen den Parzellen sei unerheblich, die Angaben der Klage seien aus Kataster und Grundbuch entnommen. Der Berechnung des Wertes des Streitobjektes endlich lägen die eigenen Angaben der Beklagten zu Grunde.

Hiernach war, wie geschehen, zu erkennen. Die Befugnis zur eigenen Ausübung der Jagd auf seinem Grund und Boden hängt nach § 2 des Jagdpolizeigesetzes von dem Besitze einer 300 Morgen großen zusammenhängenden Fläche ab. Mit diesem Besitze hat der Gesetzgeber nichts anders gemeint als das Eigentum; dies ergibt sich ganz klar aus § 3 a. a. O., welcher von dem Falle, daß mehrere Mitbesitzer vorhanden sind, handelt und dabei wörtlich sagt: „wenn die im § 2 bezeichneten Grundstücke mehr als dreien Besitzern gemeinschaftlich gehören" p. p. Es ist also davon auszugehen, daß lediglich das Eigentum die Grundlage des eigenen Jagdrechts bildet (vergl. Entscheidung des Oberverwaltungsgerichts Bd. 9 S. 14 fl.).

Daher erscheint der Angriff der Berufungsklägerin, welcher sich auf den rechtlichen Unterschied zwischen Besitz und Eigentum stützt und neben dem Eigentum auch Besitz verlangt, in der Ausdrucksweise des Jagdpolizeigesetzes nicht begründet.

Es kommt also nur darauf an, ob Kläger im Sinne der §§ 2 und 3 a. a. O. Besitzer, d. h. Eigentümer, sind. Nach dem über die Einräumung des Miteigentums abgeschlossenen Vertrage sind allerdings die Rechte der Einzelnen an der Gesamtheit außerordentlich eingeschränkt. Die wirtschaftliche Nutzung des Eigentums geschieht nicht zu Gunsten der Allgemeinheit, vielmehr ist Jedem das von ihm eingeworfene Stück für eigene Bewirtschaftung vorbehalten (§ 4 des Vertrages), für die Auseinandersetzung ist Realteilung in der Weise vorgeschrieben, daß jeder sich mit seinem ursprünglichen Besitze abfinden lassen muß (§ 5). Bei der Verpfändung seines Rechtsanteils ist Jeder an die Zustimmung der Gesellschafter gebunden, und eine Abtretung ist nur unter der Bedingung zulässig, daß der Erwerber in die Stellung seines Rechtsvorgängers eintritt (§ 12). Es ist also Alles so eingerichtet, daß die Gemeinschaft möglichst leicht und ohne Schädigung der Einzelnen wieder in ihre früheren Bestandteile auseinander fallen kann. Der einzige Punkt, wo sie wirksam sein soll, ist der Forstschutz, und hierunter verstehen Kläger nach ihren eigenen Erklärungen namentlich die Ausübung der Jagd. Hiernach kann es keinem Zweifel unterliegen, daß der Vertrag abgeschlossen und das Miteigentum geschaffen worden ist, um den Klägern unbeschadet der eigentumsgleichen Nutzung ihres früheren Eigentums die eigene Jagdberechtigung nach § 2 des Jagdpolizeigesetzes zu erwirken.

Indessen kann es auf diese Absicht hier nicht weiter ankommen. Entscheidend für das Eigentum der Kläger ist nach § 1 des Gesetzes über den Eigentumserwerb vom 5. Mai 1872 die grundbuchmäßige Eintragung. Dieser Rechtsakt stellt den oder die Eingetragenen allen Andern gegenüber als Eigentümer hin. Das Jagdrecht ist nur ein Bestandteil des Grundeigentumsrechts, vergl. § 2, 3. Ges. vom 31. Oktober 1848 (G.-S. S. 343). Bei Streitigkeiten der Beteiligten über ihre in dem öffentlichen Rechte begründeten Berechtigungen und Verpflichtungen hinsichtlich der Ausübung der Jagd gemäß § 105 des Zuständigkeitsgesetzes vom 1. April 1883 ist daher der Verwaltungsrichter an die Vorschriften des § 1 flgd. des Gesetzes vom 5. Mai 1872 über den Eigentumserwerb im Falle freiwilliger Veräußerung gebunden und verpflichtet denjenigen als E i g e n t ü m e r nach § 2 des Jagdpolizeigesetzes zu betrachten, der es nach dem Gesetze vom 5. Mai 1872 ist. Insofern wirkt auch letzteres Gesetz in das sonst lediglich der Kognition des Verwaltungsrichters unterliegende öffentliche Jagdrecht hinein. Daher läßt sich auch der das Recht der Eigenjagd nach § 2 des Jagdpolizeigesetzes gewährende Besitzstand nur durch die Angabe des Grundbuches nachweisen. Allerdings können diese, wie § 9 des Gesetzes vom 5. Mai 1872 ausdrücklich erklärt, nach den Vorschriften des bürgerlichen Rechtes angefochten werden. Doch hat über einen solchen, nur in das Privatrecht hineinfallenden Streit lediglich der ordentliche Richter zu entscheiden; der Verwaltungsrichter muß sich bei der formellen Natur der Auflassung und Eintragung nur an die Angaben des Grundbuches halten, zu welchem Zweck die Eigentumsübertragung erfolgt ist, ob dieselbe nur zum Schein geschehen, also eine simulierte Auflassung vorliegt, oder ob sonstige Anfechtungsgründe vorhanden sind, darüber hat der Verwaltungsrichter nicht zu befinden (vergl. O.-V.-G.-E. Bd. XII Seite 312).

Bei Anwendung dieses Grundsatzes erscheinen die Kläger als Mitbesitzer einer über 300 Morgen großen und auch im übrigen den Anforderungen des § 2 des Jagdpolizeigesetzes genügenden Grundfläche; sie haben daher das Recht, die eigene Bejagung und Ausscheidung dieser Grundstücke aus der Gemeindejagd zu fordern. Die Anfechtung der dieses bewilligenden Entscheidung des ersten Richters ist somit ungerechtfertigt und zurückzuweisen.

Der Einwand der Beklagten, daß die in der Klageschrift bezeichneten Parzellen mit den in der Jagdpachtverteilungsliste angegebenen nicht übereinstimmen, ist ohne Belang. Kläger haben bezüglich der ersteren ihr Miteigentum durch Vorlage von Grundbuchauszügen nachgewiesen und deren Ausscheidung beantragt; da das Fehlen der nötigen Größe oder der sonstigen Forderungen des § 2 des Jagdpolizeigesetzes nicht behauptet wird, so können die abweichenden Angaben der Jagdpachtverteilungsliste keinen Grund zur Abweisung der Klage geben.

Bezüglich der Bewertung des Streitgegenstandes ist dagegen der Beklagten beizutreten. Der erste Richter rechnet nämlich in der Weise, daß er den Jahreswert der Jagdnutzung der fraglichen Grundstücke nach den Jagdpachtgeldern, welche seither für die Gemeindejagd Z. erzielt worden sind, mit 184 M. zu Grunde legt und deren Summe für die 15 Jahre, auf welche der Vertrag vom

11. Dezember 1891 geschlossen worden ist, als Wert in Ansatz bringt. Diese Summe, 2760 M., übersteigt aber das eigentliche finanzielle Interesse der Parteien; denn die Kläger würden auch bei der Zuteilung ihrer Grundstücke zur Gemeindejagd einen Teil der Jagdpachtgelder erhalten, und für die Interessenten bildet der Ausfall an Jagdpacht auch nicht den wirklichen Nachteil, da bei der Verteilung der Pachtgelder die Kläger jetzt nicht mehr in Betracht kommen und daher auf den einzelnen Interessenten ein größerer Bruchteil entfällt wie bisher. Für Kläger liegt vielmehr der erstrittene Vorteil einmal darin, daß sie bei eigener Bejagung für sich einen besseren wirtschaftlichen Erfolg erzielen können, als bei der Verpachtung und zum anderen in der Annehmlichkeit der eigenen Jagd, während bei der Beklagten nur ein über das Verhältnis der ganzen Gemeindejagd zu den hier fraglichen Flächen hinausgehendes Herabgehen des Preises der Jagdpacht als Schaden in Frage kommen kann. Da für eine zahlenmäßige Berechnung die Grundlagen fehlen, so wird der Wert als unschätzbar auf 1000 Mark festgesetzt.

Die Entscheidung über die Kosten rechtfertigt sich nach § 103 Landesverwaltungsgesetzes.

(L. S.)
Der Bezirks-Ausschuß Abtl. I zu A.
In Vertretung:
B.

Entscheidung.
B. A. 4275.

Kostenrechnung.

Pauschquantum . .	20,00 M.
Portokosten . . .	0,65 „
Vollmachtstempel . .	1,50 „
	Sa. 22,15 M.

Ist diese Entscheidung richtig?

281.

Der Steindrucker W. ist mehrere Monate krank gewesen. Die Ortskrankenkasse der Steindrucker zu B. hat 4 Monate lang das Krankengeld bezahlt, verweigert aber die weitere Zahlung aus verschiedenen Gründen. Auf Klage des W. hat die Gewerbedeputation des Magistrats zu B. die Ortskrankenkasse zur Zahlung weiterer Beträge verurteilt und ihre Entscheidung für vollstreckbar erklärt.

Es sollen besonders folgende Fragen beantwortet werden:

1. War die Gewerbedeputation zur Entscheidung überhaupt zuständig?
2. Durfte die Entscheidung für vollstreckbar erklärt werden?
3. Auf welchem Wege erfolgt die Vollstreckung?
4. Gibt es ein Rechtsmittel gegen die Entscheidung der Gewerbedeputation? Würde insbesondere die Ortskrankenkasse das ordentliche Civilgericht (Amtsgericht, Landgericht) anrufen können?
5. Würde im letzteren Falle das Gericht durch einstweilige Verfügung die Zwangsvollstreckung aus der Entscheidung der Gewerbe-Deputation einstellen können?

282.

Ein Jagdpächter will gegen den Militärfiskus wegen Störung seiner Jagd auf Beseitigung der Störung und Schadensersatz klagen. Er behauptet: „auf dem von ihm gepachteten Gemeindejagdrevier würden in neuerer Zeit häufig Truppenübungen abgehalten und würde dabei auch scharf geschossen; dadurch würde sämtliches Wild verjagt, so daß bei einer kürzlich abgehaltenen Treibjagd auch nicht ein Hase vorgekommen sei, während vorher das Revier sehr gut mit dieser Wildart besetzt gewesen sei“.

Ist die Klage begründet?

Zu berücksichtigen sind §§ 35, 36 der Verordnung wegen verbesserter Einrichtung der Provinzial-Polizei- und Finanz-Behörden vom 26. Dezember 1808 (vgl. Anhang).

283.

Auf dem Grundstücke des X. befindet sich ein Teich. Die Polizeibehörde befürchtet, daß der Damm des Teiches brechen werde und hat eine Vorrichtung auf dem Grundstücke des X. getroffen, um die benachbarten Grundstücke vor Überschwemmung zu schützen.

X. ist der Meinung, daß die von der Polizei angenommene Gefahr in Wirklichkeit nicht vorhanden sei; gestützt auf das Gutachten eines Sachverständigen klagt er beim Amtsgerichte wegen Besitzstörung gegen die Polizeiverwaltung und verlangt Beseitigung der erwähnten Vorrichtung.

284.

Der Besitzer des zu L. belegenen ehemaligen Lehnschulzengutes, G., verlangt Feststellung des Umfangs eines ihm gegen den Fiskus zustehenden Hütungsrechtes. Unstreitig hat der Besitzer des Gutes L. für seine Schafe ein Hütungsrecht auf einer ungefähr 500 Morgen großen fiskalischen Forstfläche des Reviers Röspe. Es fragt sich aber, wie weit sein Recht geht.

Die Forstverwaltung hat $^3/_4$ jener Fläche eingeschont. G. ist der Meinung, daß die Verwaltung ihre Befugnisse überschritten und ihn in seinem Hütungsrechte beeinträchtigt habe; der freigebliebene Teil reiche bei weitem nicht aus, um für die 400 Schafe, welche das Gut L. durchzuwintern imstande sei, die notdürftige Weide zu gewähren. G. verlangt $^5/_6$ der ganzen Forstparzelle ihm zur Hütung freizulassen.

Welche Behörde hat den Streit zu entscheiden? G. möchte beim Landgerichte klagen.

285.

In der Nähe des Dorfes D. hat ein Polizeibeamter einen fremden Menschen (anscheinend Trunkenbold) in hilfloser Lage gefunden. Was ist zu veranlassen?

Der zufällig im Dorfe anwesende Kreisphysikus ordnet die Unterbringung des Mannes in das nächste Krankenhaus zu E. an. Wer muß die Transport- und Verpflegungskosten bezahlen? Der Fremde ist, wie festgestellt wird, geboren zu A., war 1888—1891 in B. als Fabrikarbeiter, seit 1891 hat er sich an verschiedenen Orten, teils längere, teils kürzere Zeit, aufgehalten. Er beabsichtigt nach seiner Entlassung aus dem Krankenhause in E. zu bleiben. Muß die Gemeinde dies dulden oder kann sie ihn ausweisen?

286.

Die dreijährige Anna R., eine Tochter des Arbeiters R. in W., wurde vor einigen Monaten von der Ziege des Kätners K. in das rechte Auge gestoßen. Der von den Eltern zugezogene

Arzt erachtete das Leben des Kindes für gefährdet. Auch der Kreisphysikus Dr. W. hielt eine unmittelbare Lebensgefahr für vorhanden und veranlaßte die Aufnahme des Kindes in das Diakonissenhaus zu B. Dort ist das Kind 56 Tage hindurch mit einem Kostenaufwande von 84 Mark verpflegt worden.

Die Eltern des Kindes sind außer Stande, die Summe zu zahlen. An wen soll das Krankenhaus sich halten? Kann es auf Erstattung der entstandenen Kosten klagen?

Das Krankenhaus zu B. besitzt die Rechte einer juristischen Person.

In derartigen Fällen ist es vorgekommen, daß die Verwaltungsbehörden durch alle Instanzen sich für unzuständig erklärten und daß andererseits die Gerichte den Rechtsweg für unzulässig erachteten. Welchen Weg würde das Krankenhaus in solchem Falle einzuschlagen haben?

287.

Der Forstfiskus hat einen Teil der Elsbacher Heide, ungefähr 2 Hektar, an eine milde Stiftung, das Siechenhaus Bethesda, im Jahre 1873 für 875 Mark verkauft, sich aber das Recht des Rückkaufs zu dem gleichen Preise für den Fall vorbehalten, daß das Grundstück von Bethesda für die Zwecke der milden Stiftung nicht mehr gebraucht werden sollte.

Ist das Recht des Fiskus auf Rückerwerb des Grundstücks im gesetzten Falle ohne Eintragung wirksam

a) gegen Bethesda,

b) gegen einen dritten Erwerber?

Welche Behörde würde den Antrag auf Eintragung des fiskalischen Rechtes bei dem Grundbuchrichter stellen können?

Bethesda will die Staatsbehörde bitten, auf ihr Recht, da es sich um eine Woltätigkeitsanstalt handelt, zu verzichten. Ist ein solcher Verzicht zulässig? Wer eventuell ist berechtigt, den Verzicht auszusprechen?

288.

Der Tischlermeister T. ist gestorben, er hat zwei minderjährige Kinder im Alter von 10 und 8 Jahren hinterlassen. Das Amtsgericht will diesen Kindern einen Vormund bestellen. Der Waisenrat hat den Bauer B., einen nahen Verwandten des T., vorgeschlagen. B. aber ist als gefährlicher Wilderer bekannt und es steht zu befürchten, daß die Verwaltung des zum Nachlasse des T. gehörigen, an der Grenze des Königlichen Forstes belegenen Grundstücks ihm erwünschte Gelegenheit zu Wilddiebereien geben wird.

Kann die Forstverwaltungsbehörde die Bestellung des B. zum Vormunde der minderjährigen Geschwister T. verhindern?

289.

Die Holzhauer A. und B., zwei Burschen im Alter von 18 und 20 Jahren, haben während der Mittagspause auf den im Walde zusammengelegten Hölzern verschiedene Turnübungen vorgenommen. Hierbei ist eins der Hölzer ins Rollen gekommen, es hat den A. umgeworfen und erheblich verletzt. Infolge dieser Verletzung ist er mehrere Wochen völlig arbeitsunfähig gewesen und ist noch jetzt nach Gutachten des Arztes und voraussichtlich dauernd Halbinvalide.

Hat A. Ansprüche aus den Versicherungsgesetzen?

290.

Bei einer Saujagd ist ein Treiber durch einen Keiler erheblich verletzt worden. Der Verletzte ist über 4 Monate krank und arbeitsunfähig gewesen.

Kann er Ansprüche auf Grund der Kranken- und Unfallversicherungsgesetze geltend machen? Kann ihm entgegengehalten werden, daß er gegen die ausdrückliche Anordnung des die Jagd leitenden Forstbeamten gehandelt und dadurch selbst den Unfall veranlaßt hat? Der Treiber verdiente in der letzten Zeit gewöhnlich 1,80 Mark täglich.

291.

Der Holzhändler H. hat vom Fiskus im Gramberg das Holz auf einer Waldparzelle zum Abtriebe gekauft; er hat dann durch Akkordarbeiter die Baumstämme fällen, bewaldrechten und zum Teile auch zu Brettern, Bohlen, Latten herrichten lassen, bei dieser weiteren Bearbeitung hat ein Arbeiter einen Unfall erlitten. H. hat den Fuhrmann F. mit dem Abfahren des Holzes beauftragt. F. ist bei diesen Abfuhrarbeiten verunglückt. Welche Berufsgenossenschaft muß die Folgen des Unfalls tragen?

Wer hat den Unfall zu tragen, wenn er sich ereignet bei Abästeln der Baumstämme und Herstellen von Grubenholz, insbesondere beim Entrinden (Schälen) der Grubenhölzer, im Walde? bei Herrichtung roher Radfelgen im Walde? beim Einsammeln von Waldstreu, von Raff- und Leseholz oder Gewinnung von Gras im Walde?

Ein Zimmermeister hat von dem Eisenbahnfiskus einige Bäume gekauft, welche an dem Eisenbahndamme standen. Der mit dem Fällen der Bäume beauftragte Holzsteller hat bei der Arbeit einen Bruch des linken Unterschenkels erlitten. Wer haftet: Eisenbahnfiskus? örtliche Holz-Berufsgenossenschaft? Baugewerks-Berufsgenossenschaft?

292.

Ein forstversorgungsberechtigter Jäger der Klasse A I, vorgemerkt für den Regierungsbezirk ...., der zur Zeit überfüllt ist, hat vorläufig bei dem Fürsten zu W. Stellung als Hilfsjäger auf Kündigung gefunden. Kommt das Gesetz betreffend die Invaliditäts- und Altersversicherung bei ihm zur Anwendung? Bisher sind Marken nicht verwendet worden; man hielt es nicht für nötig, weil der Jäger im Falle der Beendigung seiner Stellung verpflichtet sein würde, sofort zum Bataillon zurückzukehren.

293.

Bei der Revision der Quittungskarten stellt sich heraus, daß bei mehreren ländlichen Arbeitern zu wenig Marken eingeklebt sind; der Arbeitgeber hat nicht gewußt und nicht festgestellt, daß die Arbeiter 16 Jahre alt geworden waren. Die Quittungskarten sind zu spät ausgestellt worden. Der Arbeitgeber entschuldigt sich damit, daß er keine Personenlisten führe und also nicht wisse, wann die Arbeiter 16 Jahre alt werden.

Er hat die fehlenden Marken sofort beigebracht. Gleichwol ist er in eine Ordnungsstrafe von 10 Mark genommen. Ist diese Strafe gerechtfertigt?

294.

Der Arbeiter A. ist mehrere Monate bei dem Schneidemüller Sch. beschäftigt gewesen. Sch. weigert die Herausgabe der Versicherungskarte und erklärt, er würde die Karte nicht eher herausgeben, als bis er für eine Schadensersatzforderung von 10 Mark von A. befriedigt sei. A. bestreitet, dem Sch. einen Schaden zugefügt zu haben, würde auch zur Zeit nicht in der Lage sein, die verlangte Summe zu zahlen.

Was soll A. tun? Kann er den Sch. auf Herausgabe der Karte verklagen? Kann er auf Schadenersatz klagen, wenn er, weil ihm die Karte fehlt, anderweit Arbeit nicht erhält?

Kann die Staatsbehörde den A. in Arbeit nehmen, bevor er im Besitze der Karte sich befindet?

295.

Der Holzsteller R. hat sich verpflichtet, unter Zuziehung von 8 bis 10 Arbeitern im Laufe der nächsten Monate gewisse Waldarbeiten durchzuführen; er wird die Arbeit leiten, die nötigen Arbeiter annehmen und von dem Waldbesitzer den Lohn für alle beteiligten Arbeiter empfangen, seine Sache wird es sein, den von ihm angenommenen anderen Arbeitern den Lohn auszuzahlen. R. erhält täglich 3 Mark, die übrigen Arbeiter erhalten 2,50 Mark.

Wer ist Arbeitgeber im Sinne der Versicherungsgesetze? R. oder der Waldbesitzer?

296.

Für den Arbeiter A. sind in den letzten 5 Jahren die Beiträge zu der Alters- und Invaliditätsversicherung entrichtet worden und zwar 85 Marken in der 2., 100 Marken in der 3., 50 Marken in der 4. Lohnklasse. Der ortsübliche Tagelohn des letzten und jetzigen Beschäftigungsortes beträgt 2,70 Mark.

A. ist jetzt nach einer schweren Krankheit, wie der Arzt begutachtet, nur noch imstande, höchstens 80 Pfg. täglich zu verdienen. Er beansprucht die Invalidenrente.

297.

Der bisherige Aufseher einer Landstraße ist mit einem Gnadengehalte von jährlich 475 Mark in den Ruhestand getreten. Versicherungsmarken sind regelmäßig für ihn verwendet worden. Welche Ansprüche hat er auf Grund des Gesetzes vom 22. Juni 1889?

298.

Die Gemeinde W. in Westfalen bittet um ein Gutachten über die Wegebaupflicht in folgendem Falle:

Der von A. nach B. führende Gemeindeweg ist in früheren Jahren nicht übermäßig befahren worden. Seit drei Jahren aber wird der Weg durch Holzfuhren überaus stark in Anspruch genommen und erfordert jetzt zur Ausbesserung einen Aufwand von mehreren tausend Mark. Vor 3 Jahren ist nämlich in der Nähe von W. eine Essigfabrik gebaut worden. Der Fabrikbesitzer bezieht das zum Betriebe der Fabrik erforderliche Buchenholz zum Teile aus fiskalischen, zum Teile aus fürstlichen Waldungen. Der größte Teil des Holzes wird auf dem hier in Betracht kommenden Gemeindewege abgefahren.

299.

Der Regierungsrat R. hat 50000 Mark geerbt. Er hat für diesen Geldbetrag preußische Konsols zu 3 vom Hundert, im Nennbetrage von 50000 Mark durch Vermittlung der Vermögensverwaltungsstelle für Offiziere und Beamte in Berlin gekauft und überliefert erhalten.

Was kann er tun, um sich das Vermögen nach Möglichkeit sicher zu stellen? Würde er im Falle eines Diebstahls die Papiere von einem dritten Erwerber herausverlangen können.

300.

Das A.-L.-R. bestimmt:

§ 86 II, 1: Die Eltern sind berechtigt, zur Bildung der Kinder alle der Gesundheit derselben unschädliche Zwangsmittel zu gebrauchen.

§ 87. Finden sie diese nicht hinreichend, so muß ihnen das vormundschaftliche Gericht auf gebührendes Anmelden hilfreiche Hand leisten.

§ 88. Dies Gericht muß das Verhalten der Eltern sowol als des Kindes summarisch und ohne Zulassung eines förmlichen Prozesses untersuchen.

§ 89. Nach Befinden der Umstände muß alsdann die Art und Dauer der anzuwendenden Besserungsmittel von ihm bestimmt werden.

Im Jahre 1806 hatte das französische Koloniegericht zu Berlin einen ungeratenen, großjährigen Sohn auf Antrag seines Vaters 20 Tage lang eingesperrt. Das vorgesetzte Gericht misbilligte dieses Verfahren. Deshalb fragte das Koloniegericht an höchster Stelle an, ob die Einsperrung nicht doch zulässig sei; die Einsperrung erscheine in vielen Fällen zweckmäßig.

Hierauf erging unter dem 11. März 1806 folgender Bescheid:

Friedrich Wilhelm . . . Ihr fragt in Euerm Berichte vom 26. v. M. darüber an:

> ob auf den motivierten Antrag eines Vaters, dessen durch Verbrechen und gesetzliche Strafe schon berüchtigtes Kind, zur Abwendung der dem Publiko drohenden Gefahr, ohne Untersuchung und Urtel bis zur Ergreifung zweckmäßiger Maßregeln in Sicherheit behalten oder gebracht werden könne?

Die Bescheidung auf diese Anfrage liegt indessen schon in den Gesetzen, die es dem Vater nicht ausdrücklich gestatten, sein Züchtigungsrecht bis auf Einsperrung in eine öffentliche Straf- oder Besserungs-Anstalt auszudehnen, und wenn daher der Vater eines ungeratenen, in seiner väterlichen Gewalt befindlichen Kindes, einen solchen gehörig motivierten Antrag macht, so muß, nach vorläufiger Untersuchung der Wahrheit seiner diesfälligen Angaben, an das Justiz-Departement zur weiteren Verfügung, eventualiter zur Einholung der Allerhöchsten Genehmigung dieses Antrages, berichtet werden.

Dies geben wir Euch hierdurch zu erkennen, um Euch in vorkommenden Fällen darnach zu achten und sind u. s. w.

Berlin . . . Auf Spezialbefehl.

gez. von Goldbeck.

In vielen Fällen sind demnächst Hauskinder, namentlich auch großjährige, mit Allerhöchster Genehmigung bis zu 3 Jahren eingesperrt worden; dies ist noch bis 1865 geschehen. Im Jahre 1874 hat das Justizministerium den Antrag eines Appellationsgerichts auf Einholung Allerhöchster Genehmigung als rechtlich unbegründet abgelehnt.

Ist diese Ansicht des Justizministeriums richtig?

Anhang.

Tacitus: Germania.

Cap. 19. Plus ibi boni mores valent quam alibi bonae leges.

Cap. 26. Agri pro numero cultorum ab universis in vices occupantur, quos mox inter se secundum dignationem partiuntur. Facilitatem partiendi camporum spatia praebent: arva per annos mutant et superest ager.

Lex Salica (ungefähr 500 n. Chr.).

Tit. 33. Si quis de diversis venationibus furtum fecerit et celaverit, praeter capitale[1]) et dilaturam[2]) 1800 dinarios, qui faciunt solidos 45, culpabilis judicetur. Quia lex de piscationibus et venationibus observare convenit.

Lex Ribuaria (aus dem 6. und 7. Jahrh.).

Tit. 42. Si quis de venationibus furaverit aliquid et celaverit, seu de piscationibus XV solidis culpabilis judicetur. Quia non haec res possessa sed de venationibus agitur.

Tit. 78. Si quis Ripuarius in silva communi seu regis vel alicujus locata materiamen[3]) vel ligna[4]) fissa abstulerit, XV solidis culpabilis judicetur, sicut de venationibus vel de piscationibus: quia non res possessa est, sed de ligno agitur. Aut si negaverit cum VI juret.

Les Bajuwariorum (ungefähr 750 n. Chr.).

Tit. 22, Cap. 8: Si apes id est examen[5]) alicujus ex apile[6]) elapsus fuerit et in alterius nemoris arborem intraverit et ille consecutus fuerit: tunc interpellat[7]) eum cujus est arbor, et cum fumo et percussionibus ternis de traversa secure[8]), si potest, suum ejiciat examen, verumtamen ita ut arbor non ledatur; et quae remanserint, hujus sit cujus arbor est.

---

1) d. i. Hauptgeld: Rückerstattung des Entwendeten, eventuell Wertvergütung.
2) d. i. Ersatzgeld, vermutlich dafür, daß der Beschädigte die Sache hatte entbehren und daß er Zeit und Mühe hatte aufwenden müssen, sie wieder zu erlangen.
3) Bauholz.
4) Holz, besonders: Brennholz.
5) Bienenschwarm.
6) Bienenstock.
7) angehen; in Kenntnis setzen; unterhandeln.
8) Axt.

Sachsenspiegel (ungefähr 1230).

Aus der gereimten Vorrede:

Spigel der Saxen
Sal diz buch sin genant,
wende Saxen recht ist hir an bekant,
Als an einem spiegele de vrouwen
ire antlize beschouwen.
— — — — — — — — —
Nu danket al gemeine
dem von Valkensteine,
der greve Hoyer ist genant,
daz an diütisch is gewant
diz buch durch sine bete:
Eyke von Repgowe iz tete,
ungerne er'z aber an quam,
do er aber vornam
So groz dar zu des herren gere,
do ne hatte her keine were;
Des herren liebe in gare verwan,
daz her des buches began,
Des ime was vil ungedacht,
do her'z an latin hatte gebracht
ane helphe und ane lere;
do ducht in daz zu svere,
Daz er'z an dütisch wante;
zu lest er doch genante
des arbeites, unde tete
greven Hoyeres bete.

Prologus.

Des heiligen geistes minne, die sterke mine sinne. Dat ik recht unde unrecht der sassen besceide nach godes hulden unde na der werlde vromen. Des ne kan ik al eine nicht dun. Dar umme bidde ik to helpe alle gute lüde die rechtes geret, of in jenich recht bejegene, de min dumme sin vermide unde dar dit buk nicht af ne spreke, dat se dat na rechte besceiden na irme sinne, so sie't rechtes weten. — — — — — —

II, 28.

§ 1. Sve so holt houwet oder gras snit, oder vischet in enes anderen mannes watere an wilder wage, sin wandel dat sint dre schillinge; den scaden gilt he uppe recht.

§ 2. Vischet he in diken, die gegraven sin, oder houwet he holt dat gesat is oder barende (dragende) böme oder brict he enes anderen ovet, oder howet he malbome, oder grevet he up stene die to marcstenen gesat sin, he mut drittich schillinge geven. Vint man ene in der stat, man mut ine wol panden oder uphalden vor den scaden ane des richteres orlof.

§ 3. Sve nachtes gehouwen gras oder gehouwen holt stelet, dat sal man richten mit der weden. Stelt he't des dages, it gat to hut unde to hare.

§ 4. Svelk water strames vlüt, dat is gemene to varene unde to vischene inne. Die vischere mut ok wol dat ertrike nütten, also vern alse he enes gestriden (schriten) mach ut deme scepe von deme rechten stade.

II, 52.

§ 1. Vlichtet hoppe over enen tun, sve die wortelen in deme hove hevet, die gripe deme tune so he nest moge unde tie den hoppen; svat is ime volget dat is sin; svat is in anderhalf blift, dat is sines nakebures.

§ 2. Siner bome este ne solen over den tun ok nicht gan, sime nakebure to scaden.

Zu § 2. Bild: der Nachbar haut die über den Zaun ragenden Zweige ab.

II, 58.

§ 2 . . . Des mannes sat, die he mit sime pluge wirkt, die is verdenet, als die egede dar over gat unde die garde, als he geseit unde geharket is.

II, 61.

§ 1. Do got den menschen geschup, do gaf he ime gewalt over vische unde vogele unde alle wilde dier. Dar umme hebbe wie is orkünde von godde, dat nieman sine lief noch sin gesunt an dissen dingen verwerken ne mach.

§ 2. Doch sint drie stede binnen deme lande to sassen, dar den wilden dieren vrede geworcht is bi koninges banne, sunder bere unde wolven unde vössen; dit hetet ban vorste. Dat eine is die heide to koyne; dat andere die hart; dat dridde die maget heide. Sve so hir binnen wilt veit, die sal wedden des koninges ban, dat sin sestich schillinge.

§ 3. Sve so durch den ban vorst rit, sin boge unde sin armburst sal ungespannen sin, sin koker sal bedan (tugedan) sin, sine winde unde sine braken solen up gevangen sin, unde sine hunde gekoppelet.

§ 4. Jaget en man en wilt buten deme vorste, unde volgent ime die hunde binnen den vorst, die man mut wol volgen, so dat he nicht ne blase noch die hunde nicht ne grute, unde ne missedut dar nicht an, of he san (doch, ock) dat wilt veit; sinen hunden mut he wol wederrupen.

§ 5. Neman ne mut die sat tredden durch jagen noch durch hitzen, sint der tiet dat dat korn ledekene hevet.

II, 62.

§ 3. Sve wilde dier hegen wil buten ban vorsten, die sal sie binnen sinen geworchten geweren hebben.

II, 68.

Irleget deme wechverdigen manne sin perd, he mut wol korn sniden unde ime geven, alse verne alse he't gereken mach stande inme wege mit enen vute; he ne sal is aver nicht dannen voren.

„Sächsisches Weichbild" (aus dem 14. Jahrhundert).

Art. 118. fluhit eyn beneswarm uz eynes mannes hove zu synen nackebur, er ist den swarm nehir zu behalden, denn ghenner der em volgt, wenn die bhene eyn wilt worm ist.

Weistum von Oberursel[1] (1401).

Auch abe imant einen baum schelete, wirt der betreden, so sal man jme einen darme usz sinem libe ziehen, und den an den baume binden, und jne omb den baume furen, so lange der darme uszgeet (Grimm, Weistümer Bd. III S. 489).

Ordnung für die Waldförster auf der Haardt (1495).

. . . .

Item sie sollen nyemand wer der sy kein buwholtz usz der hardt geben noch des verkauffen oder jne selbs heymfüren, er hab dann darumb einen zedel usze der kanncly mit des landhoffmeisters hanndt gezeichnet[2]).

Des allerdurchleuchtigsten großmechtigsten unüberwindtlichsten Keyser Karls des fünfften, und des heyligen Römischen Reichs

peinlich gerichtsordnung

von 1532.

Von früchten und nutzen auff dem feld, wie unnd wann darmit diebstall gebraucht werde.

Art. CLXVII. Item wer bei nächtlicher weil jemandt sein frücht oder auff dem feld sein nutzung, wie das alles namen hat, heymlicher und geverlicher weiss nimpt und die hinweg tregt oder füret, das ist auch eyn diebstall und wie ander diebstall vorgemelter mass zu straffen, dessgleichen wo eyner bei tag jemandts an berürten seinen früchten, die er heymlich nam und hinweg trüg, grossen mercklichen und geverlichen schaden thett, ist auch wie obsteht für eyn diebstall zu straffen. Wo aber jemandt bei tag essendt frücht nem, unnd damit durch wegtragen derselben nit grossen geverlichen schaden thett, der ist nach gelegenheyt der personen und der sach, burgerlich zu straffen, wie an demselben ende da der schad geschicht, durch gewonheyt oder gesetz herkommen.

---

[1]) Am Taunus unweit Homburg.

[2]) „Altester Abfuhrschein". Vgl. Schwappach, Handbuch der Forst- und Jagdgeschichte Deutschlands S. 159.

Von holtzstelen oder verbotner weiß abhawen.

Art. CLXVIII. Item so jemandt sein gehawen holtz dem andern heymlich hinweg füret, das ist eynem diebstall gleich nach gestalt der sachen zu straffen. Welcher aber inn eyns andern holtz helicher und verbotner weiss häwet, der soll gestrafft werden nach gewonheyt jedes landts oder orts. Doch wo eyner zu ungewonlicher oder verbotner zeit, als bei der nacht oder an feirtägen eynem andern sein holtz, geverlicher und dieblicher weiss abhawet, der ist nach radt herter zu straffen.

Straff der jhenen die fisch stelen.

Art. CLXIX. Item welcher auss weihern oder beheltnuss fisch stilt, ist auch eyn diebstall gleich zu straffen, So aber eyner auss eynem fliessenden ungefangen wasser fisch fieng das eynem andern zu stünd, der ist an seinem leib oder gut nach gelegenheyt und gestalt des fischens, der person und sachen, nach radt der rechtverstendigen zu straffen.

Kur-Sächsische Verordnung von 1603.

. . . Die Jagtfuhren und Dienste belangend ist zum öftern geklagt worden, dass die armen Unterthanen bissweilen, auch die von Alters gäntzlich damit verschonet blieben, in grosser Anzahl bey unmässiger Zeit, mit Wagen, Pferden, Tüchern und Zeug, auch Wildprätfuhren, Hunde ziehen oder leiten, und sonst zum treiben und andern, etliche hundert Personen durch die Förster und Jäger aufgeboten, dass auch die Jäger Heydereuter, Förster, Zeugknechte und andere, so Befehlich haben, mit den armen Leuten ohne alles Mitleiden unbarmhertzig umgehen, sie und ihr Gesinde vergewaltigen, offt um weniger Füchse und Hasen willen etliche Hundert Personen gefordert, etliche Tage im Regen und Schnee, auch sonsten mit Beschwerung und Versäumnis ihrer Nahrung sie, so wohl als die Pferdner . . . aufgehalten . . . [1]).

Geheimerats-Ordnung vom 13. Dezember 1604.

Als wir uns zu Gemüth gezogen, daß Gott der Allmächtige Uns in das Amt der Obrigkeit und hohe Kurfürstliche Dignität gesetzt und mit ansehnlichen weitläufigen Landen und Leuten gesegnet, dafür wir seiner göttlichen Allmacht billig von Herzen Dank sagen, sondern auch dabei erwägen, daß wir ganz hoch angelegene beschwerliche Sachen auf uns liegen haben, besonders die Preußische, Jülichsche, Straßburgische und Jägerndorffsche und jede insonderheit der Wichtigkeit, daß wir guten reifen Rathes und getreuer Leute wohl bedürftig, haben wir nach Exempel anderer wolbestellten Politien und Regimenter für hoch nothwendig angesehen, zu mehrer Fortstellung be-

---

[1]) Vgl. Schwappach, Handbuch der Forst- und Jagdgeschichte Deutschlands, S. 610 Anm. 36.

meldeter hochangelegenen Sachen etliche Verfassungen, dadurch dieselben mit guter Ordnung berathschlagt und desto schleuniger expedirt werden mögen, anzuordnen... für rathsam angesehen, einen geheimen Rath zu diesen und andern dergleichen geheimen und Uns angelegenen Sachen . . . zu bestellen . . . [1]).

Holting über den Gümmerwald[2]). 1605.

26. Frage. Wenn einer einen baum köpfete, was dessen strafe sein soll? eingebracht: derselbe soll wiederum geköpfet werden, doch sei Gnade beim rechten. (Grimm, Weistümer Bd. III S. 288)[3]).

„Von Sr. K. M. Höchstselbst abgehaltenes **Protokoll** den 11. Dez. 1779 über die drei Cammergerichts-Räthe Friedel, Graun und Ransleben[4]).

Auf die Allerhöchste Frage: Wenn man eine Sentenz gegen einen Bauer sprechen will, dem man seinen Wagen und Pflug und alles genommen hat, wovon er sich nähren und seine Abgaben bezahlen soll: Kann man das thun?

Ist von selbigen mit „Nein" geantwortet.

Ferner: Kann man einem Müller, der kein Wasser hat, und also nicht mahlen und also auch nichts verdienen kann, die Mühle deshalb nehmen, weil er keine Pacht bezahlet hat: Ist das gerecht?

Wurde auch mit „Nein" beantwortet.

Hier ist aber nun ein Edelmann, der will einen Teich machen, und um mehr Wasser in dem Teich zu haben, so läßt er einen Graben machen, um das Wasser aus einem kleinen Fluß, der eine Wassermühle treibt, in seinen Teich zu leiten. Der Müller verlieret dadurch das Wasser und kann nicht mahlen. Und wenn was noch möglich wäre, so ist es, daß er im Frühjahre 14 Tage und im späten Herbst noch etwa 14 Tage mahlen kann. Dennoch wird praetendirt, der Müller soll seine Zinsen nach wie vor geben, die er sonst entrichtet hat, da er noch das volle Wasser vor seine Mühle gehabt. Er kann aber die Zinsen nicht bezahlen, weil er die Einnahme nicht mehr hat. Was thut die Cüstrinsche Justiz? Sie befiehlt, daß die Mühle verkauft werden soll, damit der Edelmann seine Pacht kriegt. Und das hiesige Cammergerichts-Tribunal approbirt solches. Das ist höchst ungerecht, und dieser Ausspruch Sr. Königl. Maj. Landesväterlichen Intention ganz und gar entgegen. Höchstdieselben wollen vielmehr, daß Jedermann, er sei vornehm oder geringe, reich oder arm, eine prompte Justiz administriret und einem jeglichen Dero Unterthanen, ohne Ansehen der Person und des Standes, durchgehends ein unpartheiisches Recht wiederfahren soll.

---

[1]) Aus Stölzel, Brandenburg-Preußens Rechtsverwaltung und Rechtsverfassung, Bd. 1 S. 296.

[2]) Nordwestlich von Hannover.

[3]) Vgl. Schwappach, Handbuch der Forst- und Jagdgeschichte Deutschlands, S. 528 Anm. 17. — Vgl. auch Freybe, Das Leben im Recht, S. 238 und S. 247 flg.

[4]) Vgl. Karl Dickel, Friedrich der Große und die Prozesse des Müllers Arnold. Marburg, 1891.

Se. K. M. werden dahero in Ansehung der wider den Müller Arnold aus der Pommerziger Krebsmühle in der Neumark abgesprochenen und hier approbirten höchst ungerechten Sentenz ein nachdrückliches Exempel statuiren, damit sämmtliche Justiz-Collegia in allen dero Provinzien sich daran spiegeln, und keine dergleichen grobe Ungerechtigkeiten begehen mögen. Denn sie müssen nur wissen, daß der geringste Bauer, ja was noch mehr ist, der Bettler, eben sowohl ein Mensch ist, wie seine Majestät sind, und dem alle Justiz muß wiederfahren werden, indem vor der Justiz alle Leute gleich sind, es mag sein ein Prinz, der wider einen Bauer klagt, oder auch umgekehrt, so ist der Prinz vor der Justiz dem Bauer gleich; und bei solchen Gelegenheiten muß pur nach der Gerechtigkeit verfahren werden, ohne Ansehn der Person. Darnach mögen sich die Justiz-Collegia in allen Provinzien nur zu richten haben, und wo sie nicht mit der Justiz ohne alles Ansehen der Person und des Standes gerade durch gehen, sondern die natürliche Billigkeit bei Seite setzen, so sollen sie es mit Sr. K. M. zu thun kriegen. Denn ein Justiz-Collegium, das Ungerechtigkeiten ausübt, ist gefährlicher und schlimmer, wie eine Diebesbande, vor die kann man sich schützen; aber vor Schelme, die den Mantel der Justiz gebrauchen, um ihre üble Passiones auszuführen, vor die kann sich kein Mensch hüten. Die sind ärger, wie die größten Spitzbuben, die in der Welt sind, und meritiren eine doppelte Bestrafung.

Uebrigens wird den Justiz-Collegiis zugleich bekannt gemacht, daß Se. Maj. einen neuen Groß-Canzler ernannt haben; Höchstdieselben werden aber demohnerachtet in allen Provinzien sehr scharf dahinter her sein, und befehlen auch hiemit auf das nachdrücklichste: Erstlich, daß mit einer egalité gegen alle Leute verfahren wird, die vor die Justiz kommen, es sei ein Prinz oder ein Bauer; denn da muß alles gleich sein. Wofern aber Se. K. M. in diesem Stücke einen Fehler finden werden, so können die Justiz-Collegia sich nur im Voraus vorstellen, daß sie nach Rigueur werden gestraft werden, sowohl der Präsident, als die Räthe, die eine so üble mit der offenbaren Gerechtigkeit streitende Sentenz ausgesprochen haben. Wonach sich also sämmtliche Justiz-Collegia in allen dero Provinzien ganz eigentlich zu richten haben.

Berlin, den 11. Dezember 1779.

Friederich."

Allgemeines Landrecht für die Preußischen Staaten vom 5. Februar 1794 (mit Gesetzeskraft vom 1. Juni 1794).

Einleitung.

§ 73. Ein jedes Mitglied des Staats ist das Wol und die Sicherheit des gemeinen Wesens, nach dem Verhältnisse seines Standes und Vermögens zu unterstützen verpflichtet.

§ 74. Einzelne Rechte und Vorteile der Mitglieder des Staats müssen den Rechten und Pflichten zur Beförderung des gemeinschaftlichen Wols, wenn zwischen beiden ein wirklicher Widerspruch (Kollision) eintritt, nachstehen.

§ 75. Dagegen ist der Staat denjenigen, welcher seine besonderen Rechte und Vorteile dem Wole des gemeinen Wesens aufzuopfern genötigt wird, zu entschädigen gehalten.

§ 76. Jeder Einwohner des Staats ist den Schutz desselben für seine Person und sein Eigentum zu fordern berechtigt.

§ 77. Dagegen ist Niemand sich durch eigene Gewalt Recht zu verschaffen befugt.

§ 78. Die Selbsthilfe kann nur in dem Falle entschuldigt werden, wenn die Hilfe des Staats zur Abwendung eines unwiederbringlichen Schadens zu spät kommen würde.

Teil I, Titel 2. Von Sachen und deren Rechten überhaupt.

§ 42. Eine Sache, welche zwar für sich selbst bestehen kann, die aber mit einer anderen Sache in eine fortwährende Verbindung gesetzt worden, wird ein Zubehör oder Pertinenzstück derselben genannt.

I, 5. Von Verträgen.

§ 127. Ist ein Vertrag schriftlich geschlossen worden, so muß alles, was auf die Verabredung der Parteien ankommt, blos nach dem schriftlichen Kontrakte beurteilt werden.

§ 128. Auf vorgeschützte mündliche Nebenabreden wird, ohne Unterschied des Gegenstandes, keine Rücksicht genommen.

§ 129. Vielmehr müssen Nebenbestimmungen, welche die Art, den Ort oder die Zeit der Erfüllung oder andere dabei vorkommende Maßgaben betreffen, soweit sie im Kontrakte nicht festgesetzt worden, von dem Richter lediglich nach den Vorschriften der Gesetze ergänzt werden.

I, 6. Von den Pflichten und Rechten, die aus unerlaubten Handlungen entstehen.

§ 16. Der aus einer Handlung entstandene zufällige Schade darf nur alsdann vergütet werden, wenn die Handlung selbst wider ein Verbotsgesetz ist; oder wenn der Handelnde durch ein solches gesetzwidriges Verhalten in die Umstände, wodurch er zu der Handlung veranlaßt worden, sich selbst gesetzt hat.

§ 18. Von der Vergütung eines aus Vorsatz oder grobem Versehen zugefügten unmittelbaren Schadens wird der Beleidiger durch die miteintretende Verschuldung des Beschädigten nicht befreiet.

§ 24. Daß Jemand durch die Schuld eines Andern beschädigt worden, wird nicht vermutet.

§ 25. Wer in der Ausübung einer unerlaubten Handlung sich befunden hat, der hat die Vermutung wider sich, daß ein bei solcher Gelegenheit entstandener Schade durch seine Schuld sei verursacht worden.

§ 26. Insonderheit muß derjenige, welcher ein auf Schadensverhütungen abzielendes Polizeigesetz vernachlässigt, für allen Schaden, welcher durch die Beobachtung des Gesetzes hätte vermieden werden können, ebenso haften, als wenn derselbe aus seiner Handlung unmittelbar entstanden wäre.

§ 36. Wer sich seines Rechts innerhalb der gehörigen Schranken bedient, darf den Schaden, welcher einem andern daraus entstanden ist, nicht ersetzen.

§ 37. Er muß aber denselben vergüten, wenn aus den Umständen klar erhellet, daß er unter mehreren möglichen Arten der Ausübung seines Rechts diejenige, welche dem Andern nachteilig wird, in der Absicht, denselben zu beschädigen, gewählt habe.

§ 38. Wer gefährliche Handlungen an einem dazu unter öffentlicher Genehmigung bestimmten Orte und zur erlaubten Zeit vornimmt, haftet nur für die schädlichen Folgen, die aus Vorsatz oder grobem Versehen entstanden sind.

Wie lange der Schadensersatz gefordert werden könne.

§ 54. Wer einen außerhalb dem Falle eines Kontrakts erlittenen Schaden innerhalb dreier Jahre, nachdem das Dasein und der Urheber desselben zu seiner Wissenschaft gelangt sind, gerichtlich einzuklagen vernachlässigt, der hat sein Recht verloren.

§ 55. Sind seit dem Zeitpunkte der Schadenszufügung 30 Jahre verflossen, so kommt es auf den Zeitpunkt der erlangten Wissenschaft nicht weiter an.

(Vergl. dazu: Deklaration vom 31. März 1838:

Wir .... erklären zur Beseitigung der Zweifel über die Auslegung des § 54 auf den Antrag des Staatsministeriums und nach erfordertem Gutachten des Staatsrats, daß die Vorschrift dieses § auf alle, außer dem Falle eines Kontrakts entstandenen Beschädigungen, sie mögen durch eine erlaubte oder unerlaubte Handlung verursacht sein, zu beziehen ist.

1. Sie findet hiernach Anwendung auf Ansprüche wegen Beschädigungen, die bei Gelegenheit öffentlicher Anlagen, sowie bei dem Bergbau zugefügt sind. Die Vergütung für das zu solchen Anlagen abzutretende Eigentums- oder Nutzungsrecht ist hierunter nicht begriffen, sondern der ordentlichen Verjährung unterworfen.

2. Sie findet ferner Anwendung auf Entschädigungsansprüche, welche gegen öffentliche Beamte aus ihrer Amtsführung von dritten Personen, nicht aber auf solche, welche von dem Staate oder demjenigen, in dessen Diensten der Beamte angestellt ist, erhoben werden.

Wenn der Beschädiger sich zugleich mit dem Schaden eines Andern einen Vorteil verschafft hat, so tritt die ordentliche Verjährung ein, soweit der Anspruch des Beschädigten die Höhe jenes Vorteils nicht übersteigt.)

Von Schaden, der durch andere Menschen verursacht worden:

§ 56. Wer eines Andern unwillkürliche Handlung, wodurch derselbe sich selbst oder einem Dritten schädlich geworden ist, aus Vorsatz, grobem oder mäßigem Versehen veranlaßt hat, haftet für den dadurch verursachten Schaden.

§ 57. Gleiche Verbindlichkeit hat der, welcher die über Wahn- und Blödsinnige oder über Kinder unter 7 Jahren ihm obliegende Aufsicht gröblich oder auch nur aus einem mäßigen Versehen vernachlässigt.

§ 58. Wer eine unerlaubte Handlung befiehlt, haftet hauptsächlich für den daraus entstandenen Schaden.

§ 59. Wer wissentlich etwas geschehen läßt, was er zu verhindern schuldig und vermögend gewesen, hat eben die Vermutung, als ob er solches befohlen hätte.

besonders durch Dienstboten,

§ 60. Für den von Dienstboten zugefügten Schaden ist die Herschaft in der Regel nicht verantwortlich.

§ 61. Wer aber wissentlich geschehen läßt, daß sein Gesinde einem Andern einen Schaden zufügt, der wird als Teilnehmer an der unerlaubten Handlung des Gesindes angesehen (§ 59).

§ 62. Wer Gesinde, das durch einen überwiegenden Hang zu groben Lastern, durch einen hohen Grad von Blödsinn oder Schwermut, oder durch ansteckende Krankheiten, Andern gefährlich werden kann, wissentlich in Dienste nimmt oder darin behält, der haftet für alle Gefahr.

§ 63. Für den durch Dienstboten angerichteten Feuerschaden haftet die Herschaft auch alsdann, wenn ihr die Unvorsichtigkeit des Gesindes bei dem Gebrauche von Feuer und Licht bekannt gewesen ist, und sie dasselbe dennoch beibehalten hat.

§ 64. Wenn Jemand zu einem Geschäfte ein dazu untüchtiges Gesinde wissentlich bestellt, so haftet er für den Schaden, welcher einem Dritten bei der Ausrichtung des Geschäftes durch die Untüchtigkeit des Gesindes zugefügt worden.

durch Handwerksgesellen und Lehrlinge,

§ 65. In Ansehung der Handwerksgesellen und Lehrjungen haben die Meister die den Dienstherschaften auferlegten Pflichten.

durch Mietleute,

§ 66. Wer wissentlich Mietleute duldet, die mit Feuer und Licht, bei dem Auswerfen oder Ausgießen oder in Verschließung des Hauses unvorsichtig und nachlässig zu verfahren gewohnt sind, der haftet für allen durch selbige auf dergleichen Art verursachten Schaden.

§ 67. In allen vorstehend bestimmten Fällen (§§ 62—66) haften jedoch die Herschaft, der Meister oder Hauswirt nur in soweit, als der Schadensersatz aus dem Vermögen des Beschädigers nicht erfolgen kann.

§ 68. Sobald erhellet, daß ein Schade durch Jemandes Gesinde, Handwerksgesellen oder Lehrjungen oder durch die Bewohner seines Hauses verursacht worden, und die Herschaft, der Meister oder Hauswirt kann die Person des Beschädigers nicht nachweisen, so ist derselbe dem Beschädigten zur Schadloshaltung hauptsächlich verhaftet.

§ 69. Ob in den Fällen der §§ 56—58, wo Jemand für den von Andern verursachten Schaden haften muß, derselbe nur dem unmittelbaren, oder auch den mittelbaren Schaden und den entgangenen Gewinn vertreten müsse, ist nach dem Grade seiner Verschuldung . . . zu beurteilen.

durch Tiere.

§ 70. Wer ohne obrigkeitliche Erlaubnis wilde oder andere Tiere hält, die vermöge ihrer Natur den Menschen oder den in der Wirtschaft nützlichen Tieren schädlich sind, und in den Häusern oder auf dem Lande gewöhnlich nicht gehalten werden, der haftet für allen durch selbige verursachten Schaden.

§ 71. Eine gleiche Vertretung trifft denjenigen, welcher, auch nach erhaltener Erlaubnis, die gehörigen Maßregeln zur Abwendung des von solchen Tieren zu befürchtenden Schadens verabsäumt.

§ 72. Wer Tiere hält, die zwar ihrer Natur nach nicht schädlich sind, aber auch in der ländlichen oder städtischen Haushaltung nicht gebraucht werden, der haftet für allen durch selbige, auch ohne seine besondere Schuld, verursachten unmittelbaren Schaden.

§ 73. Bei andern von Natur unschädlichen Tieren haftet der Eigentümer nur für den Schaden, welcher aus der verabsäumten Aufsicht über sie entspringt.

§ 74. Wer aber weiß, daß ein Tier, wider die Natur seiner Art, schädlich sei, und dennoch die gehörigen Maßregeln zur Verhütung nachteiliger Folgen verabsäumt, der ist dem Beschädigten zur vollen Genugtuung verpflichtet.

§ 75. Wer ein von Natur unschädliches, oder ein mit obrigkeitlicher Erlaubnis gehaltenes schädliches Tier reizt oder sonst durch eigene Unvorsichtigkeit zu Schadensverhütungen durch dasselbe Anlaß gibt, kann für sich selbst keine Schadloshaltung fordern.

§ 76. Wird dadurch ein Anderer beschädigt, so ist derjenige, welcher das Tier gereizt oder die Unvorsichtigkeit begangen hat, zum Ersatz dafür verpflichtet.

§ 77. Der schuldige Eigentümer und der, welcher das Tier gereizt hat, haften dafür als Mitschuldige.

§ 78. Wenn die Tiere zweier Eigentümer ohne weitere Anreizung einander beschädigen, so haftet nur der, welcher bei der Aufsicht über das schädlich gewordene Tier seine Pflicht vernachlässigt hat.

Wie der Schadensersatz zu leisten:

§ 79. Wenn ein Schade geschehen ist, so muß alles, soviel als möglich, wieder in den Zustand gesetzt werden, welcher vor der Anrichtung des Schadens vorhanden war.

§ 80. Kann durch diese Wiedererstattung der Beleidigte nicht hinreichend entschädigt werden, so muß der Beschädiger ihm das daran noch Fehlende anderweit vergüten.

I, 7. Von Gewahrsam und Besitz.

§ 55. Der Besitz einer Sache, die in Niemandes Besitz sich befindet, kann dadurch ergriffen werden, daß der Besitznehmende die Sache mit solchen Merkmalen bezeichnet, woraus seine Absicht, dieselbe künftig für sich gebrauchen zu wollen, deutlich erhellet.

§ 56. Die blose Bezeichnung aber hilft dem nichts, dem das Vermögen, die Sache selbst in seine Gewalt zu bringen ermangelt.

§ 57. Auch hat die blose Bezeichnung die ihr vorstehend beigelegten Wirkungen nur alsdann, wenn in dem Zeitpunkte, wo sie geschieht, derselben von einem Dritten nicht widersprochen wird.

§ 179. Jeder Besitzer hat in der Regel die Vermutung der Rechtmäßigkeit und Redlichkeit seines Besitzes für sich.

§ 181. Die Vermutung, daß Personen und Eigentum frei sind, überwiegt jedoch die Vermutung für die Rechtmäßigkeit des Besitzes.

I, 9. Von der Erwerbung des Eigentums überhaupt, und den unmittelbaren Arten derselben insonderheit.

4. Abschnitt.

Vom Tierfange.

§ 107. Das Recht das Tierfanges erstreckt sich nur auf solche Tiere, welche noch von keinem Menschen gefangen und gebändigt worden.

§ 108. Doch sind auch eingefangene und zahm gemachte Tiere, wenn sie in ihre natürliche Wildheit zurückgekehrt waren, ein Gegenstand des Tierfanges.

§ 109. Tiere, welche zwar frei herumschweifen, aber an den ihnen bestimmten Ort zurückzukehren pflegen, gehören nicht zum Tierfange.

§ 110. Sie gehören aber dazu, sobald sie die Gewohnheit, zurückzukehren, abgelegt haben.

§ 111. Tauben, welche Jemand hält, ohne ein wirkliches Recht dazu zu haben, sind, wenn sie im Freien betroffen werden, ein Gegenstand des Tierfanges.

§ 112. Wer das Recht hat, Tauben zu halten, ist in den Provinzialgesetzen bestimmt.

§ 113. Wo diese nichts Besonderes festsetzen, sind nur diejenigen, welche tragbare Äcker in der Feldflur eigentümlich besitzen, oder dieselben statt des Eigentümers benutzen, nach Verhältnis des Ackermaßes, Tauben zu halten berechtigt.

Vergl. § 40 der Feldpolizeiordnung vom 1. November 1847: Tauben, welche Jemand hält, ohne ein wirkliches Recht dazu zu haben, sind, wenn sie im Freien betroffen werden, ein

Gegenstand des Tierfangs (A.-L.-R. I, 9 § 111); durch Gemeindebeschlüsse kann aber sowol in Städten als in ländlichen Gemeinden bestimmt werden, daß auch die Tauben desjenigen, welcher ein Recht hat, solche zu halten, wenn dieselben zur Saat- und Erntezeit im Freien und besonders auf den Äckern betroffen werden, Gegenstand des Tierfangs sein sollen. Dergleichen Gemeindebeschlüsse bedürfen jedoch zu ihrer Giltigkeit der Bestätigung der Regierung.

§ 114. Insekten und andere Tiere, welche nach §§ 107 bis 111 ein Gegenstand des Tierfanges, und weder zur Jagd- noch zur Fischereigerechtigkeit geschlagen sind, können von einem Jeden eingefangen werden.

§ 115. Wer in der Absicht, dergleichen Tiere zu fangen, fremden Grund und Boden ohne Vorwissen oder wider den Willen des Eigentümers betreten hat, muß das Gefangene dem Eigentümer auf dessen Verlangen unentgeltlich ausliefern.

§ 116. Hat der Eigentümer auf seinem Grund und Boden zu einem erlaubten Tierfange Anstalten gemacht, so darf kein Anderer die daselbst eingefangenen Tiere bei Strafe des Diebstahls wegnehmen.

§ 117. Vogeleier und junge Vögel sind, soweit es die Polizeigesetze nicht ausdrücklich verbieten, ein Gegenstand des freien Tierfangs.

Insbesondere von Bienen.

§ 118. Bienen auf seinem Eigentum zu halten, ist einem Jeden erlaubt.

§ 119. Das Recht, Bienen in der Heide zu halten, steht nur dem Eigentümer des Forstes zu.

§ 120. Diesem kann auch der Hütungsberechtigte das Halten der Bienen nicht untersagen.

§ 121. Auf zahme Bienenschwärme hat der Eigentümer des Mutterstocks ein ausschließendes Recht.

§ 122. Er kann die schwärmenden Bienen auch auf fremden Grund und Boden verfolgen und daselbst einfangen.

§ 123. Doch muß er dem Eigentümer des Grundes und Bodens für alle bei solcher Gelegenheit verursachte Beschädigungen gerecht werden.

§ 124. Sobald der Eigentümer des schwärmenden Stocks die Verfolgung gänzlich aufgegeben hat, ist der Eigentümer des Grundes und Bodens, auf welchem der Schwarm gefunden wird, denselben einzufangen berechtigt.

§ 125. In Ansehung desjenigen, der wilde oder von dem Eigentümer verlassene Bienen auf fremdem Grunde und Boden einfängt, findet die Vorschrift § 115 Anwendung.

§ 126. Die Polizeiobrigkeit jedes Ortes ist berechtigt, Verfügungen zu treffen, wodurch das Rauben der Bienen verhindert, und diejenigen Stöcke, unter denen es eingerissen ist, davon wieder entwöhnt werden.

Vom Pflanzen der Bäume.

§ 285. Das Eigentum eines auf der Grenze stehendes Baumes gebühret dem, auf dessen Grunde und Boden der Stamm aus der Erde kommt.

§ 286. Steht der Stamm selbst auf der Grenze, so haben beide Nachbarn das Miteigentum des Baumes.

§ 287. Niemand ist die unter seinem Grunde und Boden fortlaufenden Wurzeln oder die über seine Grenze herüberragenden Zweige eines fremden Baumes zu dulden verpflichtet.

§ 288. Will er aber selbige weghauen, so muß er das Holz dem Eigentümer des Baumes ausliefern.

§ 289. Duldet er hingegen dieselben, so ist er berechtigt, diejenigen Früchte sich zuzueignen, welche der Eigentümer nicht einsammeln kann, ohne den Grund des Nachbars zu berühren.

§ 290. Dergleichen Früchte darf der Eigentümer auch nicht mit Instrumenten herüberlangen, oder durch das Herüberbeugen der Äste an sich ziehen.

§ 291. Dagegen ist der Eigentümer des Baumes die auf den Grund des Nachbars hinüberhangenden Zweige auf seinem eigenen Grund und Boden wegzuhauen wol befugt.

§ 292. Früchte eines an der Grenze stehenden Baumes, welche durch die Gewalt des Windes über die Grenze getrieben werden, ist der Nachbar sich zuzueignen berechtigt.

§ 293. Der Baum selbst aber, welcher durch Sturmwind ganz oder zum Teil auf den Grund des Andern geworfen worden, verbleibt dem vorigen Eigentümer.

§ 294. Auch die Früchte, welche nach erfolgter Wegschaffung an dem Baume noch befestigt sind, gehören dem Eigentümer.

§ 295. Der Eigentümer ist, bei Verlust seines Rechts, schuldig, einen solchen Baum auf Verlangen des Nachbars ohne Zeitverlust von dem Grunde desselben wegzuschaffen.

§ 296. Den Schaden, welcher bei dem Wegschaffen auf dem Grunde des Nachbars angerichtet wird, muß der Eigentümer des Baumes allemal vergüten.

§ 297. Denjenigen Schaden aber, welchen der Baum selbst durch seinen Umsturz verursacht hat, muß er nur insofern vergüten, als ihm dabei eine nach den Gesetzen verantwortliche Verschuldung zur Last fällt.

I, 19. Von dinglichen und persönlichen Rechten auf fremdes Eigentum überhaupt.

§ 14. Einschränkungen und Belastungen des Eigentums werden niemals vermutet.

§ 15. Ist das Dasein einer Einschränkung klar, die Art derselben aber streitig und zweifelhaft: so findet die Vermutung für diejenige Art der Einschränkung statt, welche dem Eigentümer am wenigsten lästig ist.

§ 16. Ist es also zweifelhaft: ob der Verpflichtete in seiner Sache etwas zu tun oder nur etwas zu dulden verpflichtet sei, so wird letzteres angenommen.

§ 17. Auch wenn die Art und Gattung des Rechts auf eine fremde Sache an sich bestimmt ist, muß dennoch dasselbe im zweifelhaften Falle, soviel es seine Natur und der ausdrücklich erklärte Zweck seiner Bestimmung zulassen, zum Besten des Eigentümers eingeschränkt werden.

§ 18. Doch ist dabei dahin zu sehen, daß der Berechtigte an dem nützlichen Gebrauche seines Rechtes nicht gehindert oder ihm dasselbe gar vereitelt werde.

§ 20. Kann das Recht mit gleicher Wirkung für den Berechtigten auf mehr als eine Art ausgeübt werden: so ist allemal diejenige zu wählen, welche dem Eigentümer am wenigsten lästig oder nachteilig ist.

§ 29. Rechte auf fremde Sachen erlöschen in der Regel mittelst der Verjährung durch blosen Nichtgebrauch.

I, 22. Von Gerechtigkeiten der Grundstücke gegen einander.

§ 3. Auch solche Einschränkungen muß jeder Grundbesitzer sich gefallen lassen, ohne welche ein anderes Grundstück ganz oder zum Teil völlig unbrauchbar sein würde.

§ 31. Er — (nämlich der Besitzer des dienenden Grundstücks) — darf in seinem Grundstücke nichts vornehmen, wodurch der Andere in Ausübung seiner Grundgerechtigkeit gehindert, oder ihm dieselbe vereitelt werden könnte.

§ 43. Außer den allgemeinen Arten, wie Rechte verloren gehen können, erlöschen Grundgerechtigkeiten durch stillschweigende Einwilligung, wenn der Berechtigte wissentlich geschehen läßt, daß in der verpflichteten Sache Anstalten und Einrichtungen, welche die Ausübung seines Rechtes geradezu unmöglich machen, getroffen werden.

§ 44. Offenbart sich aber der Nachteil erst in der Folge: so kann der Berechtigte auf eine den Umständen angemessene Abänderung innerhalb der Verjährungsfrist antragen.

§ 45. Inwiefern daraus, daß der Berechtigte in der belasteten Sache Anstalten, welche die Ausübung seiner Grundgerechtigkeit hindern oder erschweren, wissentlich hat treffen lassen, eine stillschweigende Einwilligung dessen in eine solche Einschränkung seines Rechtes folge, ist nach vorstehenden Grundsätzen (§§ 43, 44) zu beurteilen.

§ 52. Grundgerechtigkeiten können, gleich andern dinglichen Rechten, durch Konfusion verloren gehen.

§ 53. Derjenige also, in dessen Person das Eigentum der berechtigten und verpflichteten Sache zusammenkommt, ist befugt, die auf letztere eingetragenen Grundgerechtigkeiten löschen zu lassen, oder die das Dasein derselben bezeichnende Anlage fortzuschaffen.

§ 54. Ist dies aber nicht geschehen und die verpflichtete Sache gelangt demnächst wieder an einen besondern Besitzer: so tritt die vorige Grundgerechtigkeit wieder in ihre Wirkung.

Hütungsgerechtigkeit.

§ 80. Wer das Recht hat, sein Vieh auf dem Grundstücke eines andern Guts zu hüten, muß sich desselben so bedienen, daß der Eigentümer dadurch an der Substanz der Sache keinen Schaden leide und an der nach Landesart gewöhnlichen Kultur und Benutzung nicht gehindert werde.

§ 90. Ist die Anzahl des vorzutreibenden Viehes nicht bestimmt, so mag der Berechtigte so viele Stücke, als er mit dem von den berechtigten Grundstücken gewonnenen Futter durchwintern kann, auf die Hütung bringen.

§ 91. Ein solcher Hütungsberechtigter darf sich also der Weide so wenig für fremdes, als selbst für solches eigenes Vieh bedienen, welches er etwa von anderen eigentümlichen oder gepachteten Grundstücken durchwintern könnte.

§ 92. Hat jedoch eine ganze Gemeine das Hütungsrecht: so muß der Besitzer des belasteten Grundstücks auch solches Vieh einzelner Mitglieder zulassen, welches von gepachteten Grundstücken der zur berechtigten Gemeine gehörenden Feldflur durchgewintert wird.

Holzungsgerechtigkeit.

§ 208. Die Befugnis, Bauholz aus einem Walde zu nehmen, erstreckt sich, insoweit sie eine Grundgerechtigkeit ist, nur auf dasjenige, was zur Unterhaltung oder Wiederherstellung der zur Zeit der Verleihung des Rechts vorhanden gewesenen Wohn- und Wirtschaftsgebäude erforderlich ist.

§ 209. Zu neuen Anlagen also darf der belastete Wald das Bauholz nicht hergeben.

§ 210. Wenn aber auch die veränderten Umstände, oder vermehrten Bedürfnisse des berechtigten Guts, eine Verlegung oder Erweiterung der anfänglich vorhanden gewesenen Gebäude notwendig machen: so kann auch dazu das erforderliche Bauholz aus dem belasteten Walde genommen werden.

§ 215. Zum Raff- und Leseholze wird nur dasjenige Holz gerechnet, welches in trockenen Ästen abgefallen ist, oder in abgeholzten Schlägen an Abraum zurückgelassen worden.

§ 216. Stämme, die vor Alter umgefallen sind, werden zum Lagerholze gerechnet.

§ 217. Wer nur zum Raff- und Leseholze berechtigt ist, kann weder auf Lagerholz, noch auf Windbrüche Anspruch machen.

§ 218. Dem Waldeigentümer kommt es zu, für diejenigen, welche nur Raff- und Leseholz aus dem Walde zu nehmen berechtigt sind, gewisse Holztage zu bestimmen, und außer denselben ihnen den freien Eingang in den Wald zu untersagen.

§ 219. Wer nur zum Raff- und Leseholze berechtigt ist, darf keine Äxte, Beile oder andere Instrumente, wodurch stehende Bäume oder Äste heruntergebracht werden können, mit in den Wald nehmen.

§ 224. Die blos zum Raff- und Leseholze Berechtigten können in Ermangelung desselben stehendes selbst abgestandenes Holz nicht fordern.

§ 225. Hat aber der Waldbesitzer in der Benutzung des Waldes solche Anstalten und Vorkehrungen gemacht, daß dadurch den Raff- und Leseholz-Berechtigten die Ausübung ihres Rechtes vereitelt worden: so muß er ihnen stehendes Holz zu ihrer Notdurft so lange anweisen, bis der Mangel an Raff- und Leseholz aufhört.

§ 229. Hat der Eigentümer des Waldes die Unzulänglichkeit durch üble Wirtschaft und übertriebenen Verkauf selbst verursacht: so muß er den Holzungsberechtigten nachstehen.

§ 230. Auch ist der Holzungsberechtigte, um einem solchen Mangel vorzubeugen, darauf anzutragen befugt, daß der Eigentümer des Waldes angehalten werde, den Wald in ordentliche Schläge einzuteilen.

§ 231. Ist der Holzungsberechtigte nur auf eine gewisse Holzart eingeschränkt: so hört sein Recht auf, wenn die bestimmte Holzart in dem Walde nicht mehr anzutreffen ist.

§ 232. Er kann jedoch den Eigentümer zur Wiederanpflanzung dieser Holzart anhalten.

II, 5. Von den Rechten und Pflichten der Herschaften und des Gesindes.

§ 177. Hausoffizianten, denen nur ein gewisses bestimmtes Geschäft in der Haushaltung oder Wirtschaft, oder die Aufsicht über einen gewissen Teil derselben aufgetragen wird, müssen durch einen schriftlichen Kontrakt angenommen werden.

§ 178. Mündliche Verabredungen sind ungiltig, wenn auch ein Mietgeld gegeben und angenommen worden.

§ 182. Hausoffizianten sind nur zu solchen Verrichtungen schuldig, welche mit dem Dienste, wozu sie angenommen worden, nach seiner Bestimmung verbunden sind.

§ 183. Andern häuslichen Geschäften sich zu unterziehen, sind sie nur im dringenden Notfalle verpflichtet.

§ 187. Personen beiderlei Geschlechts, welche zur Erziehung der Kinder angenommen worden, ingleichen Privatsekretäre, Kapläne, und Andere, die mit erlernten Wissenschaften und schönen Künsten im Hause Dienste leisten, sind nicht für bloße Hausoffizianten zu achten.

II, 17. Von den Rechten und Pflichten des Staats zum besonderen Schutze seiner Untertanen.

§ 10. Die nötigen Anstalten zur Erhaltung der öffentlichen Ruhe, Sicherheit und Ordnung, und zur Abwendung der dem Publiko, oder einzelnen Mitgliedern desselben bevorstehenden Gefahr zu treffen, ist das Amt der Polizei.

1807.

Edikt, den erleichterten Besitz und den freien Gebrauch des Grund-Eigentums, so wie die persönlichen Verhältnisse der Land-Bewohner betreffend. Vom 9. Oktober 1807.

Wir Friedrich Wilhelm, von Gottes Gnaden, König von Preußen 2c. 2c.

Tun kund und fügen hiermit zu wissen:

Nach eingetretenem Frieden hat Uns die Vorsorge für den gesunkenen Wolstand Unserer getreuen Untertanen, dessen baldigste Wiederherstellung und möglichste Erhöhung vor Allem beschäftigt. Wir haben hierbei erwogen, daß es, bei der allgemeinen Not, die Uns zu Gebot stehenden Mittel übersteige, jedem Einzelnen Hilfe zu verschaffen, ohne den Zweck erfüllen zu können, und daß es eben sowol den unerläßlichen Forderungen der Gerechtigkeit, als den Grundsätzen einer wolgeordneten Staatswirtschaft gemäß sei, Alles zu entfernen, was den Einzelnen bisher hinderte, den Wolstand zu erlangen, den er nach dem Maß seiner Kräfte zu erreichen fähig war; Wir haben ferner erwogen, daß die vorhandenen Beschränkungen teils in Besitz und Genuß des Grund-Eigentums, teils in den persönlichen Verhältnissen des Land-Arbeiters Unserer wolwollenden Absicht vorzüglich entgegen wirken, und der Wiederherstellung der Kultur eine große Kraft seiner Tätigkeit entziehen, jene, indem sie auf den Wert des Grund-Eigentums und den Kredit des Grundbesitzers einen höchst schädlichen Einfluß haben, diese, indem sie den Wert der Arbeit verringern. Wir wollen daher beides auf diejenigen Schranken zurückführen, welche das gemeinsame Wol nötig macht, und verordnen daher Folgendes:

Freiheit des Güter-Verkehrs.

§ 1. Jeder Einwohner Unsrer Staaten ist, ohne alle Einschränkung in Beziehung auf den Staat, zum eigentümlichen und Pfandbesitz unbeweglicher Grundstücke aller Art berechtigt; der Edelmann also zum Besitz nicht blos adelicher, sondern auch unadelicher, bürgerlicher und bäuerlicher Güter aller Art, und der Bürger und Bauer zum Besitz nicht blos bürgerlicher, bäuerlicher und anderer unadelicher, sondern auch adelicher Grundstücke, ohne daß der eine oder der andere zu irgend einem Güter-Erwerb einer besonderen Erlaubnis bedarf, wenngleich, nach wie vor, jede Besitzveränderung den Behörden angezeigt werden muß. Alle Vorzüge, welche bei Güter-Erbschaften der adeliche vor dem bürgerlichen Erben hatte, und die bisher durch den persönlichen Stand des Besitzers begründete Einschränkung und Suspension gewisser gutsherlichen Rechte fallen gänzlich weg.

In Absicht der Erwerbsfähigkeit solcher Einwohner, welche den ganzen Umfang ihrer Bürgerpflichten zu erfüllen, durch Religions-Begriffe verhindert werden, hat es bei den besonderen Gesetzen sein Verbleiben.

Freie Wahl des Gewerbes.

§ 2. Jeder Edelmann ist, ohne allen Nachteil seines Standes, befugt, bürgerliche Gewerbe zu treiben; und jeder Bürger oder Bauer ist berechtigt, aus dem Bauer- in den Bürger- und aus dem Bürger- in den Bauerstand zu treten.

In wie fern das gesetzliche Vorkaufs- und Näher-Recht annoch statt findet.

§ 3. Ein gesetzliches Vorkaufs- und Näher-Recht soll fernerhin nur bei Lehns-Ober-Eigentümern, Erbzinsherrn, Erbverpächtern, Miteigentümern und da eintreten, wo eine mit andern Grundstücken vermischte oder von ihr umschlossene Besitzung veräußert wird.

Teilung der Grundstücke.

§ 4. Die Besitzer an sich veräußerlicher städtischer und ländlicher Grundstücke und Güter aller Art sind nach erfolgter Anzeige bei der Landes-Polizei-Behörde, unter Vorbehalt der Rechte der Real-Gläubiger und der Vorkaufs-Berechtigten (§ 3), zur Trennung der Radikalien und Pertinenzien, so wie überhaupt zur teilweisen Veräußerung, also auch die Miteigentümer zur Teilung derselben unter sich, berechtiget.

Erbverpachtung der Privat-Güter.

§ 5. Jeder Grund-Eigentümer, auch der Lehns- und der Fideikommiß-Besitzer, ist ohne alle Einschränkung, jedoch mit Vorwissen der Landes-Polizei-Behörde, befugt, nicht blos einzelne Bauerhöfe, Krüge, Mühlen und andere Pertinenzien, sondern auch das Vorwerks-Land, ganz oder zum Teil, und in beliebigen Teilen zu vererbpachten, ohne daß dem Lehns-Ober-Eigentümer, den Fideikommiß- und Lehnsfolgern und den ingrossierten Gläubigern aus irgend einem Grunde ein Widerspruch gestattet wird, wenn nur das Erbstands- oder Einkaufs-Geld zur Tilgung des zuerst ingrossierten Kapitals, oder, bei Lehnen und Fideikommissen, in etwaniger Ermangelung ingrossierter Schulden, zu Lehn oder Fideikommiß verwendet, und, in Rücksicht auf die nicht abgelösten Real-Rechte der Hypotheken-Gläubiger, von der Landschaftlichen Kredit-Direktion der Provinz, oder von der Landes-Polizei-Behörde attestiert wird, daß die Erbverpachtung ihnen unschädlich sei.

Einziehung und Zusammenschlagung der Bauer-Güter.

§ 6. Wenn ein Gutsbesitzer meint, die auf einem Gute vorhandenen einzelnen Bauerhöfe oder ländlichen Besitzungen, welche nicht erblich, erbpacht- oder erbzinsweise ausgetan sind, nicht wieder herstellen oder erhalten zu können, so ist er verpflichtet, sich deshalb bei der Kammer der Provinz zu melden, mit deren Zustimmung die Zusammenziehung sowol mehrerer Höfe in eine bäuerliche Besitzung, als mit Vorwerks-Grundstücken gestattet werden soll, sobald auf dem Gute keine Erbuntertänigkeit mehr statt findet. Die einzelnen Kammern werden hierüber mit besonderer Instruktion versehen werden.

§ 7. Werden die Bauerhöfe aber erblich, erbpacht- oder erbzinsweise besessen, so muß, bevor von deren Einziehung oder einer Veränderung in Absicht der dazu gehörigen Grundstücke die Rede sein kann, zuerst das Recht des bisherigen Besitzers, sei es durch Veräußerung desselben an die Gutsherschaft, oder auf einem andern gesetzlichen Wege, erloschen sein. In diesem Fall treten auch in Absicht solcher Güter die Bestimmungen des § 6 ein.

Verschuldung der Lehns- und Fideikommiß-Güter wegen der Kriegesschäden.

§ 8. Jeder Lehns- und Fideikommiß-Besitzer ist befugt, die zum Retablissement der Kriegsschäden erforderlichen Summen auf die Substanz der Güter selbst, und nicht blos auf die Revenüen derselben hypothekarisch aufzunehmen, wenn nur die Verwendung des Geldes von dem Landrat des Kreises oder der Departements-Landschafts-Direktion attestiert wird. Nach Ablauf dreier Jahre, seit der kontrahierten Schuld, ist der Besitzer und sein Nachfolger schuldig, von dem Kapital selbst, jährlich wenigstens den fünfzehnten Teil abzutragen.

Aufhebung der Lehne, Familienstiftungen und Fideikommisse, durch Familienschlüsse.

§ 9. Jede, keinem Ober-Eigentümer unterworfene Lehns-Verbindung, jede Familien- und jede Fideikommiß-Stiftung, kann durch einen Familienschluß beliebig abgeändert, oder gänzlich aufgehoben werden, wie solches in Absicht der Ostpreußischen (mit Ausschluß der Ermeländischen) Lehne bereits im Ostpreußischen Provinzialrecht, Zusatz 56, verordnet ist.

Auflösung der Gutsuntertänigkeit.

§ 10. Nach dem Datum dieser Verordnung entsteht fernerhin kein Untertänigkeits-Verhältnis, weder durch Geburt, noch durch Heirat, noch durch Übernehmung einer untertänigen Stelle, noch durch Vertrag.

§ 11. Mit der Publikation der gegenwärtigen Verordnung hört das bisherige Untertänigkeits-Verhältnis derjenigen Untertanen und ihrer Weiber und Kinder, welche ihre Bauergüter erblich oder eigentümlich, oder erbzinsweise, oder erbpächtlich besitzen, wechselseitig gänzlich auf.

§ 12. Mit dem Martinitage Eintausend Achthundert und Zehn (1810) hört alle Gutsuntertänigkeit in Unsern sämtlichen Staaten auf. Nach dem Martinitage 1810 gibt es nur freie Leute, so wie solches auf den Domainen in allen Unsern Provinzen schon der Fall ist, bei denen aber, wie sich von selbst versteht, alle Verbindlichkeiten, die ihnen als freien Leuten vermöge des Besitzes eines Grundstücks, oder vermöge eines besonderen Vertrages obliegen, in Kraft bleiben.

Nach dieser Unserer Allerhöchsten Willensmeinung hat sich ein Jeder, den es angeht, insonderheit aber Unsre Landes-Kollegia und übrigen Behörden genau und pflichtmäßig zu achten, und soll die gegenwärtige Verordnung allgemein bekannt gemacht werden.

Urkundlich unter Unserer Höchsteigenhändigen Unterschrift. So geschehen Memel, den 9. Oktober 1807.

Friedrich Wilhelm.

Schrötter. Stein. Schrötter II.

1808.

Ordnung für sämtliche Städte der Preußischen Monarchie mit dazu gehöriger Instruktion, Behuf der Geschäftsführung der Stadtverordneten bei ihren ordnungsmäßigen Versammlungen. Vom 19. November 1808.

Wir . . . .

Tun kund und fügen hiemit zu wissen:

Der besonders in neuern Zeiten sichtbar gewordene Mangel an angemessenen Bestimmungen in Absicht des städtischen Gemeinwesens und der Vertretung der Stadt-Gemeine, das jetzt nach Klassen und Zünften sich teilende Interesse der Bürger und das dringend sich äußernde Bedürfnis einer wirksamern Teilnahme der Bürgerschaft an der Verwaltung des Gemeinwesens, überzeugen Uns von der Notwendigkeit, den Städten eine selbständigere und bessere Verfassung zu geben, in der Bürgergemeine einen festen Vereinigungs-Punkt gesetzlich zu bilden, ihnen eine tätige Einwirkung auf die Verwaltung des Gemeinwesens beizulegen und durch diese Teilnahme Gemeinsinn zu erregen und zu erhalten.

Zur Erreichung dieser landesväterlichen Absicht verleihen Wir, Kraft dieses aus Königlicher Macht und Vollkommenheit, sämtlichen Städten Unserer Monarchie nachstehende Ordnung, indem Wir mit Aufhebung der derselben zuwiderlaufenden, jetzt über die Gegenstände ihres Inhalts bestehenden Gesetze und Vorschriften, namentlich der auf solche Bezug habenden Stellen des Allgemeinen Landrechts, Folgendes verordnen: u. s. w.

Königsberg, den 19. November 1808.

Friedrich Wilhelm.

v. Schrötter. Stein.

Publikandum, betreffend die veränderte Verfassung der obersten Staatsbehörden der Preußischen Monarchie, in Beziehung auf die innere Landes- und Finanzverwaltung. Vom 16. Dezember 1808.

Wir . . . .

Haben beschlossen, den obersten Verwaltungsbehörden für das Innere und die Finanzen eine verbesserte, den Fortschritten des Zeitgeistes, der durch äußere Verhältnisse veränderten Lage des Staats und den jetzigen Bedürfnissen desselben, angemessene Geschäftseinrichtung zu geben und heben daher die in dieser Hinsicht bestandenen Einrichtungen hiemit auf.

Die neue Verfassung bezweckt, der Geschäftsverwaltung die größtmöglichste Einheit, Kraft und Regsamkeit zu geben, sie in einen obersten Punkt zusammen zu fassen, und die Geisteskräfte der Nation und des Einzelnen auf die zweckmäßigste und einfachste Art für solche in Anspruch zu nehmen. Die Regierungsverwaltung geht zu dem Ende künftig von einem, dem Oberhaupt des Staates unmittelbar untergeordneten obersten Standpunkt aus. Es wird von demselben nicht allein das Ganze übersehen, sondern auch zugleich unmittelbar auf die Administration gewirkt. Eine möglichst kleine Zahl oberster Staatsdiener stehet an der Spitze einfach organisierter, nach Hauptverwaltungszweigen abgegrenzter Behörden; im genauesten Zusammenhang mit dem Regenten leiten sie die öffentlichen Geschäfte nach dessen unmittelbar ihnen erteilten Befehlen, selbständig und selbsttätig mit voller Verantwortlichkeit, und wirken so auf die Administration der untergeordneten, in gleicher Art gebildeten Behörden kräftig ein.

Die Nation erhält eine, ihrem wahren Besten und dem Zweck angemessene Teilnahme an der öffentlichen Verwaltung, und dem ausgezeichneten Talent in jedem Stand und Verhältnis wird Gelegenheit eröffnet, davon zum allgemeinen Besten Gebrauch zu machen.

Wir verordnen demnach:

1. Die oberste allgemeine Leitung der ganzen Staatsverwaltung vereinigt sich in dem Staatsrat unter Unserer unmittelbaren Aufsicht. Die nähern Bestimmungen über dessen Organisation und Verfassung behalten Wir Uns indessen noch vor.

2. Das Ministerium besteht aus:
dem Minister des Innern,
dem Minister der Finanzen,
dem Minister der auswärtigen Angelegenheiten,
dem Kriegsministerium,
dem Justizminister.

Jeder Minister ist Chef desjenigen Departements, an dessen Spitze er steht und der solchem untergeordneten Abteilungen. Eines jeden Departements Wirksamkeit erstreckt sich in Rücksicht der Gegenstände desselben über sämtliche Provinzen.

Die äußeren Verhältnisse der drei letzterwähnten Ministerien, welche eine verbesserte Verfassung nach den nemlichen Grundsätzen erhalten, werden durch eine besondere Verordnung bekannt gemacht werden, und die jetzige bezieht sich daher nur auf die des Ministeriums des Innern und der Finanzen.

Durch eine besondere Instruktion ist die Geschäftsführung des gesamten Ministerii als solches näher bestimmt[1]).

u. s. w.

---

[1]) Diese Instruktion ist nicht erlassen worden.

33. Insofern nicht . . besondere Behörden angeordnet sind, führen die Minister, Sektionen und Abteilungen die Geschäftsverwaltung in den Provinzen durch die Kammern (Regierungen) aus. Diese sind daher auch sowol den Ministern des Innern und der Finanzen, als den einzelnen Sektionen und Abteilungen beider Departements in Absicht ihres Ressorts untergeordnet und müssen darin ihren Anweisungen Folge leisten.

34. Zu mehrerer Belebung des Geschäftsganges in den Provinzen werden Oberpräsidenten angesetzt:

einer für die Provinzen Ostpreußen, Littauen und Westpreußen,
einer für die Kurmark, Neumark und Pommern,
einer für Schlesien.

Sie sind zwar den Kammern vorgesetzt, aber keine Zwischeninstanz zwischen ihnem und dem Ministerio, sondern als perpetuierliche Kommissarien des letztern zu betrachten, um in ihrem Namen an Ort und Stelle eine genaue und lebendige, nicht blos formale Kontrole sowol über die öffentliche Verwaltung an sich, als die Treue und Dexterität der Beamten zu führen. u. s. w.

36. Die Provinzial-, Finanz- und Polizeibehörden erhalten durch eine besondere Verordnung gleichfalls eine, der jetzigen angemessene Organisation.

Dadurch und durch die vorstehend veränderte Verfassung der obersten Verwaltungsbehörden, verbunden mit einer sorgfältigen Auswahl der Individuen, wird es möglich werden, die Grundsätze einer verbesserten Staatsverwaltung in Ausführung zu bringen, durch deren Anwendung das Glück des Staats allein dauerhaft neu gegründet werden kann.

Dies zu tun, ist Unser fester landesväterlicher Wille, und es hat sich daher ein Jeder, den es angeht, nach den vorstehenden Bestimmungen zu achten.

Urkundlich . . . .

Verordnung vom 26. Dezember 1808 wegen verbesserter Einrichtung der Provinzial-, Polizei- und Finanz-Behörden.

Wir . . . .

Tun kund und fügen hiermit zu wissen:

Die bisherige Verfassung der Polizei- und Finanzverwaltung in den Provinzen hat den Zweck nicht erreicht, welcher ihr zum Grunde lag. Die einzelnen Zweige derselben waren unter mehrere nebeneinandergesetzte Behörden verteilt, wodurch Einheit und Übereinstimmung behindert und der Geschäftsgang schleppend wurde. Die Krieges- und Domänenkammern waren mit Geschäften überladen, die zum Teil vor Justiz-, zum Teil vor Unterbehörden gehörten; es fehlte ihnen an der nötigen Selbständigkeit, und beides erschwerte ihnen häufig mit Schnelligkeit und Energie zu wirken. Sämtliche Verwaltungsbehörden befanden sich in einer zu entfernten Verbindung mit der

Nation selbst. Indem Wir Uns damit beschäftigen, die Wunden zu heilen, welche der Krieg dem Staate und Wolstande Unsern getreuen Untertanen geschlagen hat, haben Wir beschlossen, in den Krieges- und Domänenkammern, Rücksichts der ihrem Wirkungskreise anvertrauten Distrikte, den Vereinigungspunkt der gesamten innern Staatsverwaltung, in Beziehung auf die Polizei-, Finanz- und Landeshoheitsangelegenheiten zu bilden, weshalb sie auch nach § 53 von jetzt ab den Namen:

Regierungen

führen und unter diesem Ausdruck in der gegenwärtigen Verordnung verstanden werden sollen, denselben zugleich eine Verfassung zu geben, nach welcher sie die verschiedenen Zweige der innern Administration mit voller Teilnahme umfassen, sie zwar im Einzelnen sämtlich mit Sorgfalt beachten und pflegen, aber auch in steter Übereinstimmung zum Wol des Ganzen leiten, alles einseitige zeither öfters stattgefundene Verwaltungsinteresse daraus entfernen, möglichst frei und selbständig unter eigener Verantwortlichkeit in ihrem Wirkungskreise fortschreiten, nicht durch den todten Buchstaben des formalen Geschäftsganges allein, sondern auch durch Männer, welche sie aus dem praktischen Leben und der Nation selbst in ihrer Mitte haben, lebendiger auf und für dieselbe wirken können, und auf diese Weise mehr Einheit und Übersicht in der Anordnung, mehr Schnelligkeit und Energie in der Ausführung erhalten, zur Beförderung der allgemeinen Wolfahrt des Staats, Unsers Königlichen Hauses und Unserer getreuen Untertanen, als dem höchsten Ziele ihrer Tätigkeit. Wir haben sie zu dem Ende mit einer besonderen Geschäfts-Instruktion versehen und verordnen für sämtliche Provinzen Unsers Königreichs Folgendes:

§ 1. Als Landeshoheitsbehörde verwalten die Regierungen in ihrem Departement sämtliche vorbehaltene Rechte des Staats, welche sich auf die innern Verhältnisse desselben zu seinen Untertanen beziehen. Es gehören daher vor die Regierungen die Landes-, Grenz-, Huldigungs-, Auswanderungs-, Abfahrts-, Abschoßsachen, die Führung der Vasallentabellen, die Erteilung der Päſſe zu Reisen außerhalb Landes, die Standeserhöhungen, die Legitimationen zum bessern Fortkommen, die Zensur aller Bücher, Schriften und öffentlichen Blätter, die Publikation der Edikte und Verordnungen, in sofern solche nicht aus dem Justizdepartement allein ergangen, die Oberaufsicht über alle bereits vorhandene oder noch zu errichtende öffentliche Anstalten, Gesellschaften und Korporationen.

§ 35. Über Gegenstände und Angelegenheiten . . ., welche, nach den Gesetzen und allgemeinen Grundsätzen Unserer Staats- und Landesverfassung, zur richterlichen Erörterung bisher schon nicht geeignet gewesen, kann auch fernerhin kein Prozeß zugelassen werden.

§ 36. Es findet derselbe daher weder über wirkliche Majestäts- und Hoheitsrechte, noch gegen allgemeine in Gegenständen der Regierungsverwaltung ergangene Verordnungen . . ., noch über die Verbindlichkeit zur Entrichtung allgemeiner Anlagen und Abgaben, denen sämtliche Einwohner des Staats oder alle Mitglieder einer gewissen Klasse derselben nach der bestehenden Landesverfassung unterworfen sind, . . . statt, und ebensowenig in den besonderen Fällen, wo die Gesetze ihn ausdrücklich ausgeschlossen haben . . .

§ 53. Die Landes-Justizkollegien legen ihre verschiedenen bisherigen Namen ab, und nehmen allgemein den Titel

Ober-Landgerichte

an, mit Ausschluß des Kammergerichts, welches seinen Namen behält. Die Kammern hingegen sollen künftighin

Regierungen

genannt werden, und darnach ändern sich auch die bisherigen Titulaturen der Präsidenten, Direktoren, Räte, Assessoren und Subalternen von beiden Landeskollegien u. s. w.

Geschäfts-Instruktion für die Regierungen in sämtlichen Provinzen, vom 26. Dezember 1808.

Seine Königliche Majestät von Preußen . . . haben es für nötig erachtet, die Regierungen in Höchstdero Provinzen, über die heute vollzogenen Verordnungen wegen verbesserter Einrichtung . . ., mit nachstehender Geschäfts-Instruktion zu versehen.

§ 39. Jede Deputation hat in ihrem Ressort, bei entstehenden Vakanzen, die Besetzung der Stellen, bringt sie aber jedesmal in dem Plenum zur Sprache, aus der Rücksicht, um zu erfahren, ob den andern Mitgliedern Umstände bekannt sind, welche die Anstellung des gewählten Subjekts widerraten. Werden jedoch dergleichen Umstände angeführt, und, im Fall die Deputation ihren Vorschlag alsdann nicht von selbst zurücknimmt, durch die Mehrheit der Stimmen zur Versagung der Stelle erheblich genug befunden, so kann die Anstellung des vorgeschlagenen Subjekts nicht erfolgen. In gleicher Art wird wegen der Vorschläge zu denjenigen Stellen verfahren, wozu höhere Genehmigung notwendig ist. Wegen der Mitglieder des Kollegiums geschehen die Vorschläge von Seiten des Präsidiums allein.

Bei Auswahl der Subjekte muß *allein Würdigkeit und Verdienst* entscheiden, und nur bei Gleichheit derselben, Alter und Dienstzeit den Ausschlag geben; *aber auch mit strenger Unparteilichkeit und gänzlicher Verbannung des Nepotismus geprüft werden.*

§ 47. In so weit die Regierungen nach der jetzigen Instruktion frei und selbständig operieren können, in so weit sind sie auch berechtigt, ohne höhere Genehmigung Verbindlichkeiten im Namen des Fiskus und anderer unter ihrer unmittelbaren Verwaltung verbleibenden moralischen Personen zu übernehmen, Gerechtsamen derselben zu entsagen, Vergleiche und Kontrakte einzugehen und zu bestätigen.

Bei Eingehung der Kontrakte muß mit aller Vorsicht und Überlegung zu Werke gegangen, aller unnütze und überflüßige Kostenaufwand vermieden, und der Regel nach alles, wo solches anwendbar ist,

durch den Weg der Lizitation herbeigeschafft; Einmal eingegangene Verträge müssen aber strenge gehalten, und die Erfüllung derselben durch keine Sophistereien und leere Ausflüchte aufgehalten oder geschmälert werden. Es ist unter der Würde des Staats und seiner Behörden, von den übernommenen Verbindlichkeiten etwas abdingen oder auf andere Art den Berechtigten in dem Genuß seines Rechts kürzen zu wollen. Jeder Departementsrat und nach ihm das Präsidium sind, bei eigener Vertretung, dafür zu sorgen verbunden, daß insonderheit die in den Verträgen stipulierten Zahlungstermine eingehalten, und die Zahlungen in denjenigen Münzsorten, worin solche versprochen worden, geleistet werden können. Nur wenn klare Gesetze solches begründen, kann von dem Vertrage abgegangen werden.
u. s. w.

1810.

Verordnung vom 27. Oktober 1810 über die veränderte Verfassung aller obersten Staatsbehörden in der preußischen Monarchie.

Wir . . . Schon unter dem 16. Dezember 1808 haben Wir eine veränderte Verfassung der obersten Staatsbehörden für Unsere Monarchie, jedoch nur teilweise, festgesetzt. Die seitdem hinzugekommenen Erfahrungen und die Ernennung eines Staatskanzlers veranlassen Uns jetzt, jener Verfassung vollständige Bestimmungen durch die gegenwärtige Verordnung zu geben.

Wir ordnen einen Staatsrat an, und werden teils in diesem Allerhöchstselbst, bei persönlicher Anwesenheit darin, teils aus Unserm Kabinet Unsere Befehle und Entscheidungen erlassen.

. . . .

Soweit wir nicht Allerhöchst bei persönlicher Anwesenheit im Staatsrat Unsere Befehle und Entscheidungen erteilen, geschieht solches aus Unserm

Kabinet.

In diesem haben beständigen Vortrag:

1. der Staatskanzler,
2. ein Geheimer Kabinetsrat,
3. in Militärsachen diejenigen Militärpersonen, welche Wir dazu bestimmen.

. . . .

Der Staatsrat hat keine Verwaltung u. s. w.

Berlin, den 27. Oktober 1810.

Friedrich Wilhelm.
Hardenberg.

1811.

Edikt vom 14. September 1811, die Regulierung der gutsherrlichen und bäuerlichen Verhältnisse betreffend.

Wir . . . .

Tun kund und fügen hiermit zu wissen:
daß Wir durch die bisher sowol auf Unsern Domainen als von verschiedenen Rittergutsbesitzern gemachten Erfahrungen noch mehr überzeugt worden sind;

wie die Verwandlung der bäuerlichen Besitzungen in Eigentum, da wo solches bisher noch nicht statt fand und die Ablösung der Natural-Dienste und Berechtigungen gegen billige und gerechte Entschädigungen zum wahren Besten sowol der Berechtigten als Verpflichteten gereiche.

Zur Beförderung desselben und aus landesväterlicher Sorgfalt für das Wol Unserer getreuen Untertanen verordnen Wir daher, nachdem Wir über diese wichtige Angelegenheit das Gutachten erfahrner Landwirte und Sachverständigen aus allen Provinzen und Ständen Uns vortragen lassen, Folgendes:

§ 1. Es sollen die bisher nicht eigentümlich verliehenen bäuerlichen Besitzungen unter den in der gegenwärtigen Verordnung enthaltenen Vorschriften und Bedingungen in Eigentum verwandelt und die auf solchen ruhenden Dienstbarkeiten und Berechtigungen gegen wechselseitige billige Entschädigungen abgelöset werden. Zur Vermeidung aller Misdeutung und Unordnung setzen Wir jedoch ausdrücklich fest, daß kein Besitzer dieser bäuerlichen Nahrungen dies Eigentum eigenmächtig ergreifen, noch die bisherigen Verbindlichkeiten zu Leistung und Abführung seiner Dienste und Abgaben verweigern darf, bis die Abfindung in Gemäßheit der hier folgenden Vorschriften entweder durch Vergleich oder durch die hiezu verordneten Behörden bestimmt ist, bei Vermeidung der in den Gesetzen auf unerlaubte Selbsthülfe geordneten Strafen. u. s. w.

Edikt vom 14. September 1811 zur Beförderung der Land-Kultur.

Wir . . . .

Tun kund und fügen hiermit zu wissen: Das platte Land Unserer Monarchie befand sich bisher im Ganzen in einem ungünstigen Zustande. Um ihn zu verbessern, haben Wir die Untertänigkeit aufgehoben und die große Last des Vorspanns und der Fouragelieferung erlassen. Inzwischen reichen diese Woltaten und andere, die aus der Gewerbefreiheit entspringen, immer noch nicht hin, das Wol der Landbewohner gründlich und dauernd zu befördern. Mit Ausnahme Niederschlesiens fehlt dem größten Teile derselben das Eigentum, und da, wo es vorhanden ist, unterliegt es großen Beschränkungen.

Die durch Unsere Edikte vom 9. Oktober 1807 und 27. Oktober v. J. gegebene Verheißung wegen allgemeiner Verleihung des Eigentums geht durch das Edikt vom heutigen Tage wegen Regulierung der gutsherrlichen und bäuerlichen Verhältnisse in Erfüllung. Auch werden, teils durch solches, teils durch die nächstens ergehende Gemeinheitsteilungsordnung Bestimmungen gegeben, wie die Abhängigkeitsverhältnisse der bäuerlichen Grundbesitzer abgelöset und die Servituten, welche der Kultur hinderlich sind, ausgeglichen werden können.

Um nun die noch übrigen Hindernisse völlig aus dem Wege zu räumen, und Unsere getreue Untertanen in die Lage zu setzen, ihre Kräfte frei anwenden und Grund und Boden, so weit solche reichen, nach bester Einsicht benutzen zu können, verordnen Wir wie folget: u. s. w.

§ 26. Hinsichtlich des Raff- und Leseholzes verordnen Wir:

1. daß jeder Waldeigentümer befugt sein soll, das Sammeln der Berechtigten auf das Bedürfnis einzuschränken;

2. daß es nur an bestimmten Tagen unter der Aufsicht eines Forstbedienten nach dessen Vorschrift geschehen darf, wenn der Eigentümer gut findet, diese Einrichtung zu treffen.

§ 37. Wir empfehlen die bessere Benutzung der in den Forsten und Feldmarken befindlichen kleineren Gewässer zur Fischerei u. s. w.

Allerhöchste Kabinetsordre vom 3. Juni 1814, wegen Ernennung des Ministerii.

Die so glücklich veränderten Verhältnisse, welche dem Staate einen dauerhaften Frieden und eine beträchtliche Ausdehnung seiner Grenze sichern, machen eine jenen Verhältnissen angemessene und vollständige Organisation seiner innern Verwaltung notwendig. Ich will daher den Anfang dazu mittelst Besetzung der bisher vakanten Ministerien um so mehr machen, als das Interesse Meines Reichs, und das von Europa, Meine Rückkehr nach Berlin noch etwas verzögern wird, Ihre Gegenwart bei Meiner Person fortwährend erforderlich ist, und das Ministerium mittlerweile, neben der Leitung der Geschäfte die erwähnte Organisation vorbereiten und den Plan Mir bei meiner Rückkunft zur Entscheidung vorlegen kann. Ich hebe diesemnach die nur für die Dauer des Krieges bestellten Militair-Gouvernements zwischen der russischen Grenze und der Weichsel, zwischen der Weichsel und Oder, zwischen der Oder und Elbe, desgleichen das von Schlesien hiermit auf und übertrage die Geschäfte derselben nach ihrer verschiedenen Beschaffenheit den Ministerien, den in den Militair-Divisionen anzustellenden kommandierenden Generalen und den ordentlichen Landes-Behörden. In den Provinzen links der Elbe bleiben die Militair-Gouvernements vorerst noch bestehen, jedoch unter der obern Leitung der Ministerien und der kommandierenden Generale, an die sie nach Beschaffenheit der Gegenstände zu berichten haben.

Das Ministerium soll unter Ihrem Vorsitze bestehen,

1. aus dem der auswärtigen Angelegenheiten,
2. der Justiz,

3. der Finanzen und des Handels,
4. des Krieges,
5. der Polizei,
6. des Innern,

sich wöchentlich einmal oder, falls es nötig ist, mehrmals versammeln und allgemeine Gegenstände, desgleichen soche, wo die Ressorts in einander greifen und eine gemeinschaftliche Überlegung erforderlich ist, mit einander beraten. Ihre Verhältnisse als Staats-Kanzler bleiben im Ganzen dieselbigen, wie sie in der Verordnung vom 27. Oktober 1810 bestimmt sind. Alle Berichte des Ministerii und der Minister an Mich werden Ihnen ohne Ausnahme zugeschickt, damit Sie die Übersicht der ganzen Verwaltung behalten und nötigenfalls Mir Ihre Meinung darüber abgeben können. Sie legen Mir sodann nach Beschaffenheit der Gegenstände diese Berichte selbst vor und machen Mir entweder daraus Vortrag, oder überlassen solches den Ministern oder den bei Meinem Militair- und Civil-Kabinet angestellten vortragenden Personen u. s. w.

Paris, den 3. Juni 1814.

An
den Staatskanzler Freiherrn von Hardenberg.

1817.

Verordnung vom 20. März 1817 wegen Einführung des Staatsrats.

Wir . . . .
haben in unserer Verordnung vom 27. Oktober 1810, die veränderte Verfassung der obersten Staatsbehörden betreffend, die Bestimmungen gegeben, nach welchen die obere Verwaltung Unsers Staats unter der Oberaufsicht und Kontrole des Staatskanzlers geführt werden soll. Späterhin haben Wir durch einen Kabinets-Befehl vom 3. Juni 1814 unter dem Vorsitz des Staatskanzlers ein Staatsministerium angeordnet und dabei seine Verhältnisse als solcher im Ganzen unverändert gelassen, insonderheit aber verordnet, daß alle Berichte des Ministerii und der Minister an Uns ihm ohne Ausnahme zugeschickt werden sollen, damit er die Übersicht der ganzen Verwaltung behalte und Uns nötigenfalls seine Meinung darüber abgeben könne. Wir haben ihm überlassen, Uns sodann nach Beschaffenheit der Gegenstände diese Berichte Selbst vorzulegen und Uns Vortrag daraus zu machen, oder solches den Ministern, oder den bei Unserm Militair- und Civilkabinet angestellten vortragenden Personen zu übertragen.

Alle diese Einrichtungen bestätigen Wir und wollen, daß sie auch fernerhin genau beobachtet werden. Wir setzen auch fest, daß jeder Staatsminister mit dem Ende des Februars eine Darstellung seiner Verwaltung im abgelaufenen Jahre an Uns ablege und bei dem Staatskanzler einreiche.

Wir wollen aber nunmehr auch den schon in der oberwähnten Verordnung vom 27. Oktober 1810 und in Unserm Kabinetsbefehl vom 3. Juni 1814 bestimmten Staatsrat in Wirksamkeit treten lassen, nachdem die Hindernisse jetzt gehoben sind, die sich derselben in den Begebenheiten der Zeit entgegengesetzt haben, und die Organisation der verwaltenden Behörden so weit vorgeschritten ist, daß der Staatsrat den beabsichtigten Zweck erfüllen kann.

Diesemnach setzen Wir folgendes hiermit fest:

1. Der Staatsrat wird den 30. März 1817 eröffnet und tritt von diesem Tage an in Wirksamkeit. Er wird seine Sitzungen in Unserm Königlichen Schlosse in der Residenzstadt Berlin halten.

2. Der versammelte Staatsrat ist für Uns die höchste beratende Behörde; er hat aber durchaus keinen Anteil an der Verwaltung. u. s. w.

4. Der Staatsrat soll bestehen:

I. Aus den Prinzen Unseres Hauses, sobald sie das 18. Lebensjahr erreicht haben.

II. Aus Staatsdienern, welche durch ihr Amt zu Mitgliedern desselben berufen sind; für jetzt nämlich:
der Staatskanzler und Präsident des Staatsrats;
Unsere Feldmarschälle;
die die Verwaltung leitenden wirklichen Staatsminister;
u. s. w.

III. Aus Staatsdienern, welchen Unser besonderes Vertrauen Sitz und Stimme im Staatsrat beilegt. Für jetzt bestimmen Wir dazu die in der Anlage aufgeführten Personen.
u. s. w.

7. Zur gründlichen Erörterung der bei dem Staatsrate vorkommenden Gegenstände und zur Vorbereitung derselben für das Plenum, wo keine andere als völlig zur Entscheidung instruierte Sachen vorkommen dürfen, wird der Staatsrat in 7 besondere Abteilungen zerteilt.
u. s. w.

Kabinets-Ordre vom 3. November 1817 wegen der Geschäftsführung bei den Ober-Behörden in Berlin.

Durch die Errichtung des Staatsrats ist dafür gesorgt, daß die Gesetze, gehörig geprüft, Meiner Sanktion unterworfen werden. In Absicht auf die Verwaltung ist durch die Instruktion für die Oberpräsidenten, Regierungen, Konsistorien und Medizinalkollegien diesen eine Stellung gegeben, wodurch sie in Stand gesetzt werden, solche nach allgemeinen Grundsätzen und Vorschriften, unter ihrer Verantwortlichkeit, selbständig zu führen; die Ministerien aber sind zu ihrer eigentlichen Bestimmung zurückgebracht, jene Vorschriften zu erteilen, die Gesetze vorzubereiten und darüber zu wachen, daß sie überall befolgt werden. Um aber auch den Mängeln abzuhelfen, welche sich aus einer gar zu großen Anhäufung von Gegenständen bei einer Geschäftsabteilung und Person ergeben haben, und es einem jeden Minister möglich zu machen, den ihm anvertrauten Geschäftszweig gründlich zu übersehen und zu leiten, dem gesamten Ministerium aber, das Ganze der Staatsverwaltung richtig zu beurteilen und dahin zu sehen, daß der Zweck so vollkommen als möglich und mit Einheit erfüllt werde: um endlich die nötige Kontrole besonders im Finanzwesen, herzustellen, habe Ich folgende Einrichtung beschlossen:

I. Der Finanzminister wird von der Verwaltung der sämtlichen außerordentlichen Einnahmen und Ausgaben, des Schatzes und des Staatsschuldenwesens, der Seehandlung, der Bank, der General-Salzdirektion, der Lotterie, der Münze und des Berg- und Hüttenwesens, entbunden. Er behält dagegen:

1. die Leitung des gewöhnlichen Staatshaushalts, mithin der Domänen und Forsten und des ganzen Steuerwesens, der General-Staatskasse und der Provinzialkassen,
2. das Handels- und Gewerbe-Departement,
3. das Land- und Wasserbauwesen, mithin auch den Chaussee-, Kanal- und Hafenbau, und damit einen Wirkungskreis, der vormals mehrere Minister beschäftigte und dessen Ausfüllung einen sehr tätigen Mann erfordert.

II. u. s. w.

1821.

Gemeinheitsteilungs-Ordnung vom 7. Juni 1821.

. . . . Da die bisherigen Gesetze über die Aufhebung der Gemeinheiten für das Bedürfnis der erweiterten Landkultur nicht mehr genügen: so haben Wir dieselben einer sorgfältigen Revision unterworfen und den ausgearbeiteten Entwurf zu einer G.-T.-O. mit Zuziehung der Provinzialkollegien und sachkundiger Männer aus jeder Provinz prüfen lassen. Nachdem die von ihnen gemachten Vorschläge und Erinnerungen auch in Unserem Staatsrate erwogen worden, so verordnen Wir auf das von demselben erstattete Gutachten nunmehr für alle Provinzen Unserer Monarchie, in welchen das A.-L.-R. eingeführt ist, mit Aufhebung des 4. Abschn., 17. Tit., I. Teils, und der G.-T.-O. für Schlesien vom 14. April 1771, hiermit wie folgt:

§ 1. Die von mehreren Einwohnern einer Stadt oder eines Dorfes, von Gemeinen und Grundbesitzern bisher gemeinschaftlich ausgeübte Benutzung ländlicher Grundstücke soll zum Besten der allgemeinen Landeskultur, so viel als möglich ist, aufgehoben, oder so lange sie besteht, möglichst unschädlich gemacht werden.

§ 2. Die Aufhebung der Gemeinheit nach dieser Ordnung findet nur statt bei Weideberechtigungen auf Äckern, Wiesen, Angern, Forsten, und sonstigen Weideplätzen, bei Forstberechtigungen zur Mast, zum Mitgenusse des Holzes und zum Streueholen, und bei Berechtigungen zum Plaggen-, Heide- und Bültenhieb, es mögen übrigens die Gerechtsame auf einem gemeinschaftlichen Eigentum, einem Gesamteigentume, oder einem einseitigen oder wechselseitigen Dienstbarkeitsrechte beruhen.

§ 3. Die blos vermengte Lage der Äcker, Wiesen und sonstigen Ländereien, ohne gemeinschaftliche Benutzung, begründet keine Auseinandersetzung nach dieser Ordnung.

§ 27. Verträge und Willenserklärungen, wodurch Gemeinheitsteilungen ausgeschlossen werden, sind in Rücksicht der Äcker und der damit in Verbindung stehenden Nutzungen nur auf so lange Zeit verbindlich, als nach der bestehenden Fruchtfolge und Schlageinteilung der gemeinschaftlich benutzten Grundstücke zur zweimaligen Abnutzung aller Schläge erforderlich ist; in Rücksicht anderer Gegenstände dauert ihre Verbindlichkeit nur zehn Jahre. Mit Ablauf dieser Zeitpunkte steht jedem frei, seine Befugnis auf Gemeinheitsteilung geltend zu machen.

§ 52. Der Umfang der Berechtigung zum Plaggen-, Heide- und Bültenhieb wird, insofern sie zum Zwecke der Düngung stattfindet, bei den mit Äckern, Wiesen und Gärten angesessenen Berechtigten nach dem Bedürfnisse der Düngung in der jeden Orts hergebrachten Bestellungsart bestimmt. Davon werden jedoch die eigenen Mittel zur Düngerbereitung, die jeder an Stroh, Schilf u. s. w. hat, abgerechnet.

Wo dieses Recht auf Gemeinweiden von den gesamten Hütungsberechtigten ausgeübt wird, ist dasselbe nach erfolgter Teilung der Weide als von selbst durch Kompensation erloschen anzusehen.

§ 53. Bei Berechtigten, die mit dergleichen (§ 52) Grundstücken nicht angesessen sind, wird dieses Teilnehmungsrecht nach dem Bedürfnisse der Streue für die Viehzahl, die sie auf die zu teilende gemeine Weide zu bringen befugt sind, bestimmt.

§ 54. Bezweckt das vorgedachte Recht (§ 52) die Feuerung, so erhält es seine Bestimmung durch das Bedürfnis des Berechtigten an Feuerung, wovon jedoch die eigenen Feuerungsmittel an Holz, Torf u. s. w. abzurechnen sind.

§ 164. Neue Gemeinheiten, deren Aufhebung die jetzige Ordnung bezweckt (§ 2), können nur unter der Beschränkung des § 27 und nur durch schriftlichen Vertrag errichtet werden.

1841.

Gesetz vom 31. März 1841 wegen Deklaration und näherer Bestimmung des § 164 der Gemeinheitsteilungs-Ordnung vom 7. Juni 1821.

. . . . . Um ferneren Zweifeln über den Sinn und Umfang . . . . . zu begegnen, zugleich aber von den Beteiligten, welche zur Begründung ihrer Gerechtsame nur auf die Verjährung sich zu berufen vermögen, die aus der Verzögerung des Nachweises derselben zu besorgenden Nachteile nach Möglichkeit abzuwenden, verordnen Wir . . . für sämtliche Landesteile, in welchen die Gemeinheits-Teilungs-Ordnung gesetzliche Kraft hat, was folgt:

§ 1. In Gemäßheit des § 164 G.-T.-O. können die im § 2 daselbst bezeichneten Gemeinheiten und Grundgerechtigkeiten, welche zur Zeit der Publikation jener Ordnung noch nicht rechtsgiltig bestanden haben, durch Verjährung nicht mehr begründet werden.

§ 2. Jeder erst nach Publikation der G.-T.-O. angefangene Besitz ist daher in Beziehung auf die Verjährung ohne rechtliche Wirkung.

§ 3. Auch ein bereits früher angefangener, aber noch nicht bis zur Vollendung der Verjährung fortgesetzter Besitz ist mit jenem Zeitpunkte für unterbrochen und wirkungslos zu achten.

§ 4. Wenn jedoch in dem im § 3 vorausgesetzten Falle der Besitz auch nach Publikation der G.-T.-O. noch so lange unterbrochen fortgedauert hat, daß die gesetzliche Verjährungsfrist, von dem erweislichen Anfange des Besitzes an gerechnet, vor Publikation des gegenwärtigen Gesetzes abgelaufen ist, so soll, unter Vorbehalt des Gegenbeweises, die gesetzliche Vermutung eintreten, daß die Verjährung schon bei Publikation der G.-T.-O. vollendet gewesen sei.

Auf Besitzhandlungen, die erst nach Publikation des gegenwärtigen Gesetzes vorgenommen werden, ist keine Rücksicht zu nehmen.

§ 5. Die für einzelne Landesteile bestehenden Vorschriften, wodurch in Hinsicht gewisser Arten von Grundgerechtigkeiten die Verjährung schon früher ausgeschlossen und unterbrochen worden, bleiben auch ferner in Kraft; alle andern, den obigen Vorschriften entgegenstehende provinzialrechtliche oder statutarische Bestimmungen aber werden hierdurch aufgehoben.

§ 6. Das gegenwärtige Gesetz findet auf alle noch nicht rechtskräftig entschiedene Fälle Anwendung.

Urkundlich . . .

1849.

Verordnung über die Ausführung der Wahl der Abgeordneten zur zweiten Kammer vom 30. Mai 1849.

§ 1. Die Abgeordneten der zweiten Kammer werden von Wahlmännern in Wahlbezirken, die Wahlmänner von den Urwählern in Urwahl-Bezirken gewählt.

§ 4. Auf jede Vollzahl von 250 Seelen ist ein Wahlmann zu wählen.

§ 8. Jeder selbständige Preuße, welcher das 24. Lebensjahr vollendet und nicht den Vollbesitz der bürgerlichen Rechte infolge rechtskräftigen richterlichen Erkenntnisses verloren hat, ist in der Gemeinde, worin er seit sechs Monaten seinen Wohnsitz oder Aufenthalt hat, stimmberechtigter Urwähler, sofern er nicht aus öffentlichen Mitteln Armen-Unterstützungen erhält.

§ 10. Die Urwähler werden nach Maßgabe der von ihnen zu entrichtenden direkten Staatssteuern . . . in drei Abteilungen geteilt und zwar in der Art, daß auf jede Abteilung ein Dritteil der Gesamtsumme der Steuerbeträge aller Urwähler fällt[1]).

§ 14. Jede Abteilung wählt ein Dritteil der zu wählenden Wahlmänner.

§ 27. Der Wahl-Kommissar beruft die Wahlmänner mittelst schriftlicher Einladung zur Wahl der Abgeordneten.

1850.

Verfassungsurkunde vom 31. Januar 1850.

Art. 4. Alle Preußen sind vor dem Gesetze gleich. Standes-Vorrechte finden nicht statt. Die öffentlichen Ämter sind, unter Einhaltung der von den Gesetzen festgestellten Bedingungen, für alle dazu Befähigten gleich zugänglich.

Art. 5. Die persönliche Freiheit ist gewährleistet. Die Bedingungen und Formen, unter welchen eine Beschränkung derselben, insbesondere eine Verhaftung zulässig ist, werden durch das Gesetz bestimmt.

Art. 6. Die Wohnung ist unverletzlich. Das Eindringen in dieselbe und Haussuchungen, sowie die Beschlagnahme von Briefen und Papieren sind nur in den gesetzlich bestimmten Fällen und Formen gestattet.

Art. 9. Das Eigentum ist unverletzlich. Es kann nur aus Gründen des öffentlichen Woles gegen vorgängige, in dringenden Fällen wenigstens vorläufig festzustellende Entschädigung nach Maßgabe des Gesetzes entzogen oder beschränkt werden.

Art. 14. Die christliche Religion wird bei denjenigen Einrichtungen des Staats, welche mit der Religionsübung im Zusammenhange stehen, unbeschadet der im Art. 12 gewährleisteten Religionsfreiheit zum Grunde gelegt.

Art. 44. Die Minister des Königs sind verantwortlich. Alle Regierungsakte des Königs bedürfen zu ihrer Giltigkeit der Gegenzeichnung eines Ministers, welcher dadurch die Verantwortlichkeit übernimmt.

Art. 53. Die Krone ist, den Königlichen Hausgesetzen gemäß, erblich in dem Mannsstamme des Königlichen Hauses nach dem Rechte der Erstgeburt und der agnatischen Linealfolge.

Art. 62. Die gesetzgebende Gewalt wird gemeinschaftlich durch den König und durch zwei Kammern ausgeübt.

Die Übereinstimmung des Königs und beider Kammern ist zu jedem Gesetze erforderlich.

Finanzgesetz-Entwürfe und Staatshaushalts-Etats werden zuerst der zweiten Kammer vorgelegt; letztere werden von der ersten Kammer im Ganzen angenommen oder abgelehnt.

---

[1]) **Vgl. Gesetz vom 29. Juni 1893: § 1 Abs. 2. Für jede nicht zur Staatseinkommensteuer veranlagte Person ist an Stelle dieser Steuer ein Betrag von 3 Mark zum Ansatz zu bringen. u. s. w.**

Art. 63. **Nur in dem Falle, wenn die Aufrechthaltung der öffentlichen Sicherheit, oder die Beseitigung eines ungewöhnlichen Notstandes es dringend erfordert, können, insofern die Kammern nicht versammelt sind, unter Verantwortlichkeit des gesamten Staatsministeriums, Verordnungen, die der Verfassung nicht zuwiderlaufen, mit Gesetzeskraft erlassen werden.** Dieselben sind aber den Kammern bei ihrem nächsten Zusammentritt zur Genehmigung sofort vorzulegen.

Art. 64. Dem Könige, so wie jeder Kammer, steht das Recht zu, Gesetze vorzuschlagen.

Gesetzesvorschläge, welche durch eine der Kammern oder den König verworfen worden sind, können in derselben Sitzungsperiode nicht wieder vorgelegt werden.

Art. 83. Die Mitglieder beider Kammern sind Vertreter des ganzen Volkes. Sie stimmen nach ihrer freien Überzeugung und sind an Aufträge und Instruktionen nicht gebunden.

Art. 84. Sie können für ihre Abstimmungen in der Kammer niemals, für ihre darin ausgesprochenen Meinungen nur innerhalb der Kammer auf den Grund der Geschäftsordnung zur Rechenschaft gezogen werden.

Kein Mitglied einer Kammer kann ohne deren Genehmigung während der Sitzungsperiode wegen einer mit Strafe bedrohten Handlung zur Untersuchung gezogen oder verhaftet werden, außer wenn es bei Ausübung der Tat oder im Laufe des nächstfolgenden Tages nach derselben ergriffen wird.

Gleiche Genehmigung ist bei einer Verhaftung wegen Schulden notwendig.

Jedes Strafverfahren gegen ein Mitglied der Kammer und eine jede Untersuchungs- oder Civilhaft wird für die Dauer der Sitzungsperiode aufgehoben, wenn die betreffende Kammer es verlangt.

Art. 86. Die richterliche Gewalt wird im Namen des Königs durch unabhängige, keiner anderen Autorität als der des Gesetzes unterworfene Gerichte ausgeübt.

Die Urteile werden im Namen des Königs ausgefertigt und vollstreckt.

Art. 106. Gesetze und Verordnungen sind verbindlich, wenn sie in der vom Gesetze vorgeschriebenen Form bekannt gemacht worden sind.

Die Prüfung der Rechtsgiltigkeit gehörig verkündeter Königlicher Verordnungen steht nicht den Behörden, sondern nur den Kammern zu.

Art. 107. **Die Verfassung kann auf dem ordentlichen Wege der Gesetzgebung abgeändert werden, wobei in jeder Kammer die gewöhnliche absolute Stimmenmehrheit, bei zwei Abstimmungen, zwischen welchen ein Zeitraum von wenigstens einundzwanzig Tagen liegen muß, genügt.**

Art. 115. **Bis zum Erlasse des im Art. 72 vorgesehenen Wahlgesetzes bleibt die Verordnung vom 30. Mai 1849, die Wahl der Abgeordneten zur zweiten Kammer betreffend, in Kraft.**

Gesetz vom 2. März 1850, betreffend die Ablösung der Reallasten und die Regulierung der gutsherrlichen und bäuerlichen Verhältnisse[1]).

Wir ... König ... verordnen ... für den ganzen Umfang der Monarchie, mit Ausnahme der auf dem linken Rheinufer belegenen Landesteile:

§ 1. Mit dem Zeitpunkte der Verkündigung des gegenwärtigen Gesetzes treten folgende Gesetze außer Kraft:

1. bis 33. u. s. w.

Erster Abschnitt.

Berechtigungen, welche ohne Entschädigung aufgehoben werden.

§ 2. Ohne Entschädigung werden folgende Berechtigungen, soweit sie noch bestehen, hiermit aufgehoben:

1. Das Ober-Eigentum des Lehnsherrn und die lediglich aus demselben entspringenden, in dem § 5 nicht als fortbestehend bezeichneten Rechte bei allen innerhalb des Staates belegenen Lehnen, mit alleiniger Ausnahme der Thronlehne;
2. das Ober-Eigentum des Guts- oder Grundherrn und des Erbzinsherrn, desgleichen das Eigentumsrecht des Erbverpächters; der Erbzinsmann und der Erbpächter erlangen mit dem Tage der Rechtskraft des gegenwärtigen Gesetzes, und lediglich auf Grund desselben, das volle Eigentum;
3. der Anspruch auf Regulierung eines Allodifikationszinses für die aufgehobene Lehnsherrlichkeit in denjenigen Landesteilen, welche vormals zum Königreich Westfalen, zum Großherzogtum Berg, zu den französisch-hanseatischen Departements oder dem Lippe-Departement gehört haben;
4. das grundherrliche oder gutsherrliche Heimfallsrecht an Grundstücken und Gerechtsamen jeder Art innerhalb des Staates, ohne Unterschied, ob der Staat, moralische Personen oder Privatpersonen die Berechtigten sind;
5. die Berechtigung des Erbverpächters oder des Zinsberechtigten, den ihm zustehenden Kanon oder Zins willkürlich zu erhöhen;
6. die Vorkaufs-, Näher- und Retrakt-Rechte an Immobilien, mit Ausnahme der im § 4 aufgeführten;
7. die auf Grundstücken haftende Verpflichtung, gegen das in der Gegend übliche Tagelohn zu arbeiten;

[1]) Vergl. Gesetz vom 27. April 1872. Hiernach kommt das Gesetz vom 2. März 1850 auch zur Anwendung in Ansehung derjenigen Berechtigungen, welche Kirchen, Pfarren, Küstereien, sonstigen geistlichen Instituten, kirchlichen Beamten, öffentlichen Schulen und deren Lehrern, höheren Unterrichts- und Erziehungsanstalten, frommen und milden Stiftungen oder Woltätigkeitsanstalten, sowie den zur Unterhaltung aller vorgedachten Anstalten bestimmten Fonds zustehen.

8. die Befugnis, zu verlangen, daß ein Privat-Grundbesitzer sein Grundstück mit Maulbeerbäumen bepflanze oder solche unterhalte;
9. die auf Grundstücken haftende Verpflichtung des sogenannten flämingschen Kirchganges.

§ 3. Es werden ferner folgende Berechtigungen, soweit sie noch bestehen, ohne Entschädigung aufgehoben:

1. Das Recht, einen Anteil oder ein einzelnes Stück aus einer Verlassenschaft vermöge guts-, grund- oder gerichtsherlichen Verhältnisses zu fordern;
2. das in einigen Landesteilen noch bestehende Recht des zu Abgaben und Leistungen Berechtigten, der Zerstückelung des pflichtigen Grundstücks zu widersprechen;
3. alle Abgaben und Leistungen der Nichtangesessenen an die bisherige Guts-, Grund- oder Gerichtsherschaft, soweit sie aus diesem Verhältnis herzuleiten sind und nicht auf anderweitigen Verträgen beruhen;
4. die unter verschiedenen Benennungen vorkommenden Beiträge und Leistungen zur Übertragung der Lasten der Privat-Gerichtsbarkeit und gutsherlichen Polizei-Verwaltung;
5. alle Abgaben und Leistungen, welche außer den Kosten, deren Erhebung sich auf die gesetzlich bestehenden Gebühren-Taxen gründet, für einzelne gerichtliche Akte oder bei Gelegenheit derselben entrichtet werden;
6. alle in Beziehung auf die Jagd obliegenden Dienste und Leistungen;
7. alle Dienste, Abgaben und Leistungen zur Bewachung gutsherlicher Gebäude und Grundstücke;
8. alle Dienste zu persönlichen Bedürfnissen der Gutsherschaft und ihrer Beamten, z. B. Dienste zum Reinigen der Häuser und Höfe, zur Krankenpflege, zum Bewachen und Ausläuten der Leichen, zu Reisen des Gutsherrn und seiner Beamten;
9. alle Abgaben zur Ausstattung oder bei Taufen von Familiengliedern des Guts- oder Grundherrn; insbesondere das in einigen Gegenden vorkommende Recht, die Gänse der bäuerlichen Wirte berupfen zu lassen;
10. die aus den früheren gutsherlichen, schutzherlichen und grundherlichen Rechten abgeleiteten und hergebrachten Abgaben und Leistungen, welche, ohne zum öffentlichen Steuer-Einkommen zu gehören, die Natur der Steuern haben; insbesondere die in einigen Teilen der Rheinprovinz und der Provinz Westfalen, oder sonst noch vorkommende Abgabe für die Benutzung des fließenden Wassers in Privatflüssen.

    Unter diesen Abgaben für die Benutzung des fließenden Wassers sind die Mühlenabgaben nicht begriffen;
11. alle Abgaben für die Erlaubnis, auf eigenem Grund und Boden gewisse Vieharten oder Bienen zu halten;

12. die Verpflichtung zum Verkauf von Wachs und anderen landwirtschaftlichen Erzeugnissen an die Gutsherrschaft;
13. die aus dem guts- oder grundherlichen Rechte hergeleitete Befugnis, die auf fremden Hofräumen, Gärten, Äckern und Wiesen zerstreut stehenden Bäume und Sträuche zu benutzen und sich anzueignen;
14. die unter dem Namen Straßengerechtigkeit oder Auenrecht vorkommende Befugnis des Gutsherrn, über die nicht zu den Wegen nötigen freien Plätze innerhalb der Dorflage zu verfügen, soweit jene aus der gutsherlichen Polizeigerichtsbarkeit hergeleitet wird.
   Das Eigentum dieser Grundstücke fällt, insofern dieselben nicht schon vor Verkündung des Gesetzes vom 9. Oktober 1848 in die privative Benutzung des Gutsherrn oder eines Dritten übergegangen, oder zwischen der Gutsherrschaft und der Dorfgemeinde rechtsverbindlich geteilt worden sind, der Ortsgemeinde als solcher zu, welche aber fortan auch die bisher damit verbunden gewesenen Lasten, z. B. die Instandhaltung der Dorfstraße, der Brücken, Stege u. s. w. zu tragen hat.
   Vorstehende Bestimmungen treten erst mit Einführung der neuen Gemeinde-Ordnung in den einzelnen Gemeinden in Kraft;
15. alle unmittelbaren Gegenleistungen, welche bei den sämtlichen in dem § 2 und vorstehend unter 1 bis 14 aufgehobenen Leistungen dem Berechtigten oblagen, sowie die von dem Gutsherrn zu leistenden Leichenfuhren, Hochzeit- und Kindtauffuhren, Doktor- und Hebammenfuhren.

Insofern jedoch die in diesem Paragraphen gedachten Dienste, Abgaben und Leistungen für die Verleihung oder Veräußerung eines Grundstücks ausdrücklich übernommen worden sind, bleibt deren unentgeltliche Aufhebung ausgeschlossen.

In wie weit Besitzveränderungs-Abgaben ohne Entschädigung aufgehoben werden sollen, ist in den §§ 36 ff. des gegenwärtigen Gesetzes bestimmt.

§ 4. Das durch Verträge oder letztwillige Verfügungen begründete Vorkaufsrecht an Immobilien, das Vorkaufsrecht derjenigen, die eine Sache gemeinschaftlich zu vollem Eigentum besitzen, an deren Anteilen, so wie das Retraktrecht der Miterben nach dem Rheinischen Civilgesetzbuch, bleiben in Kraft.

. . . .

§ 5. Die in dem § 2 Nr. 1 und 2 bestimmte Aufhebung des Ober-Eigentums des Lehnsherrn, Guts- oder Grundherrn und Erbzinsherrn, sowie des Eigentums des Erbverpächters, hat nicht zugleich die Aufhebung der aus diesen Verhältnissen entspringenden Berechtigungen auf Abgaben oder Leistungen oder ausdrücklich vorbehaltene Nutzungen zur Folge; vielmehr bleiben diese Berechtigungen, sofern sie nicht etwa in dem gegenwärtigen Gesetze besonders für aufgehoben erklärt worden sind, fortbestehend, und zwar mit denselben Vorzugsrechten in dem Vermögen der Verpflichteten, welche sie bisher darin hatten.

. . . .

Vierter Abschnitt.

Allgemeine Bestimmungen.

§ 91. Bei erblicher Überlassung eines Grundstücks ist fortan nur die Übertragung des vollen Eigentums zulässig.

Mit Ausnahme fester Geldrenten dürfen Lasten, welche nach dem gegenwärtigen Gesetze ablösbar sind, einem Grundstücke von jetzt ab nicht auferlegt werden.

Neu auferlegte feste Geldrenten ist der Verpflichtete, nach vorgängiger sechsmonatlicher Kündigung, mit dem zwanzigfachen Betrage abzulösen berechtigt, sofern nicht vertragsmäßig etwas Anderes bestimmt wird. Es kann jedoch auch vertragsmäßig die Kündigung nur während eines bestimmten Zeitraums, welcher dreißig Jahre nicht übersteigen darf, ausgeschlossen, und ein höherer Ablösungsbetrag als der fünfundzwanzigfache der Rente nicht stipuliert werden; ersteres gilt auch von den in den §§ 53 bis 55 gedachten Renten.

Vertragsmäßige, den Vorschriften dieses Paragraphen zuwiderlaufende Bestimmungen sind wirkungslos, unbeschadet der Rechtsverbindlichkeit des sonstigen Inhalts eines solchen Vertrags.

§ 92. Die Kündigung von Kapitalien, welche einem Grundstücke oder einer Gerechtigkeit auferlegt werden, kann künftig nur während eines bestimmten Zeitraums, welcher dreißig Jahre nicht übersteigen darf, ausgeschlossen werden.

Kapitalien, welche auf einem Grundstücke oder einer Gerechtigkeit angelegt sind und bisher seitens des Schuldners unkündbar waren, können von jetzt ab, sobald dreißig Jahre seit der Verkündung dieses Gesetzes verflossen sind, mit einer sechsmonatlichen Frist seitens des Schuldners gekündigt werden.

Diese Bestimmungen finden auf sämtliche Kreditinstitute keine Anwendung. u. s. w.

Gesetz vom 2. März 1850 über die Errichtung von Rentenbanken.

§ 1. Zur Beförderung der Ablösung der Reallasten und zur vollständigen Auflösung des Rechtsverhältnisses zwischen den bisherigen Berechtigten und Verpflichteten soll in jeder Provinz eine Rentenbank errichtet werden. u. s. w.

§ 10. In allen Fällen, in welchen die Ablösung der Rente durch die Rentenbank erfolgt, hat der Verpflichtete nur $^9/_{10}$ der ermittelten vollen Rente an die Rentenbank zu entrichten. $^1/_{10}$ der Rente wird demselben vom Tage ihres Überganges auf die Rentenbank an erlassen.

Dem Verpflichteten steht jedoch auch die Wahl frei, ob er die volle Rente oder nur $^9/_{10}$ derselben künftighin an die Rentenbank entrichten will. — Auf die Höhe der Entschädigung des Berechtigten ist dieses aber ohne Einfluß und es wird nur die Amortisationsperiode der Renten bei Einzahlung des vollen Betrages abgekürzt. Von der einmal getroffenen Wahl kann der Verpflichtete nicht wieder abgehen. u. s. w.

§ 22. Der Verpflichtete wird entweder durch eine $56\frac{1}{12}$ Jahre .... lang fortgesetzte Zahlung der Rente, wenn er sich bei Ueberweisung der Rente auf die Rentenbank für den Erlaß eines Zehnteils der vollen Rente oder durch eine $41\frac{1}{12}$ Jahre .... lang fortgesetzte Zahlung der vollen Rente, wenn er sich für diese erklärt hat (§ 10), von der Verpflichtung zur ferneren Entrichtung der Rente vollständig befreit. u. s. w.

§ 28. Der Berechtigte erhält als Abfindung von der Rentenbank den 20fachen Betrag der vollen Rente u. s. w.

§ 29. Diese Abfindung wird in Rentenbriefen nach deren Nennwert .... geleistet. u. s. w.

Gesetz vom 2. März 1850, betreffend die Ergänzung und Abänderung der Gemeinheitsteilungs-Ordnung vom 7. Juni 1821, und einiger anderen über Gemeinheitsteilungen ergangenen Gesetze.

Wir ..... verordnen, mit Zustimmung beider Kammern, für diejenigen Landesteile, in welchen die Gemeinheitsteilungs-Ordnung vom 7. Juni 1821 Gesetzkraft hat, was folgt:

Artikel 1. Nachfolgende Berechtigungen:

1. zur Gräserei und zur Nutzung von Schilf, Binsen oder Rohr auf Ländereien und Privatgewässern aller Art;
2. zum Pflücken des Grases und des Unkrauts in den bestellten Feldern (zum Krauten);
3. zum Nachrechen auf abgeernteten Feldern, sowie zum Stoppelharken;
4. zur Nutzung fremder Äcker gegen Hergebung des Düngers;
5. zum Fruchtgewinn von einzelnen Stücken fremder Äcker (zu Deputat-Beeten);
6. zum Harzscharren;
7. zur Fischerei in stehenden oder fließenden Privatgewässern;
8. zur Torfnutzung,

sind, sofern sie auf einer Dienstbarkeit beruhen, auf den Antrag sowol des Berechtigten, als des Verpflichteten, nach den Grundsätzen der Gemeinheitsteilungs-Ordnung vom 7. Juni 1821 selbständig ablösbar.

Artikel 4. Wenn der Umfang der auf einer Dienstbarkeit beruhenden Berechtigungen zur Nutzung von Schilf, Binsen oder Rohr, zum Stoppelharken, sowie zur Torfnutzung, nicht durch Urkunden, Judikate oder Statuten in anderer Weise festgestellt ist, so wird derselbe nach den Vorschriften der §§ 52 bis 55 der Gemeinheitsteilungs-Ordnung vom 7. Juni 1821 bestimmt, je nachdem die Berechtigungen die Düngung oder die Feuerung bezwecken; dabei kommen aber solche den Berechtigten gehörige Torflager, welche zur Zeit der Anbringung des Ablösungs-Antrages noch nicht aufgedeckt sind, nicht in Betracht.

Mit dieser letzteren Maßgabe finden die §§ 52 und 54 der Gemeinheitsteilungs-Ordnung auch auf Streu- und Brennholzberechtigungen in fremden Forsten Anwendung, wenn sich dieselben auf das Bedürfnis der Berechtigten beschränken und die Abrechnung der eigenen Düngerbereitungs- und Feuerungsmittel nicht ausdrücklich durch Urkunden, Judikate oder Statuten ausgeschlossen worden ist.

Gesetz vom 11. März 1850 über die Polizeiverwaltung.

§ 5. Die mit der örtlichen Polizeiverwaltung beauftragten Behörden sind befugt, nach Beratung mit dem Gemeindevorstande, ortspolizeiliche, für den Umfang der Gemeinde giltige Vorschriften zu erlassen und gegen die Nichtbefolgung derselben Geldstrafen . . . . . . anzudrohen.

§ 6. Zu den Gegenständen der ortspolizeilichen Vorschriften gehören:

a) der Schutz der Personen und des Eigentums;
b) Ordnung, Sicherheit und Leichtigkeit des Verkehrs auf öffentlichen Straßen, Wegen und Plätzen, Brücken, Ufern und Gewässern;
c) der Marktverkehr und das öffentliche Feilhalten von Nahrungsmitteln;
d) Ordnung und Gesetzlichkeit bei dem öffentlichen Zusammensein einer größeren Anzahl von Personen;
e) das öffentliche Interesse in Bezug auf die Aufnahme und Beherbergung von Fremden; die Wein-, Bier- und Kaffe-Wirtschaften und sonstigen Einrichtungen zur Verabreichung von Speisen und Getränken;
f) Sorge für Leben und Gesundheit;
g) Fürsorge gegen Feuersgefahr bei Bau-Ausführungen, sowie gegen gemeinschädliche und gemeingefährliche Handlungen, Unternehmungen und Ereignisse überhaupt;
h) Schutz der Felder, Wiesen, Weiden, Wälder, Baumpflanzungen, Weinberge u. s. w.;
i) alles andere, was im besonderen Interesse der Gemeinden und ihrer Angehörigen polizeilich geordnet werden muß.

§ 15. Es dürfen in die polizeilichen Vorschriften . . . keine Bestimmungen aufgenommen werden, welche mit den Gesetzen oder den Verordnungen einer höheren Instanz im Widerspruch stehen.

§ 17. Die Polizeirichter haben über alle Zuwiderhandlungen gegen polizeiliche Vorschriften . . . zu erkennen und dabei nicht die Notwendigkeit oder Zweckmäßigkeit, sondern nur die gesetzliche Giltigkeit jener Vorschriften nach den Bestimmungen der §§ 5[1]), 11[1]) und 15 dieses Gesetzes in Erwägung zu ziehen.

---

[1]) Vgl. jetzt Gesetz über die allgemeine Landesverwaltung vom 30. Juli 1883 §§ 136 flg.

Gesetz vom 13. Februar 1854, betreffend die Konflikte bei gerichtlichen Verfolgungen wegen Amts- und Diensthandlungen.

§ 1. Wenn gegen einen Civil- oder Militärbeamten wegen einer in Ausübung oder in Veranlassung der Ausübung seines Amtes vorgenommenen Handlung oder wegen Unterlassung einer Amtshandlung eine gerichtliche Verfolgung im Wege des Civil- oder Strafprozesses eingeleitet worden ist, so steht der vorgesetzten Provinzial- oder Centralbehörde des Beamten, falls sie glaubt, daß demselben eine zur gerichtlichen Verfolgung geeignete[1]) Überschreitung seiner Amtsbefugnisse oder Unterlassung einer ihm obliegenden Amtshandlung nicht zur Last fällt, die Befugnis zu, den Konflikt zu erheben.

§ 2. Erachtet der Gerichtshof zur Entscheidung der Kompetenzkonflikte[2]) vor Fällung seines Urteils noch tatsächliche Ermittelungen für erforderlich, so ist er befugt, solche durch die Verwaltungs- oder durch die Gerichtsbehörden zu veranlassen, insbesondere die Fortsetzung der gerichtlichen Instruktion oder Untersuchung bis zu einem zu bestimmenden Ziele anzuordnen.

Über das Ergebnis dieser Ermittelungen sind vor Fällung des Urteils die in der Sache beteiligten Privatparteien zu hören. Denselben ist zu diesem Zwecke zu eröffnen, daß ihnen freistehe, sich über die Verhandlungen, deren Einsicht ihnen bei dem Gerichte, bei welchem die Verfolgung eingeleitet ist, gestattet werden, binnen einer Präklusivfrist von vier Wochen zu erklären. u. s. w.

§ 3. Befindet der Gerichtshof (§ 2), daß dem Beamten eine zur gerichtlichen Verfolgung geeignete[3]) Überschreitung seiner Amtsbefugnisse oder Unterlassung einer ihm obliegenden Amtshandlung nicht zur Last fällt, so entscheidet er, daß der Rechtsweg gegen den Beamten unzulässig sei, im entgegengesetzten Falle aber, daß derselbe zulässig sei. — Ein Urteil der letzteren Art präjudiziert weder dem Beamten in seiner weiteren Verteidigung vor dem Gerichte, noch dem Gerichte in seiner rechtlichen Entscheidung der Sache.

§ 4. Vorstehende Bestimmungen sind auch anwendbar, wenn eine gerichtliche Verfolgung wegen Amtshandlungen (§ 1) gegen einen aus dem Dienste bereits ausgeschiedenen Beamten oder gegen die Erben eines Beamten anhängig wird.

§ 5. Unter den Beamten (§ 1) sind auch diejenigen, welche in mittelbarem Staatsdienste stehen, einbegriffen.

§ 6. Das gegenwärtige Gesetz findet auch Anwendung, wenn Personen des Soldatenstandes wegen Handlungen, welche von ihnen bei Ausübung oder in Veranlassung der Ausübung ihrer Dienstverrichtungen vorgenommen sind, oder wegen Unterlassung ihrer Dienstverrichtungen bei anderen als Militärgerichten belangt werden. — In diesen Fällen steht dem vorgesetzten Divisions-Kommandeur

---

[1]) [2]) [3]) Vergl. § 11 Einf.-Ges. zum Gerichts-Verfassungsgesetz von 1877 unten.

oder kommandierenden General die Befugnis zu, den Konflikt zu erheben. Die Verrichtungen des Gerichtshofes zur Entscheidung der Kompetenz-Konflikte werden durch das Militär-Justizdepartement ausgeübt[1]), welches unter Mitwirkung dreier höheren Offiziere, die von dem Könige jedesmal auf drei Jahre bezeichnet werden, zu entscheiden hat. Die Beschlußnahme erfolgt auf den schriftlichen Vortrag zweier rechtsverständiger Referenten, deren einer von dem Justizminister, der andere von dem Kriegsminister ernannt wird.

§ 7. Ausgeschlossen von dem gegenwärtigen Gesetze bleiben die Fälle, in denen die gerichtliche Verfolgung eingeleitet ist:

1. gegen richterliche Beamte,
2. gegen andere Justizbeamte, mit Ausnahme der Beamten der Staatsanwaltschaft und der gerichtlichen Polizei,
3. gegen die im Bezirke des Appellationsgerichtshofes zu Köln angestellten Hypothekenbewahrer und Civilstandsbeamten.

Urkundlich .....

1854.

Gesetz vom 24. April 1854, betreffend die Verletzungen der Dienstpflichten des Gesindes und der ländlichen Arbeiter.

Wir verordnen ..... für den ganzen Umfang des Staats, mit Ausnahme der Hohenzollernschen Lande, unter Zustimmung ...., was folgt:

§ 1. Gesinde, welches hartnäckigen Ungehorsam oder Widerspenstigkeit gegen die Befehle der Herschaft oder der zu seiner Aufsicht bestellten Personen sich zu Schulden kommen läßt oder ohne gesetzmäßige Ursache den Dienst versagt oder verläßt, hat auf den Antrag der Herschaft, unbeschadet deren Rechts zu seiner Entlassung oder Beibehaltung, Geldstrafe bis zu 5 Tlr. oder Gefängnis bis zu 3 Tagen verwirkt.

Dieser Antrag kann nur innerhalb 14 Tagen seit Verübung der Übertretung oder, falls die Herschaft wegen der letzteren das Gesinde vor Ablauf der Dienstzeit entläßt, vor dieser Entlassung gemacht werden.

Den Antrag auf Grund des G. v. 14. 5. 1852 bei der Lokal-Polizeibehörde anzubringen, ist nur dann zuläßig, wenn weder die Herschaft, noch ein von ihr bestellter Stellvertreter oder ein Beamter der Herschaft die Lokalpolizei verwaltet. An Stelle der Lokalpolizei tritt in diesem Falle der Landrat.

Bis zum Anfang der Vollstreckung der Strafe ist die Zurücknahme des Antrages zuläßig.

§ 2. Die Bestimmungen des § 1 finden auch Anwendung:

a) auf die bei Stromschiffern in Dienst stehenden Schiffsknechte (G. v. 23. 9. 1835);

[1]) Vergl. § 11 Einf.-Ges. zum Gerichts-Verfassungsgesetz von 1877 unten.

b) auf das Verhältnis zwischen den Personen, welche von den zu Diensten verpflichteten bäuerlichen Besitzern zur Verrichtung dieser Dienste gestellt werden, und den Dienstberechtigten oder den von ihnen bestellten Aufsehern;

c) auf das Verhältnis zwischen dem Besitzer eines Landgutes oder einer anderen Acker- oder Forstwirtschaft, sowie den von ihm zur Aufsicht über die Wirtschaftsarbeiten bestellten Personen und solchen Dienstleuten, welche gegen Gewährung einer Wohnung in den ihm gehörigen oder auf dem Gute befindlichen Gebäuden und gegen einen im voraus bestimmten Lohn behufs der Bewirtschaftung angenommen sind (Instleute, herschaftliche Tagelöhner, Einlieger, Katenleute und dgl.);

d) auf das Verhältnis zwischen solchen Handarbeitern, welche sich zu bestimmten land- oder forstwirtschaftlichen Arbeiten, wie z. B. Erntearbeiten auf Acker und Wiese, Meliorationsarbeiten, Holzschlagen u. s. w. verdungen haben, und dem Arbeitgeber oder den von ihm bestellten Aufsehern.

§ 3. Gesinde, Schiffsknechte, Dienstleute oder Handarbeiter der § 2, a, b, c und d bezeichneten Art, welche die Arbeitgeber oder die Obrigkeit zu gewissen Handlungen oder Zugeständnissen dadurch zu bestimmen suchen, daß sie die Einstellung der Arbeit oder die Verhinderung derselben bei einzelnen oder mehreren Arbeitgebern verabreden oder zu einer solchen Verabredung Andere auffordern, haben Gefängnisstrafen bis zu einem Jahre verwirkt.

§ 4. Hausoffizianten (§ 177 flg. II, 5 A.-L.-R.) sind den Strafvorschriften dieses Gesetzes nicht unterworfen.

§ 5. Die festgesetzten Strafen fließen zur Orts-Armenkasse.

Urkundlich u. s. w.

Verordnung vom 12. Oktober 1854 wegen Bildung der Ersten Kammer.

Wir . . . verordnen, im Verfolg des Gesetzes vom 7. Mai 1853 (Gesetz-Sammlung Seite 181), betreffend die Bildung der Ersten Kammer, was folgt:

§ 1. Die Erste Kammer besteht:

1. aus den Prinzen Unseres Königlichen Hauses, welche Wir, sobald sie in Gemäßheit Unserer Hausgesetze die Großjährigkeit erreicht haben, in die Erste Kammer zu berufen, Uns vorbehalten;
2. aus Mitgliedern, welche mit erblicher Berechtigung,
3. aus Mitgliedern, welche auf Lebenszeit von Uns berufen sind.

§ 2. Mit erblicher Berechtigung gehören zur Ersten Kammer:

1. die Häupter der Fürstlichen Häuser von Hohenzollern-Hechingen und Hohenzollern-Sigmaringen;
2. die nach der Deutschen Bundes-Akte vom 8. Juni 1815 zur Standschaft berechtigten Häupter der vormaligen Deutschen reichsständischen Häuser in Unseren Landen;

3. die übrigen nach Unserer Verordnung vom 3. Februar 1847 zur Herren-Kurie des Vereinigten Landtags berufenen Fürsten, Grafen und Herren.

Außerdem gehören mit erblicher Berechtigung zur Ersten Kammer diejenigen Personen, welchen das erbliche Recht auf Sitz und Stimme in der Ersten Kammer von Uns durch besondere Verordnung verliehen wird. Das Recht hierzu wird in der durch die Verleihungs-Urkunde festgesetzten Folgeordnung vererbt.

§ 3. Als Mitglieder auf Lebenszeit wollen Wir berufen:

1. Personen, welche Uns in Gemäßheit der folgenden Paragraphen präsentiert werden;
2. die Inhaber der vier großen Landes-Ämter im Königreich Preußen;
3. einzelne Personen, welche Wir aus besonderem Vertrauen ausersehen. Aus denselben wollen Wir „Kron-Syndici“ bestellen, welchen Wir wichtige Rechtsfragen zur Begutachtung vorlegen, imgleichen die Prüfung und Erledigung rechtlicher Angelegenheiten des Hauses anvertrauen werden.

§ 4. Das Präsentationsrecht steht zu:

1. den nach Unserer Verordnung vom 3. Februar 1847 zur Herren-Kurie des Vereinigten Landtags berufenen Stiftern;
2. dem für jede Provinz zu bildenden Verbande der darin mit Rittergütern angesessenen Grafen, für je einen zu Präsentierenden;
3. den Verbänden der durch ausgebreiteten Familienbesitz ausgezeichneten Geschlechter, welche Wir mit diesem Recht begnadigen;
4. den Verbänden des alten und des befestigten Grundbesitzes;
5. einer jeden Landes-Universität;
6. denjenigen Städten, welchen Wir dieses Recht besonders beilegen.

§ 5. Die von den Stiftern zu präsentierenden Vertreter werden von den Mitgliedern derselben aus ihrer Mitte, die von den Universitäten zu präsentierenden von dem akademischen Senate aus der Zahl der ordentlichen Professoren, die von den Städten zu präsentierenden von dem Magistrate, oder in Ermangelung eines kollegialischen Vorstandes von den übrigen kommunalverfassungsmäßigen Vertretern der Stadt aus der Zahl der Magistrats-Mitglieder erwählt.

§ 6. Die näheren reglementarischen Bestimmungen wegen Bildung der Verbände des alten und des befestigten Grundbesitzes — Landschafts-Bezirke — (§ 4, Nr. 4) und wegen Ausübung des Präsentationsrechts (§ 4, Nr. 1 bis 6) werden von Uns erlassen.

§ 7. Das Recht auf Sitz und Stimme in der Ersten Kammer kann nur von preußischen Untertanen ausgeübt werden, welche sich im Vollbesitze der bürgerlichen Rechte befinden, ihren Wohnsitz innerhalb Preußen haben und nicht im aktiven Dienste eines außerdeutschen Staates stehen.

Ferner ist dazu — außer bei den Prinzen Unseres Königlichen Hauses — ein Alter von dreißig Jahren erforderlich.

§ 8. Das Recht der Mitgliedschaft der Ersten Kammer erlischt bei denjenigen Mitgliedern, welche in Gemäßheit der §§ 4 bis 6 präsentiert werden, mit dem Verluste der Eigenschaft, in welcher die Präsentation erfolgt ist.

§ 9. Das Recht der Mitgliedschaft der Ersten Kammer geht außer den Fällen der §§ 12 und 21 des Strafgesetzbuchs verloren, wenn die Kammer durch einen von Uns bestätigten Beschluß einem Mitgliede das Anerkenntnis unverletzter Ehrenhaftigkeit oder eines der Würde der Kammer entsprechenden Lebenswandels oder Verhaltens versagt.

§ 10. Wenn die Kammer mit Rücksicht auf eine gegen ein Mitglied eingeleitete Untersuchung oder aus sonstigen wichtigen Gründen der Ansicht ist, daß demselben die Ausübung des Rechts auf Sitz und Stimme zeitweise zu untersagen sei, so ist zu dieser Maßregel Unsere Genehmigung erforderlich.

§ 11. Hat ein Mitglied der Ersten Kammer das Recht der Mitgliedschaft verloren, so wird, falls dieselbe auf erblicher Berechtigung beruht, wegen der Wahl eines anderen Mitgliedes der betreffenden Familie von Uns Bestimmung getroffen werden. Wenn ein solches Mitglied in Gemäßheit der §§ 4 bis 6 präsentiert worden ist, so werden Wir eine anderweite Präsentation anordnen.

Urkundlich . . . . .

1869.

Deutsche Gewerbe-Ordnung vom 21. Juni 1869.

§ 26. Soweit die bestehenden Rechte zur Abwehr benachteiligender Einwirkungen, welche von einem Grundstücke aus auf ein benachbartes Grundstück geübt werden, dem Eigentümer oder Besitzer des letzteren eine Privatklage gewähren, kann diese Klage einer mit obrigkeitlicher Genehmigung errichteten gewerblichen Anlage gegenüber niemals auf Einstellung des Gewerbebetriebes, sondern nur auf Herstellung von Einrichtungen, welche die benachteiligende Einwirkung ausschließen, oder, wo solche Einrichtungen untunlich oder mit einem gehörigen Betriebe des Gewerbes unvereinbar sind, auf Schadloshaltung gerichtet werden.

1875.

Gesetz vom 6. Juli 1875, betr. Schutzwaldungen und Waldgenossenschaften.

Wir . . . verordnen mit Zustimmung beider Häuser des Landtages Unserer Monarchie, für den ganzen Umfang derselben, was folgt:

I. Allgemeine Bestimmung.

§ 1. Die Benutzung und Bewirtschaftung von Waldgrundstücken unterliegt nur denjenigen landespolizeilichen Beschränkungen, welche durch das gegenwärtige Gesetz vorgeschrieben oder zugelassen sind.

Die über die Beaufsichtigung, Benutzung und Bewirtschaftung der Staats-, Gemeinde-, Korporations-, Genossenschafts- und Institutenforsten, sowie der Schleswig-Holsteinischen sogenannten Bondenholzungen bestehenden besonderen Vorschriften bleiben jedoch in Kraft.

II. Schutzmaßregeln zur Abwendung von Gefahren.

§ 2. In Fällen, in denen:

a) durch die Beschaffenheit von Sandländereien benachbarte Grundstücke, öffentliche Anlagen, natürliche oder künstliche Wasserläufe der Gefahr der Versandung,
b) durch das Abschwemmen des Bodens oder durch die Bildung von Wasserstürzen in hohen Freilagen, auf Bergrücken, Bergkuppen und an Berghängen die unterhalb gelegenen nutzbaren Grundstücke, Straßen oder Gebäude der Gefahr einer Überschüttung mit Erde oder Steingeröll, oder der Überflutung, ingleichen oberhalb gelegene Grundstücke, öffentliche Anlagen oder Gebäude der Gefahr des Nachrutschens,
c) durch die Zerstörung eines Waldbestandes an den Ufern von Kanälen oder natürlichen Wasserläufen Ufergrundstücke der Gefahr des Abbruches oder die im Schutze der Waldungen gelegenen Gebäude oder öffentlichen Anlagen der Gefahr des Eisganges,
d) durch die Zerstörung eines Waldbestandes Flüsse der Gefahr einer Verminderung ihres Wasserstandes,
e) durch die Zerstörung eines Waldbestandes in den Freilagen und in der Seenähe benachbarte Feldfluren und Ortschaften den nachteiligen Einwirkungen der Winde

in erheblichem Grade ausgesetzt sind, kann behufs Abwendung dieser Gefahren sowol die Art der Benutzung der gefahrbringenden Grundstücke, als auch die Ausführung von Waldkulturen oder sonstigen Schutzanlagen auf Antrag (§ 3) angeordnet werden, wenn der abzuwendende Schaden den aus der Einschränkung für den Eigentümer entstehenden Nachteil beträchtlich überwiegt.

Die Deckung und Aufforstung der Meeresdünen kann auf Grund dieses Gesetzes nicht gefordert werden.

1877.

Einführungsgesetz zum Reichsgerichts-Verfassungs-Gesetz vom 27. Januar 1877.

§ 11. Die landesgesetzlichen Bestimmungen, durch welche die strafrechtliche oder civilrechtliche Verfolgung öffentlicher Beamten wegen der in Ausübung oder in Veranlassung der Ausübung ihres Amts vorgenommenen Handlungen an besondere Voraussetzungen gebunden ist, treten außer Kraft.

Unberührt bleiben die landesgesetzlichen Vorschriften, durch welche die Verfolgung der Beamten entweder im Falle des Verlangens einer vorgesetzten Behörde oder unbedingt an die Vorentscheidung einer besonderen Behörde gebunden ist, mit der Maßgabe:

1. daß die Vorentscheidung auf die Feststellung beschränkt ist, ob der Beamte sich einer Überschreitung seiner Amtsbefugnisse oder der Unterlassung einer ihm obliegenden Amtshandlung schuldig gemacht habe;
2. daß in den Bundesstaaten, in welchen ein oberster Verwaltungsgerichtshof besteht, die Vorentscheidung diesem, in den anderen Bundesstaaten dem Reichsgericht zusteht.

1879.

Verordnung vom 7. September 1879, betr. das Verwaltungszwangsverfahren wegen Beitreibung von Geldbeträgen.

Wir ...... König ...... verordnen in Gemäßheit des § 14 des Ausführungs-Gesetzes zur Deutschen C.-P.-O. vom 24. März 1879, was folgt:

§ 1. Die Zwangsvollstreckung wegen aller derjenigen Geldbeträge, welche nach den bestehenden Vorschriften auf Grund einer Entscheidung oder Anordnung der zuständigen Verwaltungsbehörde, eines Verwaltungsgerichts, einer Auseinandersetzungsbehörde oder eines solchen Instituts einzuziehen sind, dem die Befugnis zur Zwangsvollstreckung zusteht, erfolgt ausschließlich nach den Vorschriften dieser Verordnung u. s. w.

§ 2. Über die Verbindlichkeit zur Entrichtung der geforderten Geldbeträge findet der Rechtsweg, sofern derselbe nach den in den einzelnen Landesteilen hierüber bestehenden Bestimmungen bisher zulässig war, auch ferner statt.

1881.

Gesetz vom 14. März 1881 über gemeinschaftliche Holzungen.

Wir ... verordnen, mit Zustimmung beider Häuser des Landtages Unserer Monarchie, für den ganzen Umfang derselben, was folgt:

§ 1. Dieses Gesetz findet Anwendung:

1. auf Holzungen und die damit im örtlichen Zusammenhange stehenden Waldblößen, an welchen bei dem Inkrafttreten desselben das Eigentum mehreren Personen gemeinschaftlich zusteht, sofern nicht nachgewiesen wird, daß die Gemeinschaft durch ein besonderes privatrechtliches Verhältnis entstanden

ist, insbesondere auf die Holzungen der Realgemeinden, Nutzungsgemeinden, Markgenossenschaften, Gehöferschaften, Erbgenossenschaften und gleichartiger Genossenschaften;

2. auf Holzungen, welche Mitgliedern einer solchen Genossenschaft oder welche einer Klasse von Mitgliedern oder von Einwohnern einer Gemeinde durch eine Gemeinheitsteilung oder Forstservitutenablösung als Gesamtabfindung überwiesen werden oder bereits früher überwiesen worden und bis zum Inkrafttreten dieses Gesetzes gemeinschaftliches Eigentum geblieben sind. Abfindungen, welche den vorstehend bezeichneten Berechtigten bei einer Gemeinheitsteilung oder Forstservitutenablösung als Holzung zu gewähren sind, dürfen nur als Gesamtabfindung überwiesen werden.

§ 9. Miteigentümer, Nutzungs-, Gebrauchs- und Servitutberechtigte, sowie Pächter oder Käufer sind, wenn sie ohne die gesetzlich erforderliche Genehmigung der Aufsichtsbehörde Holz einschlagen oder einschlagen lassen, mit einer Geldstrafe zu bestrafen, welche dem doppelten Wertbetrage des gefällten Holzes gleichkommt.

Wenn sie sonstige Nutzungen ausüben, welche die Aufsichtsbehörde innerhalb ihrer Zuständigkeit verboten hat, so sind sie mit einer Geldstrafe bis zu 100 Mark zu bestrafen.

Allerhöchste Botschaft vom 17. November 1881[1]).

Wir . . . . .

„Schon im Februar dieses Jahres haben Wir Unsere Überzeugung aussprechen lassen, daß die Heilung der sozialen Schäden nicht ausschließlich im Wege der Repression sozialdemokratischer Ausschreitungen, sondern auf dem der positiven Förderung des Woles der Arbeiter zu suchen sein werde. Wir halten es für Unsere Kaiserliche Pflicht, dem Reichstage diese Aufgabe von neuem ans Herz zu legen, und würden Wir mit um so größerer Befriedigung auf alle Erfolge, mit denen Gott Unsere Regierung sichtlich gesegnet hat, zurückblicken, wenn es Uns gelänge, dereinst das Bewußtsein mitzunehmen, dem Vaterlande neue und dauernde Bürgschaften seines inneren Friedens und den Hülfsbedürftigen größere Sicherheit und Ergiebigkeit des Beistandes, auf den sie Anspruch haben, zu hinterlassen. In Unseren darauf gerichteten Bestrebungen sind Wir der Zustimmung aller verbündeten Regierungen gewis und vertrauen auf die Unterstützung des Reichstags ohne Unterschied der Parteistellungen.

In diesem Sinne wird zunächst der von den verbündeten Regierungen in der vorigen Session vorgelegte Entwurf eines Gesetzes über die Versicherung der Arbeiter gegen Betriebsunfälle mit Rücksicht auf die im Reichstage stattgehabten Verhandlungen über denselben einer Umarbeitung unterzogen, um die erneute Beratung desselben vorzu-

---

[1]) Thronrede bei Eröffnung des Reichstags.

bereiten. Ergänzend wird ihm eine Vorlage zur Seite treten, welche sich eine gleichmäßige Organisation des gewerblichen Krankenkassenwesens zur Aufgabe stellt. Aber auch diejenigen, welche durch Alter und Invalidität erwerbsunfähig werden, haben der Gesamtheit gegenüber einen begründeten Anspruch auf ein höheres Maß staatlicher Fürsorge, als ihnen bisher hat zu Teil werden können.

Für diese Fürsorge die rechten Mittel und Wege zu finden, ist eine schwierige, aber auch eine der höchsten Aufgaben eines jeden Gemeinwesens, welches auf den sittlichen Fundamenten des christlichen Volkslebens steht. Der engere Anschluß an die realen Kräfte dieses Volkslebens und das Zusammenfassen der letzteren in der Form korporativer Genossenschaften unter staatlichem Schutz und staatlicher Fürsorge werden, wie Wir hoffen, die Lösung auch von Aufgaben möglich machen, denen die Staatsgewalt allein in gleichem Umfange nicht gewachsen sein würde. Immerhin aber wird auch auf diesem Wege das Ziel nicht ohne die Aufwendung erheblicher Mittel zu erreichen sein." u. s. w.

Wilhelm.

Fürst von Bismarck.

Sachregister.

Buchdruckerei von Gustav Schade (Otto Francke) in Berlin N.

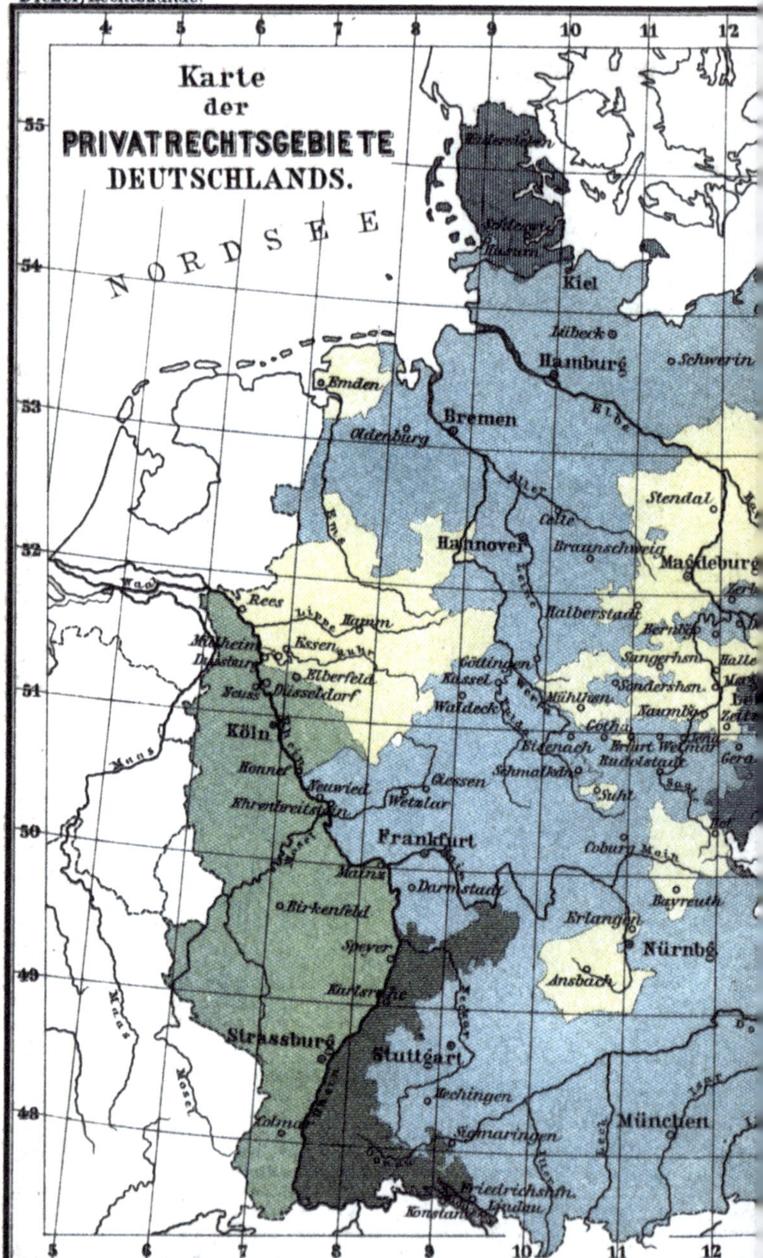
Karte
der
PRIVATRECHTSGEBIETE
DEUTSCHLANDS.
NORDSEE
Kiel
Lübeck
Hamburg
Schwerin
Elbe
Emden
Bremen
Oldenburg
Aller
Stendal
Ems
Celle
Hannover
Braunschweig
Magdeburg
Waal
Rees
Lippe
Hamm
Halberstadt
Mülheim
Essen
Ruhr
Elberfeld
Göttingen
Sangerhsn.
Halle
Kassel
Sondershsn.
Neuss
Düsseldorf
Waldeck
Mühlhsn.
Naumbg.
Köln
Gotha
Erfurt
Weimar
Eisenach
Rudolstadt
Gera
Maas
Bonn
Schmalkdn.
Neuwied
Giessen
Suhl
Wetzlar
Frankfurt
Coburg
Main
Mainz
Darmstadt
Bayreuth
Birkenfeld
Erlangen
Speyer
Nürnbg.
Ansbach
Karlsruhe
Mosel
Strassburg
Stuttgart
Hechingen
München
Sigmaringen
Donau
Friedrichshfn.
Lindau
Konstanz

Verlag vo

STSEE
Königsbg.
Danzig
Weichsel
Warthe
Posen
Neisse
Bober
Oder
Breslau
Warthe
Weichsel
Elbe
Oder
Moldau
Thaja
Donau
Wien
Enns
Greenw. 15
Gebiet des gemeinen Rechts.
Gebiet des preussischen Landrechts v. 1794
Gebiet des französischen Rechts. (Code civil v. 1803).
Gebiet des badischen Landrechts v. 1809
Gebiet des dänischen u. friesischen Rechts (Jütisch Low von 1241, Friesisches Landrecht von 1572, Dänisches Gesetzbuch v. 1688)
Gebiet des sächsischen bürgerlichen Gesetzbuchs von 1865.
Gebiet des österreichischen bürgerlichen Gesetzbuchs von 1811 im Amte Redwitz und in einigen kleinen Orten.

n Berlin.

GPSR Compliance

The European Union's (EU) General Product Safety Regulation (GPSR) is a set of rules that requires consumer products to be safe and our obligations to ensure this.

If you have any concerns about our products, you can contact us on ProductSafety@springernature.com

In case Publisher is established outside the EU, the EU authorized representative is:

Springer Nature Customer Service Center GmbH
Europaplatz 3
69115 Heidelberg, Germany

Batch number: 10844627

Printed by Printforce, the Netherlands